민주주의와
리더십 이야기

민주주의와
리더십 이야기

인 쇄: 2016년 6월 5일
발 행: 2016년 6월 10일

지은이: 정치교육연구원 편 / 대표저자 김희민
발행인: 부성옥

발행처: 도서출판 오름
등록번호: 제2-1548호 (1993. 5. 11)
주 소: 서울특별시 중구 퇴계로 180-8 서일빌딩 4층
전 화: (02) 585-9122, 9123 / 팩 스: (02) 584-7952
E-mail: oruem9123@naver.com

ISBN   978-89-7778-460-4   93340

* 잘못된 책은 교환해 드립니다.
* 값은 뒤표지에 있습니다.

민주주의와
리더십 이야기

정치교육연구원 편 / 대표저자 김희민

Democracy and Leadership for Dummies

Prepared by
The Institute for Political Education

ORUEM Publishing House
Seoul, Korea
2016

머리말

　이 책의 제목은 "민주주의와 리더십 이야기"이다. 이 말은 민주주의와 리더십을 다루는 가장 기초적인 서적이란 뜻이다. 사실 우리는 1987년에 "민주화"가 되었다고 하면서도, 민주주의의 가장 기본적인 원칙을 이해하지 못하거나, 지키지 않고 살아온 것이 사실이다. 이 책은 어려운 학술서적도 아니고, 정치학자들이 읽어야 할 서적도 아니다. 이 책에서 각 챕터의 저자들은 그동안 우리가 생각하지 않고 살았던, 민주주의의 가장 기초적인 원칙들을 각자의 분야에서 독자들에게 다시 일깨워줌으로써, "참 그랬었지" 내지는 "왜 그걸 잊고 살았지?" 하고 다시 생각해볼 기회를 제공하고, 우리사회 변화에 조금이라도 기여해보고자 이 책을 기획하게 되었다.

　이 책은 "정치교육연구원"에서 펴내었다. 본 연구원의 시작은 이러하다: 2014년 초 김희민 교수는 그가 새로 펴낸 저서 『게임이론으로 푸는 한국의 민주주의』를 읽은 사람들과 함께 "독자와의 만남"을 가졌다. 그 자리에서 우리사회에 대한 진솔한 대화가 오갔고, 뜻을 같이 하는 전혀 다른 분야에 종사하는 사람들이 민주주의와 리더십에 대한 스터디 그룹을 형성하게 되었다. 한 달에 한 번씩 모여서 공부하면서, 우리가 공부하는 것을 가지고 언젠가는 강연 시리즈를 개발하면 좋겠다는 데 동의하게 되었다. 그 와중에 우리는 세월호 사건을 겪게 되었고, 이를 계기로 강연 시리즈를 되도록 빨리 시작하는 게 좋겠다고 생각하게 되었다. 그 결과 "정치교육연구원"이 탄생하게 되었다.

이 책은 정치교육연구원의 "민주주의와 리더십 강의 시리즈" 1, 2기에서 각 15주간 진행되었던 강의들을 정리한 것이다. 이 책의 1부는 우리가 가장 흔하게 사용하는 민주주의, 즉 정치적 민주주의를 다루고 있다. 우리는 거기서 민주주의와 리더십의 논의를 끝내지 아니하고, 우리사회에서 민주주의적 리더십을 활용할 수 있는, 비정치적인 분야들을 2부에서 다룬다. 5장은 윤리학자가 보는 종교와 민주주의, 6장은 정신과 전문의가 보는 리더십, 7장은 관계 전문가가 보는 가정의 민주주의를 다룬다.

본래 우리 강의 시리즈에는 음악과 민주주의라는 강의가 있었다. 피아니스트이자 경희대학교 후마니타스 칼리지 객원교수인 조은아 선생님이 베를린 필 오케스트라의 연주가 권위적 리더십(카라얀)과 민주적 리더십(아바도)하에서 어떻게 달라졌는가에 대해서 강의하였다. 강의의 대부분이 두 다른 스타일은 지휘자가 리드하는 연주를 듣는 것으로 구성되어 있었는데, 바로 그 이유로, 그 강의를 이 책에 삽입하지 못하였음을 아쉽게 생각한다.

제8장은 현 한국 미술계의 민주성에 대한 비판적인 논의를 담고 있다. 마지막으로 제3부, 9장은 앞의 장들의 내용을 정리하고, 최근 우리사회에서 크게 화두가 되고 있는 민주주의 사회 내에서 바람직한 리더십에 대한 저자의 단상으로 이 책을 맺는다.

사람의 행동을 다루는 학문에서 "정답"이란 없다. 각기 다른 이념이나 성격, 문화, 전통 등에 따라 형성하게 되는 "의견"들이 있을 뿐이다. 정치교육연구원의 강사/저자들은 독자들이 민주주의와 리더십에 대하여, 이 책을 접하며 다시 한번 생각해볼 기회를 가질 수 있다면 그것으로 족하다. 정치교육연구원은 정치적 중립, 이념적 중도를 표방한다. 앞으로도 이 원칙은 변함이 없을 것이다. 그러나 이것이 우리 회원들 한 사람, 한 사람의 정치적 성향이나 이념이 정확히 똑같다는 건 물론 아니다. 우리 각자는 큰 차이는 없어도 약간의 차이를 가지고 있을 수 있고, 그것이 이 책에서 드러날 수도 있다. 우리의 대원칙은 우리 회원들을 모두 모아놓았을 때, 우리 연구원이 중도, 중립의 모습으로 보인다는 점이다. 우리의 약간의 다름에도 불구하고, 우리는 상대방을 비하함이 없이 서로 대화하고 존중하는 성숙함을 가지고 있다고 감히 말하고 싶다.

　이 책이 지루하지 않고 독자들이 부담 없이 재미있게 읽어 나가면서도 민주주의와 리더십의 원리를 다시 한번 되짚어볼 수 있기를 바란다. 마지막으로, 각 챕터의 초본을 읽어주면서, 저자들의 한글 실력의 문제점을 일깨워주고, 책 전체의 내용이 무리가 없이 잘 연결되도록 도와준 서울대학교 사회교육학과 대학원생, 김경래, 박가영, 송두리, 최윤경 선생님들께 감사드린다.

2016년 5월
정치교육연구원 저자 일동

"정치교육연구원 창립식" 기조연설

김희민

　"정치교육연구원"은 약 7, 8개월의 고민과 계획 끝에, 2014년 9월 4일에 창립식을 가졌다. 원장을 맡게 된 본인은 기조연설을 맡았는데, 본 연구원이 새로 문을 열면서 "우리는 누구고, 무엇을 할 것이며, 우리사회에서 무엇을 같이하자"고 말할 것인지에 대해 한동안 고민하였다.

　세월호가 침몰한 다음날 멍멍한 상태로 수업에 들어간 내가 학생들을 향하여 한 첫 마디가, "얘들아, 나 어제 빨간불에 길 건넜어"였다. 그렇다. 세월호 참사의 수사는 아직도 그 주변부를 돌고 있는 듯하고, 아마도 대다수의 국민이 이 참사의 기원은 밝히지 못하고 지나갈 것이라고 믿고 있을 것이다. 그러나 어떤 면에서 보면, 세월호 사건은 작은 법을 무의식적으로 어기며 살아온 우리 모두의 책임이다. 그동안 우리는 법보다는 소위 관행대로 살며, 법치주의, 민주주의, 인간의 진정한 행복에 대하여, 생각해 보지 않고 달려 오지는 않았던가? 그래서 기조연설에서는 시민들과 지도자 모두에게 "공부 좀 하자!"와 "법 좀 지키자!!!"를 강조하게 되었다. 어찌 보면 이런 주문들이 내 마음에 처음으로 떠올랐다는 자체가 비극적일 수도 있다.

우선, 민주화 이후의 한국에서 시민들은 민주주의를 어떻게 이해하고 있는가? 어떤 이들은 민주주의를 이타주의와 동일시하는 것 같다. 하지만 이는 틀린 시각이다. 민주주의는 철저한 이기주의에 기초하고 있다. 즉, 자신이 원하는 정책이 채택이 되고, 자신이 원하는 사회를 만들기 위해 개인은 말하고, 행동하고, 또 투표한다. 그러므로 제일의 목표는 자기 자신의 효용이 극대화되는 것이다. 다만, 자신이 원하는 정책이나 정당보다 다른 정책이나 정당을 원하는 사람이 더 많을 때, 그 사람은 당분간 그가 원하는 정책이나 정당을 포기해야 한다. 결국 민주주의는 어떤 룰대로 행동한다는 것이지, 개인의 욕심을 버린다는 것이 아니다.

민주주의가 이기주의에 근거한다면, 개인은 자신의 이익을 추구해야 한다. 여기서 중요한 것이, 지난 수년간 한국인의 투표 행태를 눈여겨본 결과, 상당수의 한국인들이 자기의 진정한 이익이 무엇인지를 잘 모르는 것 같고, 또 그리 심각히 생각해 보지도 않는 것 같다는 것이다. 예를 들어, 어떤 연령대의 어느 정도의 부를 소지한 사람이 A정당에 투표하는 것이 당연해 보이는데, 상당수의 그 조건에 해당하는 사람들이 B정당에 변치 않고 일관되게 투표하는 경우가 허다하다. 또 어떤 정권이 임기 중에 아주 성취도가 낮았거나 스캔들이 있었다면, 다음번 선거에서 현 정권을 심판하는 것이 당연한데, 선거일이 되면 정권의 부패나 무능을 까맣게 잊는 경향도 있다. 그렇기 때문에 우리 시민들이 자기의 이익과 민주주의의 기본 원리에 대해서 다시 한번 공부할 필요가 있다.

두 번째로, 우리사회의 정치적 지도자가 되고자 하는 사람들은 정치와 정책 자체를 공부하고 이해할 필요가 있다. 우리사회에서 일반적으로 괜찮다고 여겨지는 직업군을 살펴보자. 예를 들어, 판사, 검사, 변호사를 포함하는 법조인, 관료, 의사, 아마도 교수, 기업가 등이 포함될 것이다. 사람들은 어떻게 하여 이런 직업들을 얻게 되는가? 아마도 상당수가 고등학교 때부터 사교육을 포함한 엄청난 양의 공부를 하여, 좋은 대학의 원하는 과에 입학을 하였을 것이다. 거기서 또 고시를 통해 가야 하는 직업을 위해서는 고시 공부를 많이 하였을 것이고, 요즘 와서는 로스쿨에 들어가는 것도 쉬운 일이 아니다. 의대도 공부의 양이 엄청나고, 대학병원에 남고 싶으면 대단한 노력이 필요하다. 교수의 경우 대부분의 경우 해외에서 유학을 해야 하고, 박사학위 취득 후에도 시간강사부터 시작해야 하는 경우가 대부분이다. 요즘은 회사에 입사를 하는 것도 바늘구멍을 통과하는 것과 같이 어려운 일이고, 이 때문에 대학생들은 정말 열심히 공부를 한다. 여기서 필자가 하고자 하는 말은, 우리사회의 좋은 직업을 얻기 위해서는 공통적으로, 엄청난 양의 준비, 특히 공부를 필요로 한다는 것이다.

그런데 정치인은 어떻게 되는가? 우리사회에서는 정치인의 자격에 대한 이상한 이해가 있다. 한국에서 정치에 입문하는 길은(대통령 당선자를 따라 들어오는 것 외에) 가장 흔한 방법이 비례대표 국회의원을 거치는 길이다. 물론 처음부터 지역구에 출마하는 사람들도 있다. 한국에서는 선거 때마다 새로운 얼굴을 강조하며, 아주 높은 비율로 후보자 물갈이를 한다. 그런데 이렇게 선거에 나오는 사람들의 전력은 어떠한가? 대부분이 위에서 말한 한국에서 좋은 직업이라 여겨지는 직업(검사, 변호사, 교수, 기업인 등)에서 이미 성공하여 이름을 떨친 사람들이다. 즉, 좋은 정치인이 되기 위해서 정치와 정책을 열심히 공부하며 준비했다는 사람은 별로 없다.

다시 말해, 우리사회에 깔린 기저에는 정치는 따로 공부하거나 준비를 해야 한다는 의식이 없다. 그리하여 각자 자기 분야에서 존경받던 이 "참신한 얼굴들"이 다음번 공천을 위하여 당 지도부에 줄을 대고, 지도부가 원하는 일은 몸을 다 바쳐서 하는 현상이 벌어진다. 그러다 보니 우리 정치인들은 자기의 결정이나 투표 행태의 결과에 대해서, 즉 어떤 정책이나 법이 만들어졌을 때, 그 결과가 우리사회에 어떻게 나타날 것인지에 대해서 얼마나 이해하고, 고민하는지가 확실하지 않다. 특히 우리사회의 큰 지도자(예를 들어, 대통령)가 되기를 원하는 사람의 머릿속에는 이미 굵직한 정책의 그림이 그려져 있어야 한다. 즉 지도자가 된 다음에 그때부터 준비가 더 필요한 사람은 안 된다. 지도자가 되기 전에 웬만한 공부는 이미 끝나 있어야 한다. 그러니까 정치도 미리 공부해야 전문가 즉, 좋은 정치가가 될 수 있다는 의식이 우리사회에 깔려 있어야 한다.

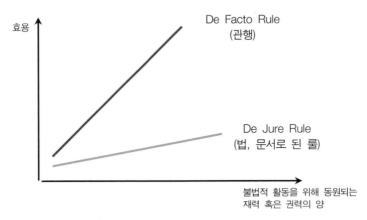

〈그림 1〉 우리사회에서 법대로 사는 것과 관행대로 사는 것의 효용의 차이

copyright: 김희민(2014)

이제 대한민국에서 법의 의미를 좀 살펴보기로 하자.

위의 그림에서 라틴어인 De Jure Rule이라 함은 사람들이 지키기로 한 공식적인 룰을 뜻하고, 우리사회의 정치에 대입한다면, 이미 적혀 있는 법에 가깝다. 반면에 De Facto Rule이라 함은 종이에 적혀 있는 룰에 상관없이 실제로 시민들이 지키며 살아가는 룰, 즉 관행에 가깝다. 이 둘 사이에 괴리가 클수록 비법치적인 국가라고 할 수 있다. 위의 그림에서 문서에 적힌대로 살아가는 사람들의 효용 그래프가 낮은 곳에 위치한 것은, 법을 지키는 사람들이 그리 이익을 보지 못한다는 소리고, 반면 관행대로 살아가는 사람들의 효용이 위에 자리한 것은, 법을 안 지키고, 사회의 관행대로 사는 사람들이 이익을 보는 사회라는 말이다.

그래프의 왼쪽을 보면 두 그래프의 효용의 차이가 크지 않다. 그건 평범한 사람이 좁은 길에서 보행자 신호가 빨간 불일 때 뛰어 건너는 행위와 같이 사실 법을 지키는 것보다 그리 많은 이득이 없는 행위이다. 동시에 남에게 크게 해를 끼칠 일도 없다. 반면에 오른쪽으로 움직이면, 두 그래프 사이의 효용의 차이가 엄청나게 난다. 즉, 힘 있고 돈 있는 사람이 법을 크게 어기면, 본인들은 엄청난 효용을 얻지만, 그 결과로 사회는 인명을 포함하여 엄청난 대가를 치를 수도 있다.

예를 들어, 우리는 장관이 임명될 때 청문회의 중계를 보게 된다. 과거의 불법적인 행동에 대해서 지적을 받을 때마다 흔히 나오는 대답이 "당시는 그것이 관행이었다"는 것이다. 즉 법대로 안 살았다는 것을 자백하는 셈이다. 왜 명절에 검사가 "떡값"을 받는 것이 관행인지, 외국에서 오래 살다온 나에게는 아직까지 미스터리다. 결국 무언가 구린 게 있는 사람들이 떡값을 주는 것이 아닌가? 우리는 빨리 관행 중심에서 법 중심으로 사는 법치국가를 구현해야 한다.

그러기 위해서는 법을 잘 지키는 사람들의 효용 그래프가 위로 이동하거나, 관행대로 사는 사람들의 효용 그래프가 아래로 이동하여야 한다. 이를 위해서는 제도적 장치와 시민 인식의 변화가 필요하다. 그렇다면 우리 연구원, 우리 연구원의 강연 시리즈, 그리고 궁극적으로 우리사회의 목표는 제도와 인식의 변화로 De Factor Rule과 De Jure Rule대로 사는 사람들의 효용이 점점 비슷해져서 둘 사이의 차이가 실질적으로 없는 사회를 구현하는 것이다.

그러면 모든 사람들이 관행대로 사는데, 몇 사람이 위에서 말한 사회적 변화를 유도하는 것이 가능한가? 이를 위해선 1981년에 미국의 정치학자인 로버트 엑셀로드가 발표한 논문 "이기주의자들 사이에 협조의 출현"을 언급하기로 하자.* 이 논문은 정치학자들 사이에서는 잘 알려진 실험에 근거하고 있다. 엑셀로드는 협조를 거부하는 시민들로 가득한 사회에서 몇 사람이 협조하는 사회를 유도할 수 있는가를 연구하기 위해 〈그림 2〉에서 묘사된 실험을 하였다. 〈그림 2〉에서 큰 원은 우리사회 전체를 보여준다고 하자. 사회 전체가 검은 점으로 차 있는데, 검은 점은 관행대로, 협조 안 하고 사는 사람들이라 하자. 그러면 이 사회는 법치가 잘 안 되고, 시민들 사이의

* Robert Axelrod, "The Emergence of Cooperation among Egoists," *American Political Science Review* (1981).

〈그림 2〉 서로 협조하고 신뢰하는 사회로 가는 시나리오

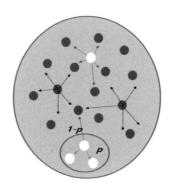

협조가 없는 사회일 것이다. 이 사회에 법을 잘 지키고 협조를 잘 하는 한 사람을 들여보내 보자(윗부분의 흰 점 하나). 이 사람은 아무도 자기하고 협조해 주는 사람이 없는 사회에서 소위 왕따가 될 것이며, 자기 또한 협조를 안 하고 사는 것이 더 효용이 높다는 것을 자각하고 급격히 이 사회에 적응할 것이다. 결과적으로 협조를 잘 하는 사람 하나가 들어간 것은 이 사회에 아무런 영향도 미치지 못 한다.

엑셀로드의 실험은 여기서 끝나지 않았고, 이번에는 이 사회에 협조를 잘 하는 사람을 여러 명의 그룹으로 들여보내 보았다. 큰 원 아래쪽의 작은 원을 구성하는 흰 점들이 그들이다. 이 흰 점들은 자기들 사이에는 법을 지키고 협조를 하였고, 기존의 사회 구성원과는 그들이 하는 대로, 즉 비협조적으로 행동하였다. 충분한 수의 새로운 사회 구성원이 투입되었을 때, 그리고 어느 정도 시간이 흘렀을 때의 결과는 처음과 달랐다. 즉 기존의 협조를 않던 구성원들이 새로이 사회에 진입한 협조 잘하는 그룹의 일상을 지켜보았을 때, 자기들끼리는 협조를 하는 새로운 그룹의 삶의 질이 더 높은 것을 관찰한 것이다. 이에 대한 기존 구성원의 최선의 방책은 자기 자신이 협조를 시작하여 작은 원의 구성원이 되는 것이다. 이렇게 하여 기존의 협조를 안 하던 구성원들이 협조를 잘하는 작은 원의 구성원이 되며, 결과는 작은 원이 점점 커져서 큰 원 전체를 점령해버린다(엑셀로드는 invasion이라는 표현을 썼다). 그래서 사회 전체가 법을 지키고, 서로 협조하는 사회를 이루는 것이다.

위 실험의 결과가 우리에게 주는 교훈은 자명하다. 우리 연구원 강의 시리즈의 수강생과 같이 정치와 정책에 대한 공부와 이해가 충분히 이루어진 사람들이 그룹으로 이 사회에 진출을 해야 한다는 것이다. 물론 우리 연구원과 같은 생각을 가진 협조하는 사람들은 얼마든지 있을 것이다. 이들이 그룹으로 뭉쳐 협조를 시작할 때 우리사회는 바뀔 수 있다.

물론 이런 변화가 하루아침에 어떤 계기로 갑자기 일어날 수 있다는 환상은 버려야 한다. 우리가 추구하는 것은 순간적인 "국가 개조"가 아니다. 우리는 100년 후를 위해 씨를 뿌리는 마음으로 이런 운동을 시작해야 한다. 지금 우리의 상태가 나쁘다고 본다면, 우리가 지금의 나쁜 상태로 오는 데 얼마나 걸렸을까? 이건 어제 오늘 일이 아니고, 아마도 수백 년에 걸친 우리 역사의 산물일 것이다. 우리가 이 트렌드를 뒤집어 관행을 타파하고 협조하는 사회로 바꾸어 나가는 데, 또 그만큼의 세월이 걸릴 수도 있다. 그렇다고 우리가 이런 운동을 포기해야 하는가? 그건 물론 아니다. 그래도 우리는 해야만 한다.

지금 당장 그 결실을 보지 못하더라도, 우리사회의 불합리한 제도와 우리의 잘못된 인식을 고쳐 나가야 한다. 그래서 우리는 세상을 천천히 바꾸어 나가야 한다. 그리하여 빠르면 우리 살아생전에, 아니면 우리 자손 대에 가서라도, 우리사회가 또 다른 세월호가 없는 살만한 사회가 된다면, 오늘 시작하는 노력이 헛되지 않을 것이다.

차 례

제1부 　　　　　정치와 민주주의

조화로운 사회, 못 믿는 사회:
정치문화와 민주주의 | 25　　　　　　　　　　김희민

미술과 민주주의: 한국미술계의 비민주성과
검열 및 통제의 미학 | *199*　　　　　　　　　홍경한

제3부　　　　　　　　　　　　　**마지막으로**

제9장　**바람직한 리더에 대한 단상** | *225*　　　　　김희민

제1부

정치와 민주주의

조화로운 사회, 못 믿는 사회:
정치문화와 민주주의*

김희민

I. 들어가는 말

우리의 행위는 우리가 가지고 있는 가치관에 의하여 영향을 받는다. 정치적인 행위도 그러하다. 그러므로 어떤 국가의 정치적 행위를 이해하기 위해서는 그 국가의 정치적인 가치관, 즉 정치문화를 이해해야 한다.

그렇다면, 도대체 정치문화란 무엇인가? 우리는 일상생활에서 문화라는 말을 많이 쓰기 때문에 그 단어 자체가 여러 가지 의미를 가지고 있다고 볼 수 있다. 그중 정치문화를 어떤 의미로 정의해야 할까? 이 장에서는 편의를 위해 정치문화란 정치와 정치체제에 대한 대중의 태도와 가치관이라고

---

* 이 장에서 논의되는 이론들은 반드시 새로운 것만은 아니고, 서구의 비교정치학에서 이미 사용되어 오던 것들도 있다. 이 장에서 거론되는 이론들의 이해를 위해서는 비교 정치학의 기초서적인 G. Bingham Powell, Jr., Russel Dalton and Karre Strom의 *Comparative Politics Today—A World View*(2012)를 참조하면 도움이 될 것이다.

정의하기로 하자. 정치와 정치체제에 대한 대중의 태도와 가치관 또한 수많
은 상황을 포함할 수 있다. 이 장에서는 그중에 몇 가지만 골라서 다루어
보자.

첫째로 정치문화는 시민들이 같은 사회 내의 다른 집단의 사람들에 대해
어떠한 생각을 지니고 있는가의 문제를 포함한다. 시민들끼리 서로 신뢰하
는가? 아니면 사회가 계층, 지역, 인종, 종교 등으로 갈라져 있는가? 자기가
속하지 않은 집단에 대하여 어떤 태도를 가지고 있는가는 그 사회의 장래와
아주 밀접한 관계가 있다.

만약 시민들이 다른 집단의 사람들과 서로 신뢰한다면, 그들은 공동의 정
치적 목표를 위해 서로 협조할 것이다. 인구가 많은 사회에서는 많은 사람
들이 서로 신뢰하고 협조해야 공동의 목표를 이룰 수 있다. 그러려면 많은
사람들 사이에 신뢰가 필요하고, 믿음이 있어야 한다.

신뢰의 반대 개념은 불신이다. 불신은 개인 사이 혹은 집단 사이의 관계를
파괴한다. 우리사회에서 불신이라고 하면, 그저 이웃 사이에 못 믿는 정도로
생각할 수도 있다. 그러나 사회가 인종, 종교 등으로 첨예하게 분리되어 있
는 곳에서 불신은 우리가 예상 못 하는 커다란 불행을 야기하기도 한다.

다음 쪽의 사진에 나오는 사례들은 한 사회 내의 불신이 폭력은 물론,
심지어는 살인까지도 유도한다는 것을 보여준다. 〈그림 1〉에 나오는 사진
들은 왼쪽 위의 사진부터 시계 방향으로 르완다, 레바논, 북아일랜드, 체첸
의 경우를 보여준다. 르완다는 아프리카에 위치하고 있는데, 아프리카대륙
의 여러 나라들의 비극은 영국과 프랑스가 식민통치를 종료하고 철수할 때
한 통치행위의 결과에 기인한다. 영국과 프랑스가 아프리카에서 철수할 때,
인종적 요소를 고려하지 않고, 그냥 일직선으로 국경선을 그어놓고 너희들
끼리 잘 살아보라는 식으로 무책임하게 철수했다. 그 결과 한 국가 안에
다른 인종들이 남게 된 경우가 많은데, 르완다의 경우 후투와 투치라는 종족
이 한 나라를 이루게 되었다. 그러나 이 두 종족은 끝내 서로간의 불신을
극복하지 못하고, 1994년 마침내 후투족이 80만 명의 투치족을 학살하는
사태가 벌어졌다.

〈그림 1〉 사회 내 집단 간의 불신이 폭력으로 이어진 예
[불신의 예: 왼쪽 위부터 르완다, 레바논, 북아일랜드, 체첸]

레바논의 경우는 기독교인들과 이슬람교도들 간의 불신으로 폭력이 난무하였고, 북 아일랜드의 경우 신교를 믿는 영국인들과 가톨릭을 신봉하는 아일랜드 사람들 간의 불신이 테러와 더불어 수많은 사람의 목숨을 앗아갔다. 마지막의 체첸의 경우, 러시아의 일부로 남아 있는데, 인종적으로 러시아인이 아닌 소수민족으로 구성되어 있다. 구(舊)소련이 붕괴되고 여러 국가로 쪼개진 이후, 체첸도 독립을 원하였으나, 러시아가 이를 허용하지 않았고, 서로 다른 두 인종 집단 간의 폭력은 계속되었다.

그동안 우리는 냉전시대를 통해 인간 사회를 가르는 가장 큰 이슈는 이념이라고 생각해 왔다. 그러나 그 이념 전쟁은 백 년을 넘기지 못했다. 필자의 생각으로는 인간 대 인간을 가르는 가장 무서운 이슈는 인종과 종교인 것 같다. 사람들은 외모가 다르게 생긴 사람에 대한 편견을 극복하지 못하고 있는 것 같다. 게다가 상당수의 종교는 이분법적이다. 즉 신의 편이 아니면 악마의 편이고, 중간지대를 허용하지 않는다. 악마의 편이니 당연히 제거의 대상이라고 해석할 수도 있다. IS(Islamic State: 이슬람 수니파 무장세력의

이슬람 국가)가 종교적 신념을 같이하지 않는 사람들을 아주 쉽게 죽일 수 있었던 것이 그 한 예라고 볼 수 있겠다.

II. 합의적 정치문화, 갈등적 정치문화

크게 보아서 우리는 정치문화를 합의적 정치문화(Consensual Political Culture)와 갈등적 정치문화(Conflictual Political Culture)로 나눌 수 있다. 정치문화가 합의적인 사회에서는 사회가 당면한 가장 큰 문제가 무엇이고 그 문제를 어떻게 풀어나가야 할 것인지에 대해 대부분의 사람들이 동의한다. 우리나라를 예로 든다면, 우리가 당면한 가장 큰 문제가 경제인지, 통일인지, 세월호를 야기한 원인을 캐는 것이든지, 대부분의 시민들이 동의를 하고, 경제면 경제, 통일이면 통일, 세월호면 세월호의 문제에 어떻게 접근할 것인지에 대해 어느 정도 동의가 있는 경우가 될 것이다.

정치문화가 갈등적인 사회에서는, 시민들이 현 정부의 합법성에 대해서 동의하지 못하며, 사회가 당면한 문제, 또 그 문제의 해결 방법에 대해 동의가 이루어지지 못한다. 굳이 우리나라를 예로 들어 이 상황을 만들어 보자면, 2012년 대선 당시 국정원의 댓글 사건으로 인한 정부의 합법성 문제, 세월호를 풀어야 하는지, 비선 문제를 파헤쳐야 하는지, 아니면 경제 회복이 정책 최우선 과제인지 여부 등에 동의가 없는 상황이라고 하겠다.

갈등적 정치문화의 심각한 문제는, 한 국가 내의 집단 간 정치적 사고와 태도가 깊이 나누어지고, 이런 현상이 오랜 시간 계속되면 한 국가 안에 두 개의 상이한 하위문화(sub-culture)가 생겨날 수 있다는 것이다. 즉 한 사회 안에 두 개의 상이한 정치문화가 존재 가능한 것이다.

즉, 두 개 혹은 그 이상의 그룹들이 현 정부의 성격(합법성)에 대해서 다른 견해를 가지게 되고, 사회의 바람직한 이념이 무엇인지에 대해서 완벽하

게 다른 의견을 가지게 된다. 대부분의 다른 하위문화에 속하는 집단들은
서로 다른 정당을 지지하게 되고, 서로 다른 신문을 보고, 다른 언론 매체를
접하게 된다. 이런 상이한 집단들은 같이 모이는 데 불편함을 느끼게 되니
결국 모임도 따로 가지게 된다. 사회적 구조도 같은 하위문화에 속하는 집
단끼리 모이는 것을 돕는 형태로 바뀐다. 예를 들어, 요즘 대학 사회에서
유행하는 그 많은 "CEO 과정"들은 특정 집단의 결성을 간접적으로 돕는 경
향이 있다.

　이들은 정치적으로 무엇이 옳고 그른지에 대해서도 다르게 배운다. 이들
이 상대하는 사람, 언론 매체가 다르다보니, 이 집단들이 믿는 "사실"이 달
라진다. 상식적으로 "사실"은 하나일 수밖에 없다. 하지만 사실에 대한 "의
견"은 둘 혹은 그 이상일 수가 있다. 그러나 이 하위집단들이 함께 하는 사
람들이나 매체로 인하여, 자신들의 "의견"이 유일한 "사실"이라고 믿게(착각
하게) 된다.

　위에서 말한 하위문화에 대한 묘사가 어느 나라와 상당히 잘 맞아 떨어진
다는 생각은 안 드는가? 그렇다. 현재 한국사회는 하나의 독창적인 정치문
화를 가졌다기보다, 시민들이 하위문화에 의해서 쪼개지고 있는 사회로 변
형되어가고 있다고 보는 것이 맞다. 위의 매체에 대한 예를 하나만 들자.
세월호 사고 후 여·야 간 희생자의 보상과 앞으로의 수사과정에 대한 합의
가 시간을 끌고, 사건 자체의 수사가 미진하면서, 세월호 희생자 가족들과
그들을 지지하던 시민들은 광화문에서 큰 시위를 벌였다.

　이에 대해 2015년 4월 20일자 조선일보 기사는 "국기 태우고 경찰차 71
대 파손 … 선 넘은 세월호 집회"라는 제목을 달았다. 반면에 같은 시위를
보도하면서, 한겨레신문은 경찰의 대응에 포커스를 맞추어 "세월호 슬퍼할
자유마저 막는 나라"라는 제목의 기사를 게재했다. 우리가 아는 것 같이 대
부분의 시민들은 조·중·동과 경향, 한겨레신문 중 어느 한쪽을 구독하지,
양쪽을 다 보지 않는다. 그리고 자기가 본 매체의 내용에 따라 사실을 규정
한다.

III. 정치문화와 정당제도

여기서 필자는 너무나 엉뚱해 보이는 예를 하나 소개하려고 한다. 대학생인 A군과 B군은 둘 다 집안이 부유하지 않아서, 방학 동안에는 아르바이트를 해서 다음 학기 등록금을 벌어야 했다. 여름방학 중 A과 B군은 둘 다 해운대 해수욕장에 가서 아이스크림을 팔기로 결정을 한다. A와 B군은 서로 모르는 사이다.

먼저 해운대 해수욕장이 다음의 그림들과 같이 직사각형으로 생겼다고 가정하자. 그리고 해수욕장에서 햇볕을 쬐고 있는 인파의 밀도가 직사각형의 해수욕장 전체에 똑같이 퍼져 있다고 가정하자. 합리적인 소비자인 해수욕장 인파는 아이스크림을 먹고 싶으면, 자기한테서 더 가까운 아이스크림 장사한테서 아이스크림을 사 먹는다. 두 알바생이 파는 아이스크림은 질과 가격 면에서 같다고 가정하자. 두 알바생은 돈을 벌어 등록금을 만들어야 하므로, 아이스크림을 되도록 많이 파는 것이 목적이다.

먼저 〈그림 3〉과 같이 두 알바생이 해운대의 양 끝에 위치했다고 치자.

〈그림 2〉 여름방학 해운대 아르바이트

〈그림 3〉 적절한 알바생의 위치 1

그러면 두 사람이 아이스크림 시장을 어떻게 나누어 가질까? 답은 반반이다. 해수욕장을 반으로 자르는 선을 그으면 그 선의 왼쪽에 있는 사람들은 A, 오른쪽에 있는 사람들은 B에게서 아이스크림을 사먹을 것이다. 그러면 B가 현재보다 더 많은 돈을 벌 수 있을까? 가능하다. 만약 B가 〈그림 4〉와

〈그림 4〉 적절한 알바생의 위치 2

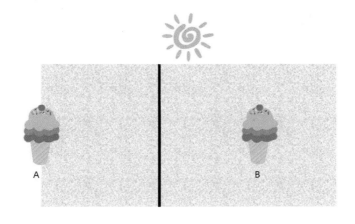

〈그림 5〉 적절한 알바생의 위치 3

같이 왼쪽으로 이동한다면, 이제 A와 B 사이의 중간점은 새로운 선이 되고, 이 새로운 선의 왼쪽에 위치한 고객들은 A에게로 가고, 오른쪽에 위치한 사람들은 B에게로 가게 되므로 B가 A보다 더 많은 아이스크림을 팔고 더 많은 돈을 벌게 된다. 그러면 A는 당하고만 있어야 하는가? 그렇지 않다. 이번엔 A가 더 오른편으로 움직이면 된다.

A가 〈그림 5〉에 있는 위치로 옮겨가면, A와 B의 중간점은 또 바뀌고 이번에는 A가 더 많은 아이스크림을 팔게 된다. 그러면 종국적으로는 어떻게 될까? 서로 더 많은 아이스크림을 팔기 위해 중앙으로 이동하던 A와 B는 결국 해운대 해수욕장의 정확히 중간지점에서 만나게 된다. 만난 다음에는 어떻게 될까? 그냥 확률적으로 보아, 두 알바생이 아이스크림 시장을 반반씩 나눈다고 하자. A와 B는 거기서 또 움직일 동기가 있는가? 없다. 이제 어느 쪽이든지 먼저 움직이는 알바생은 수입이 더 줄게 된다(왜 그렇게 되는지는 독자들에게 맡기겠다). 결국 두 알바생은 해수욕장의 정가운데서, 서로 옆에 서서 아이스크림을 팔게 된다. 비로소 경제학에서 말하는 평형점 (equilibrium)에 도달한 것이다.

왜 필자는 실없이 위의 아이스크림 장사의 예를 들고 나왔을까? 이제 위

〈그림 6〉 적절한 알바생의 위치 — 평행점

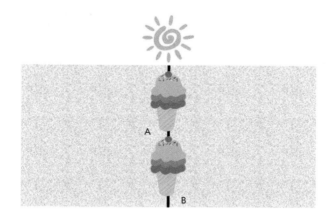

에서 사용했던 용어들을 정치와 정당과 관계되는 용어들로 바꾸어 보자. 먼저 아이스크림을 파는 알바생은 두 명이 있었다. 이 둘을 정당으로 생각한다면, 우리는 양당제도 국가에서 살고 있는 것이 된다. 해수욕장에 여행객이 골고루 분포되어 있다는 것은 좌-우 이념의 선상에 사람들이 골고루 분포되어 있는 것을 의미한다. 자신에게 더 가까운 아이스크림 장사한테 아이스크림을 사러 간다는 점은 시민들이 투표할 때, 두 정당 중 자기한테 이념적으로 더 가까운 정당에 투표를 하게 된다는 것이다. 아이스크림 장사들이 더 많은 아이스크림을 파는 것을 목표로 한다는 점은 정당들이 선거에서 표를 더 많이 받는 것을 목표로 한다는 것을 의미한다.

이제 정치, 선거와 관련하여 좀 더 현실적인 그림을 그려보자. 이념 선상에 시민들이 분포한다면, 위의 해운대의 예처럼 골고루 분포될 가능성은 없다. 그러면 우리가 가장 먼저 생각해 볼 수 있는 분포, 정상분포(normal distribution)를 생각해 보자. 〈그림 7〉이 이 상황을 묘사하고 있다. 그림에서 가로 축은 이념을 나타낸다. 가로 축의 왼쪽 끝은 극좌를 오른쪽 끝은 극우를 대변한다. 이 그림의 세로축은 빈도, 즉 얼마나 많은 시민들이 그 위치에 있는가를 표현한다. 현재의 그림, 즉 정상분포 곡선에서는 이념의

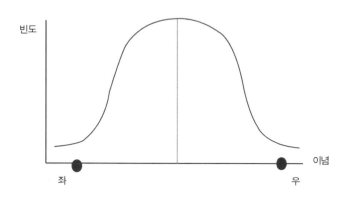

〈그림 7〉 정상분포된 시민과 극한 정당이 공존하는 예

가운데 쪽에 가장 많은 시민들이 분포되어 있고, 극좌로 가거나 극우로 갈수록 점점 적은 시민들이 존재한다.

아이스크림 알바의 예와 같이 이 사회에는 두 개의 정당이 존재한다고 하자. 또 시민들은 자기에게 이념적으로 가까운 정당에 투표한다고 하자. 또 두 당이 더 많은 표를 얻는 것을 목표로 한다고 하자. 아이스크림의 예와 같이 각 정당은 양쪽 끝에서 출발한다고 하자. 마지막에 두 정당은 어디에 위치하게 될까? 즉 평형점은 어디일까?

양당제도에서는 각 정당이 과반수의 의석을 확보하는 것이 중요하다. 그래서 위와 같이 시민들이 정상분포되어 있는 사회에서는, 두 정당 모두 중간(중도)을 공략하는 것이 선거전략상 필수적 요소가 된다. 그렇다면 위에서 우리가 가정한 요건들이 충족되는 사회에서는 두 중도적인 정당이 가까이에 위치하는 결과가 나타나게 된다.[1] 정치학자들은 한동안 미국의 경우, 우리의 가정들(정상분포, 이념적으로 가까운 정당에 투표, 양당제도 등)을 대부

---

[1] 시민들이 정상분포되어 있고, 정당제도가 양당제도인 경우, 두 정당이 위의 아이스크림 장사의 예와 같이 중간에서 만난다는 이론은 중위투표자이론(Median Voter Theorem)이라고 하며, 미국의 경제학자인 앤서니 다운즈가 주창하였다. 더 심도 있는 설명을 위해서는 Anthony Downs, *The Economic Theory of Democracy* (1957)를 참조할 것.

〈그림 8〉 평형점: 정산분포된 시민과 두 개의 온건한 정당

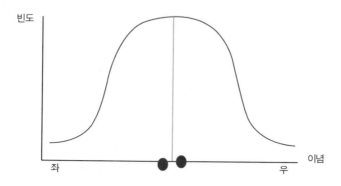

분 충족시켰고, 그래서 미국의 민주당과 공화당은 둘 다 중도 정당으로 정책의 차이가 별로 없는 정당제도로 여겨져 왔다. 최근에 와서는 미국에서도 변화가 감지되고 있지만, 그와 관련한 미국에 대한 논의는 마지막 장으로 넘기기로 하자.

우리나라는 태생적으로 양당제도와 근사한 정당 제도를 유지하게 되어 있다. 이는 우리가 유지하고 있는 선거법 때문인데, 그 구체적인 내용은 일단은 뛰어 넘기로 하자. 중요한 점은 선거 때 새누리당이 하나의 정당으로, 나머지 정당들은(극한 정당을 제외하고는), 마치 하나의 정당같이 행동하게 되어 있으므로, 사실상 양당제와 크게 다르지 않다는 것이다. 그렇다면 사실상의 양당제 국가인 한국에서 정당들이 가운데로 모이지 않고, 항상 정쟁을 일삼는 이유는 무엇일까? 답은 우리가 위에서 한 가정 중에 한국에 맞지 않는 것이 있다는 점이다. 먼저 유권자들이 자기와 이념적으로 더 가까운 정당에 투표하지 않는다는 추론이 가능하다. 이 부분에 대해서도 할 수 있는 이야기가 많지만, 차후로 넘기기로 하자. 왜냐하면 서구 국가들과는 달리 한국의 이슈 차원(underlying issue dimension)은 이념만으로 정리가 되지 않고, 이념과 지역성, 세대 간의 차별성, 북한에 대한 태도 등이 복잡하게 결합된 차원이기 때문이다.

〈그림 9〉 시민의 양봉분포화(化)

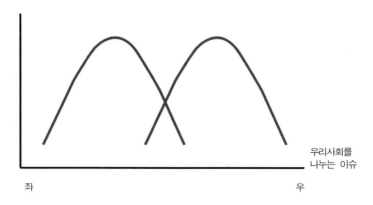

좌   우

우리사회를
나누는 이슈

　필자가 이 장에서 초점을 맞추고 싶은 가정은 위에서 한 정상분포의 가정
이다. 즉, 한국사회는 중도에 대부분의 시민들이 위치하고, 극한 위치에 있
는 사람들이 적은 그런 사회인가? 사실 이 부분이 필자로 하여금, 한국의
장래에 대해서 가장 걱정하게 하는 문제이다. 통일대박, 창조경제, 국민소득
4만 불 달성 등, 그 어느 당면한 과제보다, 필자를 걱정하게 하는 것이 한국
민의 이념적 분포가 정상분포에서 벗어나서 양봉분포(bimodal distribu-
tion)로 가고 있다는 점이다(〈그림 9〉). 이는 앞에서 말한 한 국가 내에 두
개 이상의 하위문화가 존재한다는 말과도 일맥상통한다.
　그러면 비슷한 경험을 한 다른 서구 국가를 한번 살펴보자. 시민들의 분
포가 정상분포를 벗어나 사회가 하위문화를 가지게 될 때, 정당제도는 큰
정당들이 극단적인 성향을 가지게 된다(〈그림 10〉). 예를 들어, 프랑스 제4
공화국과 이탈리아의 경우를 보면, 왼편에는 강력한 공산당, 오른편에는 극
한 보수당이 자리를 잡는 갈등적 정당 제도를 유지하였다. 이를 그림을 가
지고 표현을 하면 시민이 두 개의 봉우리 모양으로 분포되어 있을 경우, 큰
정당들이 극단에 위치하는 이런 형태의 정당 제도를 낳게 되어 이념적으로
거리가 먼 정당들은 신뢰가 아닌 불신적 관계를 유지하게 된다. 그 결과는
정국의 불안정, 정부의 비효율성, 민주주의에 대한 시민의 신뢰가 감소하는

〈그림 10〉 시민들이 양봉분포된 경우(하위문화가 존재할 경우) 정당체계

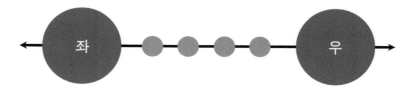

결과를 초래하게 된다.

실제로 프랑스에서 제4공화국은 소멸되었고, 제5공화국으로 교체되었다. 이탈리아의 경우, 정부의 불안정성과 정치에 대한 국민들의 무관심으로 연결되었다. 이탈리아는 의원 내각제를 채택하고 있기 때문에, 따로 행정부가 임기를 가지고 일하는 것이 아닌데, 이탈리아의 정부들은 그 수명이 짧기로 서구 국가들 사이에도 유명하다.

IV. 정치문화의 중요성

이제 이 장을 맺도록 노력해 보겠다. 〈그림 11〉에서 보듯, 사회가 얼마나 양극화되어 있는가에 따라 정치 자체의 모습이 달라진다. 보편적으로 시민

〈그림 11〉 사회의 양극화(정치문화)가 정치체제에 미치는 영향

들의 정치문화가 양극화되어 있는 경우, 정치체제 또한 양극화되는 경향이
있다. 이는 대의 정치가 사회를 반영한다는 이치이다. 즉, 정당들은 표가
있는 쪽으로 이동한다. 반면에 합의적 정치문화를 유지하고 있는 국가들은
(예를 들어, 독일 같은 나라), 의회 자체도 주로 중도에 위치한, 다른 집단을
잘 인정하는 정당들로 구성되는 경향이 있다.

그렇다면 일단 정치문화가 양극화되면 미래는 절망적인 것인가? 답은 반
드시 그렇지는 않다는 것이다. 한 마디로 위의 그림에 나타난 화살표의 반
대쪽 화살표도 가능하다(〈그림 12〉). 즉, 지도자 사이의 정치행태가 사회의
양극화를 심화시킬 수도 있고 오히려 신뢰회복에 도움을 줄 수도 있다. 즉,
우리가 여태까지 본 것의 반대방향도 가능하다. 좋은 지도자가 주요 정당을

〈그림 12〉 정치문화와 정치체제가 서로에게 미치는 영향

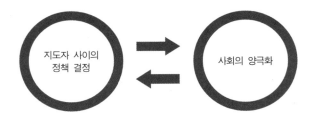

〈그림 13〉 오스트리아 연정의 사례

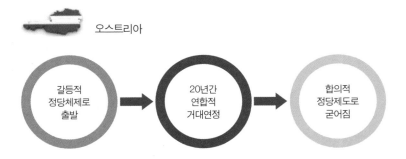

이끌고 있다면 의회 내에서 극한 집단의 힘을 무력화시킬 수 있다.

오스트리아를 예로 들어보자(〈그림 13〉). 2차 세계대전 이후 오스트리아는 갈등적 정당체제로 출발하였다. 당시 오스트리아의 거대 정당은 양극에 있는 사회당과 가톨릭당이었다. 그런데, 극단에 있는 정당들이 갈등하지 않고, 20년간 연합적 거대 연정을 구성, 운영하였다. 이념적으로는 멀리 위치한 당이었으나, 같이 정부를 구성하고, 20년간 매일 정책을 같이 상의하다보니, 이 거대 정당의 지도자들은 서로 친해지게 되었고, 인간적으로 신뢰하는 관계가 되었다. 그 후부터는 연정을 구성하지 않아도, 상대방이 정권을 잡아도, 다음번 선거에서 이기면 된다는 정상적인 정치적 사고가 자리 잡게 되었다.

세월호 사건 이후, 대폭 개각이 예상되고 있었는데, 그때 필자는 한 신문과의 인터뷰에서, 박근혜 정권이 야당의원 몇 명을 장관으로 임명하는 것이, 책임과 대책을 공유하며, 신뢰를 회복하는 데 도움이 될 것이라고 주장한바 있다. 물론 그런 일은 없었고, 국무총리의 인준 자체에도 어려움을 겪으며 결국 같은 사람들이 내각을 이끄는 상황이 반복되었다.

위에서 필자가 제기한 이론적 논점들이나 다른 나라의 예들을 읽을 때, 우리나라가 어디에 맞아 떨어지고, 어떤 방향을 추구해야 할 것인가에 대해 대입해 볼 필요가 있다. 이 장뿐만이 아니라, 이 책의 모든 단원들을 읽음에 있어 독자들이 우리의 위치와 추구할 방향에 대해서 같이 고민해 보길 바란다.

그런데 위의 오스트리아의 경우와는 달리, 그 반대의 나쁜 시나리오도 있을 수 있음을 경고하고 싶다. 정치문화 자체가 연합적인(consensual) 경우라고 할지라도 카리스마가 있는 지도자가 이끄는 극한 정당은 사회 내의 편견을 가진 사람들의 불안감을 자극하여 선거에서 그들의 지지를 이끌어낼 수도 있다. 예를 들어, 서유럽의 반(反)이민 극우정당 등이 그러하다. 이들은 선거 때가 되면, 사회의 모든 문제들이 이민자들에 의해서 생겨난다며, 반이민, 인종차별적인 논리를 편다. 이들 국가의 상당수의 이민자가 중동에서 온다는 점과, 최근 IS의 만행을 언론을 통해 접한 상당수의 시민들이 이들 극한 정당의 논리를 받아들이고 있다. 그 점에서는 서서히 다문화 사회로 이동하고 있는 우리나라에 주는 시사점도 있다.

필자는 2차 세계대전 이후의 미국 대통령 중에 조지 W. 부시 대통령(아들 부시)을 가장 낮게 평가한다. 이것은 필자 혼자만의 평가이고, 얼마든지 다른 평가도 가능하다. 필자의 평가에도 불구하고, 부시대통령이 재선되고 8년 동안 미국의 대통령을 할 수 있었던 것은, 물론 미국의 유권자가 부시 대통령의 정책을 지지한 점도 있겠지만, 부시 대통령 참모진의 전략과도 관계가 있다.

미국의 경우 20세기 중반부터 시민들 사이에 합의가 없이, 서로 감정만 자극하는 몇 가지 이슈들이 있다. 예를 들어, 동성연애자의 결혼 허용 문제, 마리화나의 합법화 문제 등이 그런 이슈에 속한다. 우리나라와는 달리 미국은 매 4년 대통령선거가 있을 때마다 여러 선거가 동시에 실시된다. 예를 들어, 상원의원의 3분의 1, 하원의원 전체, 주지사, 지방선거, 그리고 정책에 대한 국민투표까지도 하루에 이루어진다. 그러다보니, 미국의 투표용지는 우리와는 달리 얇은 책자의 모양으로 이루어져 있다. 부시 후보자가 선거에 나설 때면, 선거의 귀재라고 알려진 칼 로브라는 참모는 위에서 말한, 사회를 갈라놓는 이슈들이 국민투표에 포함되도록 했다. 유권자를 갈라놓으려는 의도다.

미국에서 동성애 문제나 마약의 문제에 강한 거부감을 가진 집단은 우익, 특히 기독교계를 아우르는 우익(Christian Right이라고 불림)이다. 많이 알려진 바와 같이, 서구 선진국 중에 미국은 선거율이 낮은 국가에 속한다. 그러나 2000년, 2004년 선거의 경우 우익 선향의 유권자들은 자신들이 혐오하는 현상이 합법화되는 것을 막기 위해 투표소에 갔고, 간 김에 투표지의 대통령 난에는 부시를 찍었다. 즉, 국민을 선거 때 분열시키는 전략의 수혜자는 부시 대통령이었다. 우리나라도 언론이 선거 때만 되면 지역성을 평소보다 더 강조하는 경향이 있다. 이 책의 마지막 장에서 민주사회에서 바람직한 지도자의 자질에 대해서 이야기할 것인데, 우선 먼저 말하자면 관용을 강조하고 중도성향을 가진 지도자가 좋은 지도자다. 편견을 말하거나 시민을 극한 방향으로 잡아당기는 지도자들을 경계해야 한다.

또 우리는 우리가 속해 있지 않은 집단, 다른 하위문화를 가진 사람들과 같이 하려고 노력해 보고, 그들이 보는 매체에도 관심을 가져볼 필요가 있다. 그리고 나의 생각이 사실(fact)이 아니고 "의견"일 수 있다는 걸 항상 잊지 말아야 한다. 재정적으로 가능한 사람은 기부 운동에 동참해도 좋다. TV 프로그램을 볼 때도 균형 있는 선택이 필요하다. 예를 들어, 한국의 드라마들은 내용은 다 비슷한데 시청률은 다른 프로그램보다 높은 경향이 있다. 필자는 TV 시청자들에게 드라마뿐만 아니라 "인간극장" 혹은 "동행" 등의 프로그램도 보기를 권장한다(여기서 필자가 특정 방송의 프로그램을 광고할 의도는 전혀 없다). 나와 다른 하위문화에서 살아가는 사람들이 어떻게 사는가를 좀 알자는 것이다. 이 책의 마지막 부분에서 이 문제를 다시 한번 돌아보기로 하고 이 장을 마친다.

경제적 불평등과 민주주의

강우진

I. 들어가는 말

한국 민주주의는 제3의 물결을 통해서 민주주의를 이행한 나라들 중에서 가장 성공적으로 민주주의를 제도화한 나라로 평가되었다. 학자들은 한국을 대만과 함께 동아시아 신흥 민주주의 국가들 중에서 자유 민주주의의 수준에 도달한 두 사례로서 꼽았다. 2012년 제18대 대선과정에서 발생한 국가정보원 등 국가기구에 의한 선거 개입 사건에도 불구하고 한국 민주주의에서 민주적인 선거를 통한 권력의 교체 방식이 제도화되었다는 데는 대체로 합의가 존재한다. 즉 민주주의는 한국사회에서 유일한 게임의 규칙이 된 것이다.

이러한 성취에도 불구하고, 한국 민주주의의 역설은 성공적인 제도화 과정과 경제적 불평등의 심화가 중첩되었다는 사실이다. 한국사회는 민주화가 성공적으로 정착되는 과정에서 불평등이 심화되고 사회적 양극화가 구조화된 사회로 변모되었다. 물론 불평등의 확산 원인을 민주화 과정이나 민주화로 등장한 민주주의체제의 탓으로만 돌릴 수는 없다. 하지만 제도화에 성공한 한국의 민주주의체제가 한국사회의 중심 과제로 등장한 불평등의 문제를 해결하는 데 대단히 취약했다는 점은 부인할 수 없다. 실제로, 1997년 국제통화기금(IMF: International Monetary Fund)의 구제금융으로 상징되는 전대미문의 경제위기를 거치면서 악화되기 시작한 경제적 불평등은 이른바 민주정부라고 자칭하는 국민의 정부와 참여정부를 거치면서 심화되었다. 이후 기업친화적인 신자유주의 노선을 공개적으로 천명한 이명박 정부와 이명박 정부를 계승한 박근혜 정부를 거치면서 경제적 불평등은 지속되었다.

이 장은 민주주의 제도화 이후 확산된 불평등의 현황에 대해서 다양한 거시 지표를 통해서 개략적으로 설명하는 것을 목적으로 한다. 이를 통해서 한국 민주주의에서 불평등의 문제가 왜 중요한지에 대해서 살펴볼 수 있을 것이다.

II. 민주주의의 진전과 소득 불평등의 심화

해방 이후 최초로 평화적 정권 교체를 이루었던 김대중 정부의 집권은 세 가지 조건 속에서 가능했다.

첫째, IMF 경제위기이다. 하나회 척결, 역사바로세우기, 금융실명제로 대표되는 문민정부의 개혁 드라이브는 IMF 구제금융이라는 전대미문의 경제위기로 마감되었다. 경제위기는 준비된 대통령을 자임했던 김대중에게 기회를 제공했다.

둘째, 집권 여당인 한나라당의 분열이다. 이회창과의 경쟁에서 실패한 이인제는 새로운 정당(국민신당)을 만들어 대통령선거에 출마하였다. 이인제가 획득한 5백여만 표는 김대중이 근소한 차이로 승리하는 데 기여하였다.

셋째, 김대중과 김종필의 DJP 연합이다. 김대중은 김종필과의 내각제 합의를 매개로 한 지역 연합을 통해서 충청지역의 지지를 흡수할 수 있었다. 김대중은 이러한 세 가지 조건 속에서 39만여 표 차이의 근소한 차로 집권에 성공할 수 있었다.

　IMF 구제금융 와중에서 출범한 국민의 정부의 선택지는 그다지 많지 않았다. 공동정부가 부여하는 정치적 긴장과 5년 단임제라는 제도적 제약 속에서 국민의 정부의 최우선 국정 목표는 경제위기의 극복에 맞추어졌다. 이에 따라서 김대중 정부는 긴축정책을 중심으로 하는 안정화 정책과 구조적 개혁을 위한 자유화 정책을 내용으로 하는 IMF의 신자유주의적 개혁 패키지를 대부분 수용하였다. 경제위기의 극복에 모든 역량을 기울인 국민의 정부는 비교적 단시간인 3년여 만에 경제위기를 극복하고 IMF 졸업을 선언하였다. 하지만 IMF 개혁 패키지를 실현하는 과정에서 노동자에 대한 정리해고 제한 규정이 대폭 완화되었고 파견근로제가 확대되었다. 또한 많은 기업들이 도산하였고 실업률은 크게 증가하였다. 더구나 경기 극복과정에서 나타난 경기침체를 극복하고 내수 진작을 위해서 도입된 신용카드 장려정책은 많은 신용불량자를 낳았다. 결국, 국민의 정부 기간 동안 많은 실업자가 발생하였고 불평등은 심화되었다.

　국민의 정부에 이어 진보정권 2기를 담당한 참여정부가 탄생하였다. 참여정부는 집권기간 내내 정치적 불안정에 시달렸으며 급기야는 헌정 사상 최초로 국회가 노무현 대통령에 대한 탄핵을 가결하는 상황에까지 이르렀다. 노무현 대통령 자신도 자서전을 통해서 인정했듯이 참여정부는 나름의 노력을 기울였으나 경제위기 극복과정에서 악화된 서민들이 삶을 개선하는 데 성공하지 못했다.

　〈표 1〉은 소득 불평등을 측정하는 데 대표적으로 사용되는 지표인 지니계수와 5분위 배율1)이 1997년 이후 어떻게 변화하였는지를 나타내고 있다.

---

1) 지니계수는 가장 대표적으로 사용되는 소득 불평등 측정 지표이다. 수치는 0과 1 사이의 비율로서 정의된다: 낮은 수치는 더 평등한 소득 분배를, 반면에 높은 수치는 더 불평등한 소득 분배를 의미한다. 예를 들어, 0의 수치는 완전한 평등(모두가 정확히 동일한 소득을 가짐), 그리고 1의 수치는 완전한 불평등과 일치한다(한 사람이 전부의

〈표 1〉 경제위기 이후 불평등의 증가 — 지니계수와 5분위 배율

	1997	1998	1999	2000	2001	2002	2003	2004	2005	2006	2007	2008	2009	2010	2011	2012	2013
5분위 배율	3.97	4.78	4.93	4.40	4.66	4.77	4.66	4.94	5.17	5.39	5.79	5.93	6.11	6.02	5.96	5.76	5.70
지니계수	0.264	0.293	0.298	0.279	0.290	0.293	0.283	0.293	0.298	0.305	0.316	0.319	0.320	0.315	0.313	0.310	0.307

출처: 통계청(http://kosis.kr/wnsearch/totalSearch.jsp)

1997년 IMF 경제위기 전 0.25 수준에 머물렀던 지니계수는 IMF 경제위기를 기점으로 0.293까지 증가하였다. 지니계수는 경제 위기 극복 이후 다소 완화되었으나 이후 지속적으로 상승하여 2008년에 0.319 수준까지 증가하였다. 5분위 배율도 비슷한 경향을 나타냈다. 1990년 4 이하였던 5분위 배율은 1998년 4.78까지 상승한 후 다소 개선되었으나 이후 지속적으로 상승하여 2008년 5.93까지 악화되었다. 이러한 지표가 나타내는 것은 소득 불평등이 이른바 민주정부라고 이야기되는 국민의 정부와 참여정부를 거치면서 악화되었다는 사실이다.

지니계수는 소득 불평등을 측정하는 가장 대표적인 지표이지만 한국의 경제적 불평등의 현실을 제대로 나타내기에는 한계가 있다. 경제위기 이후 급속히 악화된 소득 불평등은 주택을 중심으로 한 자산 불평등과 결합되면

소득을, 나머지 사람은 0의 소득을 가짐); 5분위 배율은 소득 상위 20%의 평균소득/소득 하위 20% 평균소득으로 계층 간 소득격차를 보여줌(출처: http://www.index.go.kr/potal/main/EachDtlPageDetail.do?idx_cd=1407).

서 복합적인 양상을 나타내고 있다. 현재, 한국의 가계부채 증가 속도는 OECD 최고수준이다. 2013년 한국의 가계부채는 1,000조를 돌파하였다. 2008년 경제위기 이후 미국과 영국 등 선진국의 가계부채가 줄어든 반면에, 한국의 가계부채는 23.7% 증가하였고 가장 높은 증가율(16.9%)을 나타내고 있다(『뉴시스』 2015/03/25).[2] 실제로 최근의 연구에 따르면 한국의 자산 불평등 정도를 나타내는 가구당 순 자산 지니계수는 2014년 기준으로 0.6014에 달해 가처분 소득의 지니계수인 0.4259보다 훨씬 높다(남상호 2015).[3]

　물론 경제적 불평등의 악화는 한국만의 문제는 아니었다. 잘 알려져 있듯이 동아시아에서 일본을 비롯한 네 마리 용으로 표현되는 나라들(한국, 대만, 홍콩, 싱가포르)의 경제성장 과정의 특징적인 현상은 상대적으로 균등한 분배와 급속한 경제성장의 예외적인 결합이었다(equity with growth). 하지만 지구화(globalization)의 빠른 진행과 함께 이러한 축복은 더 이상 가능하지 않게 되었다.

　그렇다면 한국의 소득 불평등은 다른 나라와 비교해 볼 때 어느 정도 수준인가? 한국에서 소득 불평등의 심화를 객관적으로 살펴보기 위해서 경제위기가 있었던 1997년 OECD 국가 중에서 한국의 소득 불평등 지수의 순위와 2011년 순위를 살펴보자. 먼저 〈표 2〉를 통해서 알 수 있는 사실은 1997년과 2011년을 비교할 때 OECD 국가의 불평등은 전체적으로 다소 악화되었다는 사실이다. 둘째, 2011년 한국의 소득 불평등 순위는 한국에서 1997년 경제위기 시점과 비교해 보더라도 악화되었다는 점이다. 그렇다면 한국의 불평등은 OECD 다른 국가들에서 불평등이 심화되는 속도보다도 더 빨

2) http://www.newsis.com/ar_detail/view.html?ar_id=NISX20150325_0013558280&cID=10401&pID=10400
3) 남상호(2015)의 분석에 따르면 2014년 기준 상위 1%의 가처분소득 점유율은 6.6%인 반면에, 순자산 점유율은 두 배에 가까운 12.4%에 달했다. 이를 상위 10%로 넓혀보면 상황은 훨씬 더 심각했다. 상위 10%의 가처분 소득 점유율은 29.1%에 달했고 순자산 점유율은 43.7%에 이르렀다.

〈표 2〉 OECD 국가의 지니계수 변동(1997년과 2011년의 비교)

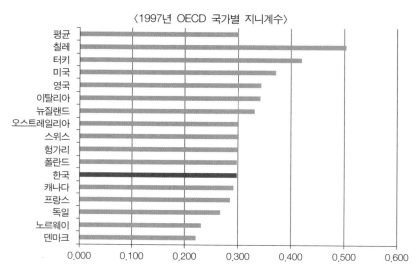

〈1997년 OECD 국가별 지니계수〉

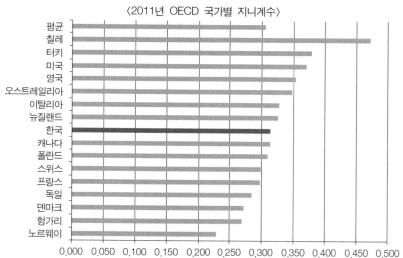

〈2011년 OECD 국가별 지니계수〉

출처: http://data.worldbank.org/indicator/SI.POV.GINI

리 악화되고 있다는 추론이 가능하다. 실제로 OECD의 최근 보고서에 따르면 10분위 배율에 기반을 두어 예측된 한국의 소득 불평등은 2060년에는 OECD 국가들 중에서 3위에 이를 수 있다는 비관적인 전망을 제출하였다 (OECD 2014). 요컨대 한국은 상대적으로 균등한 분배와 급속한 경제성장을 경험한 권위주의 국가에서 민주주의의 진전과 함께 불평등한 민주주의 국가로 이행한 것이다.

III. 불평등의 증가와 정부의 대응: 복지지출의 증가

경제위기 이후 불평등이 지속적으로 증가하는 와중에서 정부는 나름의 대응을 해왔다. 국민의 정부는 민주주의와 시장경제의 병행발전이라는 국정 철학을 제시하였다. 복지정책과 관련하여 국민의 정부는 '생산적 복지'[4]의 기치 아래 경제 위기 극복과정에서 양산된 실업자와 비정규직에 대한 일자리 창출과 사회 안전망 구축에 노력을 기울였다. 구체적으로 국민의 정부는 고용보험을 전체 1인 이상 사업장까지 확대(1999)하였고 산업재해보험을 5인 이상 사업장까지 확대하였다(2000). 또한 전 국민을 대상으로 한 연금을 확충하였으며 2000년에는 '기초생활 보장법'을 제정하였다.

국민의 정부는 복지정책을 주요 국정과제로 제시한 최초의 정부로서 전대미문의 경제위기라는 어려운 여건 속에서 한국 복지정책의 틀을 마련했다는 의미가 있다. 하지만 국민의 정부의 '생산적 복지'는 기본적으로 일을 통한 복지를 의미하는 것이었다. 국민의 정부의 복지 정책은 성장의 회복을

---

4) "생산적 복지는 모든 국민이 인간적 존엄성과 자긍심을 유지할 수 있도록 기초적인 생활을 보장함과 동시에 자립적이고 주체적으로 경제·사회활동에 참여할 수 있는 기회를 확대하고 분배의 형평성을 제고함으로써 삶의 질을 향상시키고 사회발전을 추구하는 국정이념이다"(삶의 질 향상 기획단, 1999).

통한 경제위기 탈출이라는 최우선 국정목표에 종속된 잔여적인 복지정책이었다.

국민의 정부를 계승한 참여정부는 '복지의 보편성', '국가 책임', '국민의 참여'를 특징으로 하는 '참여복지'를 정책적 이념으로 제시하였다. 참여정부는 국민의 정부의 생산적 복지를 계승하면서도 복지재정 분권화, 노인 장기 요양보험, 사회적 투자 국가와 같은 독자적인 정책을 추진하였다.

참여정부는 경제위기 극복과정에서 확대된 빈부격차의 해소를 위해서 다양한 정책을 도입하였다. 예를 들어, 기초 생활 보장 제도의 부양자 기준을 완화하였고 대상자를 확대하였다. 소득기준도 최저 생계비의 120%에서 130%로 높였다. 저소득층의 근로를 통한 빈곤 탈피를 지원하기 위해서 근로장려세제(EITC: Earned Income Tax Credit)를 도입하였다(2008). 또한, 제5보험이라고 할 수 있는 '노인 장기 요양보험법'을 통과시켰으며 '기초노령연금'제를 실시하였다.

참여정부의 경제정책은 성장주의 담론으로부터 자유롭지 못하였고 복지정책도 국민의 정부와 같이 노동을 통한 복지라는 틀에서 크게 벗어나지 못했다. 결국 참여정부의 복지정책은 나름의 노력에도 불구하고 저소득층의 삶의 질을 개선하는 데 성공하지 못하였다.

이명박 정부는 비즈니스 프렌드리를 공개적으로 천명한 정부로서 '능동적 복지5)를 국정 목표로 제시하였다. 이명박 정부하에서도 복지의 양적인 확대는 지속되었다. 하지만 능동적 복지는 공급자 중심에서 수요자 중심으로, 국가 주도에서 민간과 협력을 중심으로, 양적인 확대에서 효율성을 중시하는 방식으로 복지 정책의 방향을 설정하였다. 이에 따라서 이명박 정부의 복지정책은 시장 중심의 정책기조와 세계경제 위기라는 조건 속에서 불평등의 완화에 크게 기여하지 못하였다.

---

5) 이명박 정부는 능동적 복지는 빈곤과 질병 등 사회적 위험을 사전에 예방하고 위험에 처한 사람들이 일을 통해 재기할 수 있도록 돕고, 경제성장과 함께하는 복지로 정의하였다(보건복지가족부, 2008).

〈표 3〉 정부지출 중에서 공공사회복지 지출의 비율(OECD 국가, 1997년과 2012년의 비교)

〈1997년 OECD 공공사회복지 지출〉

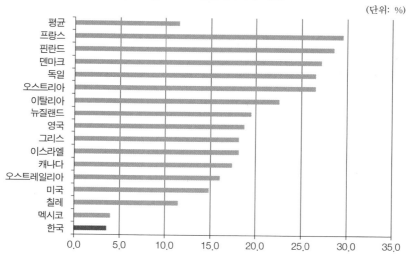

〈2012년 OECD 공공사회복지 지출〉

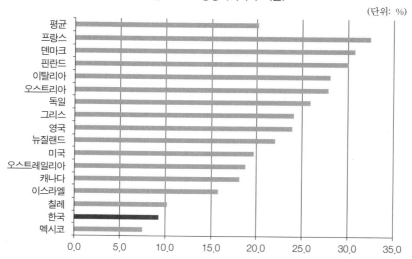

출처: 통계청

그렇다면 국민의 정부 이후 한국의 사회복지 지출은 어떠한 변화를 보였는가. 〈표 3〉은 1997년과 2012년 사이 OECD 국가들 중에서 한국의 공공 사회지출이 차지하는 순위를 나타내고 있다. OECD 국가에서 공공 사회지출은 1997년부터 2012년 사이 평균 11.6%에서 20.1%로 두 배가량 증가하였다. 한국의 경우도 1997년 3.7%에 지나지 않던 공공 사회 지출은 2012년에는 9.3%로 상당히 증가하였다. 한국 정부의 복지 지출의 확대는 위에서 언급한 것처럼 경제위기 이후 급증한 복지 수요 확대에 정부가 일정하게 반응한 결과라고 해석할 수 있다. 하지만 비교적 관점에서 볼 때 사회복지 지출에서 한국이 차지하는 위치는 거의 변화가 없었다. 1997년 OECD 국가 중에서 최하위를 차지했던 한국은 2012년에 이르러서도 최하위에서 두 번째에 그쳤다.

더구나 사회복지 지출이 증가하였지만 불평등은 개선되지 않았다. 왜 이런 현상이 발생하였는가? 〈표 4〉는 한국 정부의 소득 분포 개선율과 OECD 국가의 소득분포 개선율을 비교하여 제시하고 있다. 소득 분포 개선율은 정부의 개입을 통해서 소득격차가 얼마나 완화되었는지를 나타내는 수치이다.

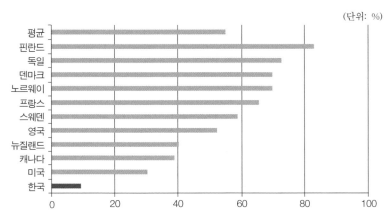

〈표 4〉 OECD 국가 소득분포 개선율 비교(2011년)

출처: http://stats.oecd.org/index.aspx

2011년 한국 정부의 소득 분포 개선율은 9.66으로서 OECD 평균의 52.68의 5분의 1에도 못 미치며 OECD 국가 중 최하위를 기록하고 있다.

국민의 정부 이후 한국의 정부는 경제위기를 거치면서 확대된 복지수요에 복지확대를 통해서 대응해왔다. 하지만 한국의 정부의 대응은 성장을 위한 잔여적인 개념으로서 복지체제의 틀에서 벗어나지 못했다. 이에 따라서 복지확대의 실질적인 효과는 비교적인 관점에서 볼 때 크지 않았다.

IV. 불평등의 새로운 형태: 교육 불평등과 불평등의 재생산

전통적으로 한국사회는 '계층 상승의 사다리'라는 희망이 존재하는 사회였다. '개천에서 용난다'는 말이 상징하듯이 교육은 가장 중요한 계층 상승의 통로였다. 하지만 최근의 한국의 불평등의 양상은 교육을 통한 계층 상승이 점점 어려워지고 있다는 것을 잘 드러내고 있다.

〈표 5〉는 1989~2009까지 20년 동안 중산층과 빈곤층의 비율의 변동 추이를 나타내고 있다. 〈표 5〉가 잘 나타내듯이 외환위기 전까지는 위로 올라가는 계층이 더 많았으나 외환위기를 겪으면서 한국사회는 아래로 떨어지기는 쉽고 위로 올라가기는 어려운 사회로 변화되었다. 최근 보건사회연구원(2014)에서 복지패널을 통해서 조사한 빈곤 탈출률의 추이 또한 이러한 추세를 확인하고 있다. 2006년에 저소득층에서 중·고소득층으로 이동한 사람들의 비율은 32.4%였으나 8년이 지난 2014년 조사에서는 같은 집단은 22.6%에 지나지 않았다. 이러한 분석 결과는 한국사회의 불평등한 기회구조가 점점 굳어지고 있다는 것을 암시한다.

여기서 중요한 문제는 전통적으로 계층상승의 통로로 기능했던 교육이 불평등을 완화하기보다는 기존의 불평등 구조를 재생산하는 데 기여하고 있다는 사실이다. 이 사실은 우리가 교육의 불평등의 문제가 보다 더 많은

〈표 5〉 중산층과 저소득층의 비율 변화 추이

올라가는 사람이 많은 사회에서 내려가는 사람이 많은 사회로

(단위: %)

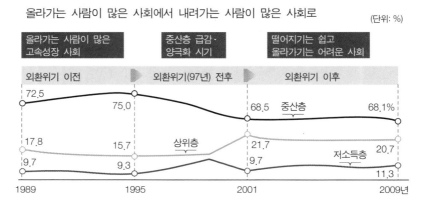

자료: 한국노동패널조사, 분석: 방하남(한국노동연구원 선임연구위원)
출처: 『조선일보』(2010/07/05)

관심을 기울여야 하는 이유이다. OECD의 최근 교육지표 조사(2014)에 따르면 한국은 청년층(25~34세)의 고교 이수율과 고등교육 이수율은 각각 98%와 66%로서 OECD 국가들 중에서 1위를 유지하였다. 하지만 고용률을 살펴보면 대학 졸업자 이상의 취업률은 78%에 그쳐 OECD 평균을 훨씬 밑돌았다. 좁은 취업문에 대비되는 높은 학력은 한국이 과잉학력의 사회라는 것을 나타낸다. 더구나 한국사회는 학력 간, 지역 간, 기업 규모 간 임금 격차가 큰 사회이다. 이러한 구조는 좀 더 나은 학벌을 획득하기 위한 교육경쟁의 과열로 나타나고 있다. 초등학교부터 시작되는 사교육 열풍이 이를 잘 나타내고 있다. 문제는 사교육의 경쟁구조가 악화된 불평등 구조에 의해서 영향을 받는다는 사실이다.

〈표 6〉은 소득수준에 따른 학생 1인당 월평균 사교육비 지출과 사교육 참여율을 나타내고 있다. 구체적으로 보면 소득수준의 최하층(100만 원 이하)은 3분의 1에 못 미치는 32.1%만이 사교육에 참여하고 있고 지출액도 한 달에 6.6만 원에 그치고 있다. 반면에 최상층(700만 원 이상)은 최하층의

〈표 6〉 2014년 가구 소득수준별 학생 1인당 월평균 사교육비 및 참여율

출처: 『통계청』(2015) 가계 동향조사

2.5배에 해당하는 83.5%가 사교육에 참여하고 있고 지출액도 최하층의 7배에 가까운 42.8만 원을 지출하고 있다. 이는 공식적인 자료로 사교육 시장에서 실제 계층 간 격차는 이보다 훨씬 크다고 추정할 수 있다.

그렇다면 계층별로 뚜렷한 차이를 보이고 있는 사교육 지출은 어떠한 결과를 낳는가? 〈표 7〉은 사교육 지출 및 참여율과 성적 사이의 관계를 보여주고 있다. 표에서 분명하게 나타난 것처럼 성적 하위 20%에 속하는 학생에 비해서 상위 10%에 속하는 학생의 사교육 참여율은 훨씬 높았으며 사교육비 지출은 거의 두 배에 달했다.

심화된 교육 불평등은 시민들의 인식에도 그대로 반영되었다. 경제위기 전인 1995년 조사에 따르면(불평등과 공정성 2차 조사, 1995) 한국의 교육 기회가 불평등하다고 응답한 사람은 31.5%(매우 불평등 7.9%, 약간 불평등 23.6%)에 지나지 않았다. 하지만 2006년 조사에 따르면 불평등하다고 인식한 응답자는 44%로 증가하였다(매우 불평등 8.6%, 약간 불평등 35.4%). 최근에 실시된 여론조사(『한국일보』 2014)는 서열화된 한국사회의 교육 불평등의 현주소를 잘 드러내고 있다. 응답자는 우리사회에서 불평등이 가장

〈표 7〉 2014년 성적구간별 학생 1인당 월평균 사교육비 및 참여율

출처: 『통계청』(2015), 가계 동향조사

심한 분야로 압도적인 다수인 95.2%가 교육 불평등을 꼽았다. 또한 과반수 (58.9%) 이상이 교육 정도를 나타내는 것으로서 출신학교를 선택하였다. 이에 따라서 대다수의 응답자(85.7%)가 사람대접을 받으려면 대학을 나와 야 한다고 대답하였으며 미래를 위해서라면 재수를 해서라도 좋은 대학을 가야 한다고 답한 응답자도 3분의 2가 넘었다(71.1%).

　한국에서 교육 불평등이 왜 중요한가? 최근 연구는 부모의 소득수준과 교 육수준이 높을수록 자녀의 교육수준과 소득수준이 높아질 가능성이 높다는 사실을 입증하였다.[6] 즉, 한국은 부모의 교육을 매개로 계층의 세습이 이루 어지는 사회가 된 것이다. 여기서 중요한 사실은 비정규직과 정규직 간의 임금격차가 매우 크고 직종 간 이동이 점점 어려워지고 있다는 사실이다.

---

6) 10년 동안의 교육고용패널을 분석한 최필선과 민인식(2015)의 연구에 따르면 전문대 졸 이상의 부모를 가진 자녀의 임금은 고등학교 졸업 이하의 학력을 가진 자녀의 임금 보다 20%가량 높았다. 또한 부모소득이 5분위에 속하는 자녀의 임금은 1분위의 자녀 의 임금에 비해서 19% 높았다.

〈표 8〉 정규직과 비정규직 임금격차 추이와 정규직 전환율

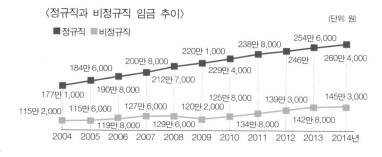

〈정규직과 비정규직 임금 추이〉 (단위: 원)

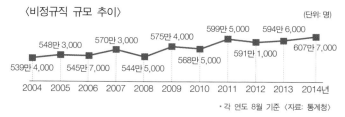

〈비정규직 규모 추이〉 (단위: 명)

* 각 연도 8월 기준 〈자료: 통계청〉

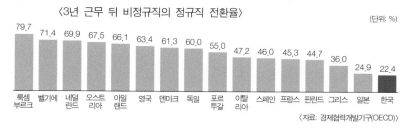

〈3년 근무 뒤 비정규직의 정규직 전환율〉 (단위: %)

〈자료: 경제협력개발기구(OECD)〉

출처: 『국민일보』(2015/02/17), http://news.kmib.co.kr/article/view.asp?arcid=0922964677&code=11151100

〈표 8〉은 한국에서 정규직과 비정규직 간의 임금격차와 정규직 전환 비율에 대한 자료를 제시하고 있다. 〈표 8〉에서 잘 나타나듯이 한국에서 비정규직의 규모는 공식적인 통계에 따르더라도 2014년 기준 600만이 넘었다. 문제는 한번 비정규직이 되면 정규직으로 전환될 수 있는 가능성이 매우 적다는 사실이다. OECD 자료에 따르면 비정규직 3년 근무 뒤에 정규직으

로 전환되는 비율은 22.4%에 그쳐 조사대상 국가 중에서 최하위에 해당한다. 더구나 정규직과 비정규직의 임금격차는 갈수록 벌어져서 2014년 기준으로 57%에 그치고 있다. 이러한 자료는 한국이 신계급사회로 진입하고 있음을 나타내고 있다.

요약하면, 경제 위기 이전에 비교적 열려 있었던 한국의 계층 상승의 사다리가 경제 위기 이후에는 점점 상승의 기회가 줄어들고 있다. 더구나 교육을 통한 계층의 상승은 역전되어 과열 경쟁으로 인한 사교육의 경쟁 구조가 교육이 불평등을 확대 재생산하는 새로운 현상이 나타나고 있다. 그렇다면 심화된 불평등에 대해서 시민들은 어떠한 인식을 하고 있으며 불평등의 확산이 한국 민주주의에 어떠한 영향을 미치는가?

V. 심화된 불평등의 정치적 영향

앞서 확인한 것처럼 경제위기 이후 한국의 불평등은 빠르게 심화되었다. 그렇다면 한국의 시민들은 불평등의 문제를 어떻게 인식하고 있나? 앞서 살펴본 집합자료의 결과와 일치하게 한국의 시민들은 불평등은 점점 심해지고 있으며 부자와 가난한 사람들의 갈등은 격화되고 있다고 인식하고 있다. 2012년 대선 직후 서울대학교 한국정치연구소에서 실시한 '정치와 민주주의에 대한 의식 조사'에 따르면 응답자의 5분의 4가 넘는 86.88%가 한국사회에서 고소득자와 저소득자 간의 소득격차가 5년 전과 비교해 볼 때 커졌다고 답하였다. 비슷한 맥락에서 4분의 3이 넘는 79.53%가 같은 기간 고소득자와 저소득자 간의 갈등이 심해졌다고 답하였다. 민주주의의 진전과 함께 경제적 불평등은 한국사회의 가장 중요한 사회정치적 문제로 부상한 것이다.

경제적 불평등의 증가는 다양한 사회정치적 결과를 낳는다. 먼저, 불평등

의 심화는 사람들로 하여금 정치적인 무관심으로 이르게 한다. 이러한 효과
는 물론 경제적으로 하층에 더 집중될 수밖에 없다. 일반적으로 경제적으로
곤궁한 하층계급들은 투표 참여에 필요한 정치적 자원이 상대적으로 더 적
다. 이러한 상황에서 불평등의 심화는 하층계급의 정치적 무관심을 증가시
키며 결국 하층계급의 정치적 불참으로 이어질 수 있다. 특정한 계급의 정
치적 무관심과 불참은 결국 정치적 대표의 불평등으로 귀결될 수 있다. 또
한 이러한 현상이 지속된다면 정치적 평등을 원칙으로 하는 대의민주주의의
질적인 하락을 초래할 수 있다.

둘째, 불평등의 증가는 사회적 갈등을 격화시킬 수 있다. 실제로 삼성경
제연구소의 조사에 따르면 한국의 갈등지수는 2010년 기준으로 OECD 국
가 중에서 터키에 이어서 두 번째로 높다. 한국의 갈등은 4위를 차지했던
이전 조사(2005)에 비해서도 더 악화되었다(『연합뉴스』 2013/08/21). 사회
적 갈등이 격화되면 시민들 간의 신뢰의 기반이 잠식되고 사회 전체적으로
대인신뢰가 감소한다. 실제로 한국의 대인신뢰는 OECD 국가의 평균보다
낮게 나타나고 있다.[7] 사회적 신뢰는 사회적 자본의 핵심적인 요소로서 신
뢰의 감소는 사회적 자본 나아가 민주적 거버넌스의 확산에 부정적인 영향
을 미친다.

셋째, 불평등의 증가는 시민들의 삶의 행복에 부정적인 영향을 미친다. 최
근 조사에 따르면 한국의 행복지수는 OECD 국가 중에서 33위로 미국과 함
께 최하위권에 속했다(『연합뉴스』 2014/02/10). 불평등이 증가되고 삶에 대
해서 부정적인 인식이 확산되면 미래의 삶에 대한 기대 또한 줄어들 것이다.
최근 퓨리서치 센터의 전 세계 44개국을 대상으로 한 조사에 의하면 "현재의
자식 세대가 부모 세대보다 미래에 경제적으로 더 윤택할 것으로 보는가"라
는 질문에 한국의 밀레니엄 세대(2000년에 성인이 된 세대)의 44%만이 그렇

---

7) 2014년 통계청의 발표에 따르면 한국의 대인신뢰('일반적으로 사람들을 신뢰할 수 있
　다') 수준은 22.3%로 나타나 OECD 평균인 30.1%보다 훨씬 낮게 나타났으며 OECD
　25개국 중 14위에 그쳤다.

다고 대답하였다. 조사 대상국가들 중에서 50세 이상 세대보다 밀레니엄 세대가 긍정적인 대답이 적게 나온 나라는 한국이 유일했다(『연합뉴스』 2015/02/26).

마지막으로, 민주주의의 심화과정에서 증가된 불평등은 민주주의체제의 문제 해결 능력, 즉 민주주의의 효능성과 민주주의체제의 공정성에 대한 회의를 증가시킨다. 자본주의 사회에서 경제적 불평등의 존재는 불가피하다. 하지만 시민들이 경제적 불평등을 받아들이기 위해서는 기회의 균등과 과정의 공정함이 전제되어야 한다. 하지만 한국사회의 불평등의 심화과정은 다수의 시민들로 하여금 한국사회의 기회 구조가 매우 불평등하며 정책 결정과정도 매우 불공정하다는 인식이 확산되게 하였다.[8] 이러한 현상이 지속되면 민주주의체제에 대한 지지의 내면화가 진행 중인 한국과 같은 젊은 민주주의 국가에서는 민주적 지지에 부정적인 영향을 미칠 것이다.

민주화 이행을 통해서 등장한 신흥 민주주의체제가 경제적 불평등의 문제를 단기간 내에 해결할 수는 없을 것이다. 또한 역사는 민주주의체제가 경제적 불평등의 문제를 해결하는 데 항상 효율적이라고 말하지 않는다. 하지만 한국에서 민주주의가 진정한 의미에서 공고화되기 위해서는 어떻게 사회의 가장 중요한 문제를 해결할 수 있는 능력 있는 민주주의체제를 만들어갈 것인가 하는 문제가 중요한 시점이 되었다.

---

8) 실제로, 동그라미 재단의 기회 불평등에 대한 국민 의식조사(2015)에 따르면 응답자의 62.6%가 개인의 성취기회가 공평하지 않다고 대답하였다. 또한 "성공하기 위해서 배경보다 개인노력이 중요하다"라는 질문에 84.9%가 아니라고 답했다.

언론 제대로 알기:
한국의 언론과 민주주의

한규섭

많은 유권자들이 한국 언론의 다양한 문제점을 지적한다. 최근 언론은 거의 동네북으로 전락한 듯하다. 공정성, 선명성 등 언론의 본질적인 가치들과 관련하여 진보·보수 구분 없이 많은 사람들의 비판을 받고 있다. 그러나 실제로 언론에 대한 대중적 논의를 살펴보면 언론보도를 결정짓는 요인들에 대해 잘못된 이해에 기반을 둔 경우가 많다. 이 글에서는 그동안 축적되어 온 사회과학 연구결과들을 통해 언론보도를 결정짓는 요인들이 무엇인지 살펴본다. 이를 통해 대중적인 인식과 학문적 결과 간의 괴리를 좁히고 한국의 언론현실에 대한 체계적인 이해를 돕고자 한다.

우선 대중이 언론에 대해 가장 흔히 가지고 있는 오해는 크게 세 가지 정도로 요약될 수 있다. 이러한 오해의 기저에는 언론을 주로 '정치적' 사회기관으로 보는 한국적 언론관이 중요하게 작용한 듯하다. 그러나 최근 변화된 미디어 및 정치환경의 맥락에서 보면 언론의 행태를 결정짓는 가장 중요한 요인은 오히려 경영적 요인들로 볼 수 있다. 언론을 제대로 이해하기 위해서는 언론도 엄연히 수익을 창출하기 위해 존재하는 영리기관이라는 점을 되새길 필요가 있다.

언론에 대한 3가지 오해:

Ⅰ. 언론은 정치권에 귀속(歸屬)되었는가?
Ⅱ. 언론의 논조가 편향된 것은 오너 및 편집자의 의중 때문인가?
Ⅲ. 인터넷과 소셜미디어는 공론(公論)의 장(場)?

Ⅰ. 언론은 정치권에 귀속되었는가?

우선 가장 흔히 한국 언론이 가진 병폐의 원인으로 지적되는 것이 정치권
에 대한 귀속이다. 즉 한국 언론은 정부·여당의 눈치를 보느라 진정한 '파
수견' 역할을 수행하지 못한다는 시각이다. 물론 언론이 정부·여당의 눈치
를 보지 않는 것은 아닐 것이다. 그러나 이는 정치권의 수사로 인해 과장된
측면이 있다. 사회과학 연구를 통해 나타난 결과들을 살펴보면 현실은 그리
단순하지 않다. 오히려 정치권에 대한 귀속은 상대적으로 덜 중요한 고려사
항이 되고 경영적 요인들이 보다 더 중요하게 작용하고 있다. 이러한 경영
적 요인들이 현재 언론의 정치 관련 보도의 행태를 더 잘 설명한다. 단, 이
러한 경제논리로부터 상대적으로 자유로울 수 있는 공영방송들의 작동원리
는 많이 다르다.
 '언론이 정치권에 지나치게 귀속되었는가?' 하는 질문은 답하기 쉽지 않은
질문이다. 귀속의 정도를 측정하는 것도 객관적인 기준이 존재하기 어렵다.
물론 언론과 정치권은 어느 정도 상호 귀속된 관계를 유지할 수밖에 없다.
정치권은 언론의 가장 중요한 취재원이기 때문이다. 정치권과의 네트워크를
구축하는 것은 특종을 생명으로 여기는 언론계에서는 불가피하다. 이를 위

해 자연스럽게 '출입처'제도도 형성된 것으로 볼 수 있고 이는 한국 언론에만
있는 제도도 아니다. 미국에서도 소위 '골든 트라이앵글(Golden Triangle)'
이라 하여 가장 중요한 출입처 세 곳—백악관·국무부·국방부—을 지칭하
는 말이 사용되고 있다. 그러나 정치권도 언론에 귀속된 관계일 수밖에 없
다. 정치인들의 모든 메시지는 언론을 통해서만 대중들에게 전달될 수 있기
때문이다. 따라서 정치권과 언론과의 관계는 서로가 서로에게 귀속된 관계
를 보는 것이 합당할 것이다.

　이런 권력관계에서 정치권과 언론 중 누가 더 유리한 고지에 서게 될까?
정치커뮤니케이션에서는 주로 이 질문에 대해 인덱싱(Indexing)이라는 개
념으로 설명한다. 뉴스 취재원들은 신뢰도에 따라 순서가 매겨지고 신뢰할
수 있는 취재원들이 특정 주제가 기사화되는지 여부에 큰 영향을 미친다.
이것은 대부분 유력매체들이 장기적인 측면에서 믿을 수 있는 언론사로서의
신뢰도를 유지하기 위한 선택으로 이해할 수 있다. 따라서 주제에 따라 다
양한 시각의 신뢰도가 높은 취재원이 존재하는 주제는 언론이 정치권의 파
수견으로서의 역할을 더 충실하게 수행할 수 있다. 선거캠페인이 전형적인
예라 할 수 있다. 선거에서는 정의상 항상 경쟁후보가 존재한다. 즉 특정후
보가 내놓은 얘기에 대해 반론을 제시할 취재원이 존재하는 셈이다. 반면
전쟁 등과 같이 정부라는 하나의 공식적인 취재원만 존재하는 경우 어쩔
수 없이 언론이 정치권에 귀속될 수밖에 없다는 것이다. 전쟁 등 국제관계
에 대한 뉴스가 전형적인 예다. 이 경우 정부 외에는 공식적인 신뢰도를
갖춘 취재원을 찾기 어렵고 따라서 언론이 정부에 귀속될 수밖에 없다.

　이러한 전통적인 정치권과 언론과의 역학관계에서 전반적으로 누가 우위
를 가지는가? 일반 유권자들이 생각하는 것과는 달리 대체적으로 정치권에
대한 언론의 논조는 매우 비판적이고 부정적이다. 이것은 토마스 패터슨
(1992)의 '아웃 오브 오더(Out of Order)' 등을 비롯해 여러 사회과학연구
에서 지속적으로 발견되어 온 결과이다. 정치권에 대한 보도는 긍정적인 보
도보다 부정적인 보도가 주류를 이룬다. 일부 학자들은 과거에 비해 언론이
정치권에 귀속되는 정도가 심해져 저널리즘의 정신이 과거에 비해 훼손됐다

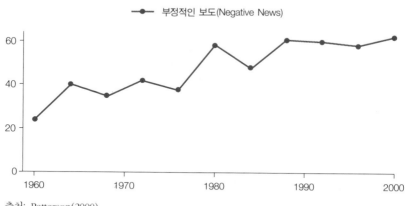

〈그림 1〉 미국 대선 언론보도의 논조(1960~2000)

출처: Patterson(2000)

는 논지의 주장을 펴는 경우도 많다. 그러나 사회과학 연구결과는 전혀 다른 결론을 보여준다. 패터슨(2000)은 지난 1960년부터 2000년 사이 미국 대통령선거에서 후보자들에 대한 언론보도를 살펴보았다(〈그림 1〉 참조). 이 결과를 보면 미국의 경우 40년간 지속적으로 후보자들에게 부정적인 보도가 늘어났음을 알 수 있다. 1960년에는 약 20% 초반 정도의 보도가 부정적 보도로 볼 수 있었던 반면, 2000년에는 이 비율이 60% 이상으로 3배 가까이 늘어났다. 대통령선거 후보자들에 대한 뉴스의 대부분이 부정적·비판적인 내용으로 채워져 있다.

한국의 경우도 이와 크게 다르지 않다. 구교태(2008)의 연구를 보면 2012년 대선 당시 언론보도 중 약 50% 정도가 후보자들에게 부정적인 내용이었던 것으로 나타났다(〈그림 2〉 참조).

언론과 정치권의 권력관계를 볼 수 있는 다른 한 가지의 척도는 소위 '사운드바이트(soundbite)'다. 사운드바이트란 취재원의 육성이 얼마만큼 직접 뉴스 오디언스에게 전달되는가를 일컫는다. 패터슨(2000)에 따르면 미국에서는 지난 1960년대에는 매일 저녁 뉴스 시청자가 약 60초 이상 대통령의

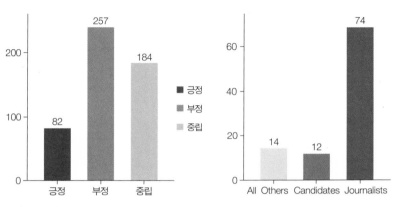

〈그림 2〉 제18대 대통령선거 언론보도의 논조와 취재원 구성

출처: 구교태(2008)

음성을 언론의 '중재' 없이 들을 수 있었으나 현재는 6초 이하로 줄어들었다
고 한다. 한국에서도 지난 2012년 당시 언론보도를 분석한 결과를 보면 전
체 뉴스에서 취재원이 후보자들 자신인 경우는 약 12%에 불과했고, 애초부
터 기자들이 기획한 기사가 74%를 차지했다.

　이러한 연구결과들은 정치권에 대한 귀속이 한국 언론에 존재하는 문제
의 근원이라는 지적은 현실과는 차이가 있다는 것을 보여준다. 그렇다면 왜
이런 현상이 나타나는 것일까? 언론이 과거보다 저널리즘의 정신을 살리기
위해 노력하고 있기 때문일까?

　애석하게도 학문적 연구결과들은 다른 해석에 더 무게를 실어준다. 구체
적으로는 경영적 측면의 어려움이 증가한 것을 그 이유로 꼽는 이들이 많다.
기성 미디어의 위기는 한국의 이야기만이 아니다. 가령 미국에서도 지상파,
신문 등 모든 뉴스매체들의 시청률/구독률이 급격하게 감소했다. 한국에서
도 케이블은 물론 종편 채널들의 등장으로 지상파 뉴스의 시청률이 급격하
게 감소했다. 신문들의 위기도 세계적인 현상으로 볼 수 있다. 얼마 전 미국
의 유력 신문인 〈워싱턴포스트紙〉가 IT기업인 아마존에 인수되어 신문매체

〈그림 3〉 미국 지상파채널 뉴스프로그램들의 시청률 추이

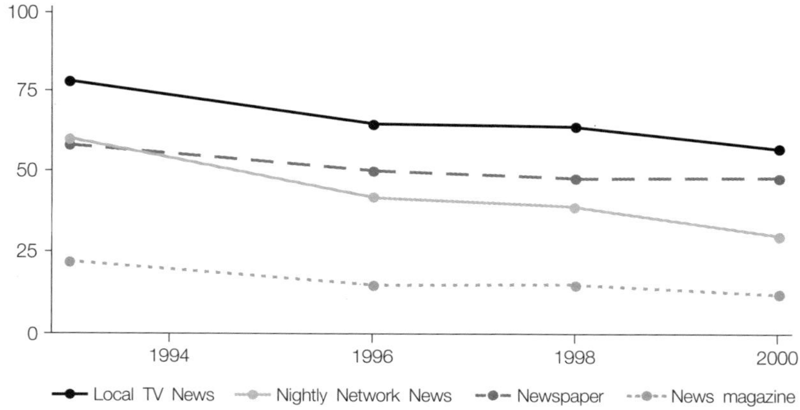

출처: Patterson(2000)

에 대한 향수를 지닌 많은 이들에게 충격을 준 바 있다. 그러나 무엇보다도 충격적이었던 것은 인수금액이 약 3,700억 원에 불과했다는 점이다. 물론 여러 가지 이유로 이것이 반드시 〈워싱턴포스트紙〉의 기업가치를 전부 반영하는 것이라 보기는 어렵다. 이를 고려하더라도 워터게이트(Watergate) 사건 등을 파헤친 세계 최고의 지명도를 가진 신문의 인수가격으로는 매우 충격적이었던 것이 사실이다.

근본적인 위기의 원인은 매체의 기하급수적 증가다. 인터넷의 등장으로 언론매체의 숫자가 기하급수적으로 늘어났다. 국내에서는 지난 2006년부터 2015년 사이 인터넷 언론사의 숫자가 60여 개에서 무려 6,000여 개로 늘어났다. 반면 광고시장은 크게 늘어나지 않았다. 업계에서는 "언론인 한 명이 은퇴하면 인터넷 언론사 한 개가 생긴다"는 자조 섞인 농담이 나오기도 한다. 특히 국내에서는 포털중심의 뉴스유통구조라는 특수성이 이러한 언론매체의 홍수를 조장하는 측면이 크다. 누구든 언론사로 등록한 후, 네이버나 다음 등 포털과 뉴스제공 제휴계약을 맺거나 최소한 검색제휴 계약을 맺으

〈그림 4〉 국내 등록 언론사 숫자 추이

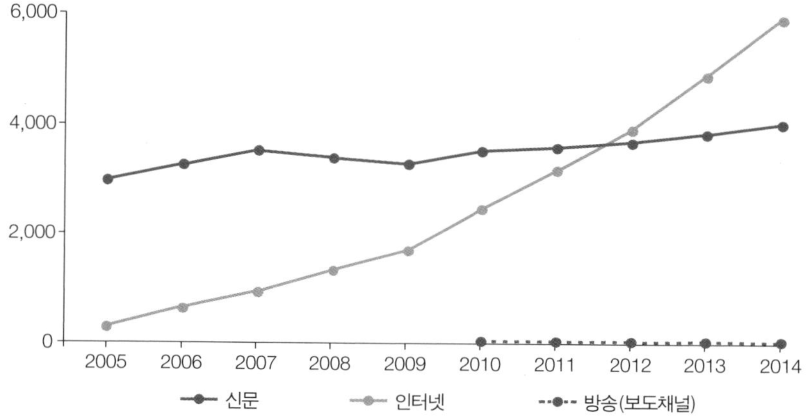

출처: 언론진흥재단(2015)

면 기업가치를 급상승시킬 수 있다는 것이 업계의 정설이다.

따라서 기본적인 취재력을 갖추지 못한 언론사라 하더라도 인터넷에 올라온 기성 언론사의 기사를 베껴 소위 '어뷰징(abusing)'을 통해 오히려 원기사보다 더 높은 검색결과 노출도를 올리는 것도 가능하다. 이러한 뉴스유통 구조는 언론사가 기하급수적으로 늘어나는 결과를 가져왔다. 반면 진보와 보수언론을 막론하고 기성언론들은 다수의 우수인력을 보유해 기사를 생성해 내는 고비용구조를 가지고 있다. 따라서 현 미디어환경은 기성 언론사들에게는 엄청난 경영적 부담을 주고 있다.

이러한 시장환경에서 정치권에 대한 언론보도는 부정적이고 센세이셔널리즘적 보도가 주류를 이룰 수밖에 없다. 가장 중요한 이유는 뉴스 소비자들이 긍정적인 뉴스와 부정적인 뉴스에 대한 관심 또는 선호가 다르기 때문이다. 사회과학에서는 이러한 '네거티버티 선호(negativity bias)'를 보여주는 많은 결과들이 존재한다. 가령 많은 심리학 실험을 통해 긍정적 정보보다 부정적 정보가 많은 관심을 받는다는 것이 잘 알려져 있다. 또 실제로

소로카(Soroka 2012) 등의 연구는 언론에 상당한 정도의 '네거티버티 선호'
가 존재한다는 것을 보인 바 있다. 가령 '경제가 좋아졌다'의 뉴스가치보다
'경제가 나빠졌다'의 뉴스가치가 훨씬 높은 것이다.

　결론적으로 일반 유권자들의 인식과는 달리 정치권에 대한 언론보도는
부정적인 뉴스가 주를 이룬다. 또 이러한 현상이 과거보다 훨씬 더 심화되
었다. 정치권이 과거보다 더 부도덕해지거나 무능력해졌다는 객관적인 증거
를 찾기는 어렵다. 따라서 이러한 연구결과들은 언론의 정치권에 대한 귀속
이 늘어났다고 주장할 근거가 미약함을 보여주고, 이것은 한국 언론에 존재
하는 문제의 핵심으로 보기 어렵다. 반면 변화한 언론환경은 무한경쟁을 불
가피하게 만들었다. '팔리는' 뉴스를 만들어야 살아남을 수 있는 환경인 것
이다. 언론의 정치권에 대한 보도도 이런 맥락에서 해석가능하다.

II. 언론의 논조의 편향성은 어떻게 형성되는가?

　많은 사람들이 한국 언론의 편향성을 지적한다. 언론매체의 편향성은 언
제나 있어왔고 한국 언론에만 존재하는 특이한 현상도 아니다. 따라서 이러
한 현상의 존재에 대해 이의를 제기하는 이는 없을 것이다. 문제는 이런
이념적 색채의 근원이 무엇인가 하는 점이다. 한 가지 흥미로운 점은 특히
최근 종합편성채널(이하 종편)이나 다양한 온라인 매체 등의 등장으로 이념
적 색채를 강하게 드러내는 언론매체가 증가하고 있다는 것이다. 왜 이런
현상이 나타날까?

　사회과학에서 언론의 논조를 결정짓는 몇 가지 요인이 자주 거론된다.
우선 언론인들 자신의 정치적 이념이 투영된 것이라는 주장도 있다. 뉴스는
뉴스를 만드는 사람으로부터 분리되기 어렵다. 가령 미국에서는 언론 전반
에 존재하는 미세한 진보편향성이 논란이 되는 경우가 많다. 즉 언론이 전

반적으로 약간 진보 편향성을 띤다는 주장이다. 한 가지 설명은 미국 언론인들의 이념성향이다. 언론인을 대상으로 한 대부분의 설문조사에서 언론인들은 평균적으로 민주당 지지성향이 일반 유권자들보다 훨씬 강한 것으로 나타난다. 즉 언론인이라는 직업을 선택하는 층의 대다수가 민주당 지지자이고 이런 성향이 언론보도에 묻어나서 전반적인 '진보편향성'이 나타난다는 설명이다. 실제로 지난 2004년 대통령 선거기간에 실시한 조사결과에 따르면 워싱턴 주재 기자들의 거의 80%가 당시 민주당 후보였던 존 케리 상원의원에게 투표하겠다고 응답했다. 이것은 선거결과와는 큰 격차를 보이는 것임은 물론 미국에서 가장 민주당 지지성향이 강한 것으로 알려져 있는 캘리포니아주 버클리지역에서의 케리 후보의 득표율보다도 높은 것이었다.

그러나 최근 사회과학연구에서는 언론의 논조를 결정하는 요인으로 경영적 측면에 더 초점을 맞추는 분위기다. 가령 앞서 기술한 미국 언론의 '진보편향성'도 경영적 측면에 대한 고려로 해석될 수 있다. 제임스 해밀턴(James Hamilton) 같은 학자에 따르면 언론사의 시각에서 모든 시청자가 유사한 정도의 중요성을 가지는 것이 아니라고 지적한다. 뉴스를 제작함에 있어 '한계적 시청자(marginal viewer)'의 가치가 중요할 수밖에 없고 이 시청자층의 이념적 성향에 맞는 뉴스를 제작하려고 노력한다. 즉 뉴스를 주로 소비하는 계층은 50대 이상의 남성 시청자들이다. 그러나 광고주들에게는 이 계층의 시청자들은 매력적이지 못하다. 대신 광고주들은 주로 20대 중반에서 40대 중반까지의 여성 시청자들에게 어필하고 싶어 한다. 이 계층의 시청자들이 주로 소비와 관련된 의사결정권을 가지고 있기 때문이다. 반면 이 계층의 시청자들은 유권자 전체와 비교하여 상대적으로 약간 진보적인 정치색을 띤다. 따라서 뉴스생산자의 입장에서는 이러한 타깃 시청층의 성향에 맞는 뉴스를 만들고자 하는 동기가 생길 수밖에 없다. 이 때문에 대부분의 뉴스들은 약간 진보적인 색채를 가지게 된다는 해석이다.

이런 맥락에서 미국언론사에서 지금과 같은 정파성이 없는 신문들이 등장하게 된 배경을 살펴보면 흥미롭다. 19세기 초까지만 하더라도 미국의 대부분 신문들은 정파성을 가지고 있었다. 그러나 19세기 중반 이후 인쇄기술과 배송기술이 획기적으로 발전하게 됨에 따라 대량생산과 배포가 가능해졌다. 즉 이전까지는 좁은 지역(주로 신문사를 중심으로 몇 블록 이내)에 배포되는 신문을 만들었다. 따라서 대게 비슷한 정치성향을 가진 독자들에게 어필하는 신문을 만들어야 했다. 반면 대량생산이 가능해져 넓은 지역의 다양한 독자층에게 어필하기 위해 기존의 이념적 정파성을 희석할 필요가 생긴 것이다. 이에 따라 5~10년 사이에 거의 모든 신문들이 중립적인 신문들로 탈바꿈하게 된 것이다. 이러한 역사적 사실은 언론사의 논조가 경제적 필요에 의해 크게 좌우된다는 것을 보여준다.

최근 사회과학 연구들은 특정 언론사의 논조 역시 경영적 요인들에 의해 크게 좌우된다는 점을 강조한다. 뮬레이션과 슐라이퍼(Mullainathan and Shleifer)는 2005년 연구에서 미디어의 편향성은 시장의 경쟁정도와 시청자 또는 독자층의 다양성에 의해 결정된다는 것을 보였다. 즉, 경쟁이 심한 시장에서 다양한 오디언스가 존재할 경우 언론사들 입장에서는 틈새시장(niche marketing)을 공략할 필요가 커지고 이에 따라 특정한 정치적 성향을 가진 오디언스를 타깃팅한 보도를 하는 것이 유리하다고 주장했다. 즉, 편향성을 정치적 목적이 아닌 경제적 이윤을 극대화하기 위한 전략의 부산물로 보는 시각이다.

이런 시각에서 보면 한국에서 최근 강한 이념적 편향성을 보이는 언론들이 늘어나는 것은 너무나 당연한 것으로 해석할 수 있다. 앞서 기술한 바와 같이 한국 언론시장은 무한경쟁의 시대에 돌입한 지 오래다. 또 한국은 정치적으로 세계적으로도 가장 양극단화가 심한 국가 중 하나다. 또 세대갈등도 극심하다. 여기에 포털중심의 뉴스유통이 이루어지고 있다. 경제학적 관점에서 보면 이런 환경에서는 편향성을 무기로 틈새시장을 공략하는 언론사들이 늘어날 수밖에 없다. 종편들의 논조도 이런 맥락에서 설명이 가능하다. 현 시장상황에서 중도성향의 보도를 하는 것은 지상파와 겹쳐 어려움이 예상된다. 반면 Jtbc의 개국초기부터 지금까지의 논조변화를 살펴보면 흥미롭다. 초창기 거의 모든 종편들은 지상파와 유사한 논조를 유지하다가 시청률 상승이 어려워지자 곧 보수적인 논조를 띠기 시작하면서 틈새시장 공략에 나섰다. 이때는 Jtbc도 TV조선이나 채널 A 등과 마찬가지로 상당히 보수적인 논조를 유지했다. 그러나 TV조선과 채널 A 등에게 시청률에서 밀리자 결국 손석희 앵커 등을 영입, 중도진보 정도의 논조로 이동했다고 볼 수 있다. 즉, Jtbc의 현 논조는 Jtbc나 중앙일보의 성향변화에 기인한다고 보기보다는 시장상황에 맞춘 선택으로 보는 편이 타당하다고 보여진다.

이런 전략이 유용할까? 필자는 2009년 연구에서 약 1,000여 명의 미국 참여자들을 대상으로 실험을 실시했다. 이 실험에서는 다양한 언론사에서 게재한 기사를 실시간으로 받아서 동일한 기사에 언론사의 이름만 바꾸어 달아 참여자들에게 제시했다. 제목과 내용이 같은 기사였음에도 불구하고 참여자들은 정치성향에 따라 보수적인 참여자들은 〈폭스뉴스(Fox News)〉의 기사로 제시되었을 때 훨씬 더 클릭할 확률이 높았다(〈그림 5〉 참조). 반대로 진보적인 참여자들은 〈폭스뉴스〉로 제시되었을 때 클릭할 확률이 가장 낮았다. 즉 내용과 관련없이 언론사의 이름에 따라 정치성향에 따라 클릭할 확률이 크게 바뀜을 확인했다. 또 이러한 현상이 정치, 경제 등의 주제뿐 아니라 여행이나 스포츠와 같은 '소프트뉴스(Soft News)' 주제에도

〈그림 5〉 지지정당에 따른 뉴스 소비

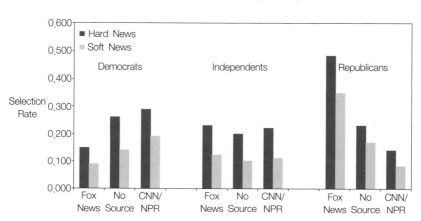

출처: Iyengar and Hahn(2009)

나타났다. 가장 중요한 것은 이러한 '선택적 노출'의 결과, 같은 기사임에도 〈폭스뉴스(Fox News)〉의 기사로 제시되었을 때 가장 많은 클릭을 받았다는 점이다.

III. 인터넷과 소셜미디어는 공론(公論)의 장(場)?

인터넷과 디지털미디어의 등장은 언론환경에 대변혁을 가져왔다. 최근에는 소셜미디어 등을 활용한 선거운동도 대중적 관심을 끌고 있다. 과연 인터넷과 디지털미디어, 소셜미디어는 민주주의의 실현에 기여하고 있는가? 한국에서는 과거 권위주의 정권을 경험한 역사적 배경과 IT강국이라는 점 등이 복합적으로 작용하여 뉴미디어의 민주적 잠재력에 대해 기대가 높았던 것이 사실이다. 인터넷과 소셜미디어 등에서 과연 민주주의를 발전시킬 만한 공론의 장이 형성될 수 있는가? 사회과학 연구들은 일관되게 부정적인 결론을 내리고 있다. 이것은 최근 미디어 관련 연구 중 가장 일관된 결론 중 하나이다.

앞서 기술한 바와 같이 디지털미디어 환경이 가져온 가장 큰 변화 가운데 하나는 '1인 미디어' 등 언론사의 숫자가 기하급수적으로 늘어났다는 점이다. 민주주의 이론에서 이것은 다양한 시각이 공론장에 등장함을 의미하고 긍정적인 의미로 받아들여진다. 또 경제학적 관점에서도 대체로 시장 내에 경쟁자가 많아지는 것은 소비자에게 양질의 생산품을 싼 가격으로 공급할 수 있는 환경이 조성되는 것으로 보는 경향이 있다. 또 한국 여론시장의 속성상, 언론사의 숫자가 늘어난다는 것은 기성언론의 정보유통 독점권력이 깨진다는 긍정적 의미로 받아들여질 수 있다.

그러나 이를 유권자의 입장에서 보면 얘기가 달라진다. 여기서 가장 핵심적인 개념은 '선택적 노출'이다. 유통되는 정보의 양이 늘어난 상황에서 소비자들은 필연적으로 정보과잉의 상태에 놓이게 된다. 따라서 어느 정보를 접할지를 선택해야만 한다. 여기서 가장 중요한 요인 중 하나는 해당 정보에 얼마나 동의하는지다. 즉 대부분의 뉴스 소비자들은 동의할 만한 정보에 선택적으로 노출되고, 동의하기 어려운 정보는 선택적으로 회피하는 경향을 보인다. 따라서 보수적인 유권자들은 보수적 시각으로 쓰여진 뉴스에만 선택적으로 노출되고 진보적인 유권자들은 그 반대의 경향을 보이는 것이다.

이러한 선택적 노출의 폐해는 너무나도 분명하다. 집합적 차원에서 서로 다른 정치적 시각을 가진 진영과의 소통부재를 넘어 더 이상 동일한 정보에 근거하여 정치적 의사결정이나 판단을 내리지 않는 상황이 된 것이다. 따라서 더 이상 정치적 갈등과 양극단화는 심화될 것으로 예상되고 더 이상 사회적 합의를 도출하는 것은 불가능해지고 있다.

필자는 공동연구자들과 함께 2012년 대선 기간 중에 사례연구를 위해 '대선주식시장'을 운영해보기로 하였다. 1,200명 이상의 참여자가 마지막 40일 동안 박근혜·문재인 후보의 주식을 거래하고 선거 직후 보유 주식에 따라 보상을 받았다. 승리한 후보의 주식을 많이 보유할수록 보상이 늘어나는 구조였다. 미국 아이오와 선거예측 시장 등의 결과를 보면 이러한 선거 주식시장이 선거결과를 일반적인 여론조사보다 더 정확하게 예측한다고 알려져 있다. 즉 잃을 것이 없는 여론조사 참여자들과는 달리 실제 보상을 받는 참여자들이 정보를 취합하여 거래하는 가격정보 등이 더 실제 여론을 정확히 예측한다는 것이다.

그러나 필자의 연구에서는 박근혜 후보주(株)의 주가가 문재인 후보주보다 근소하게 높게 유지되다가 여론조사 공표(公表)금지 기간에 역전돼 문재인 후보의 승리를 예측하는 결과가 나왔다. 즉 시장이 선거결과를 잘못 예측한 것이다. 당시 모 일간지에서 운영한 대선주식시장에서도 비슷한 결과가 나왔다. 사후 분석 결과, 연구진의 표본에 야당 성향의 유권자들이 과다 표집 됐고, 이들 가운데서 특히 소셜미디어를 통해 뉴스를 접한 사용자들이 문재인 후보의 승리 가능성을 과대 추정했기 때문으로 밝혀졌다.

즉, 이것은 일종의 '허위합의(false consensus)'의 결과로 볼 수 있다. '허위합의'는 본인이 가진 의견의 지지도를 과대 추정하고 상이한 의견에 대한 지지도를 과소 추정하는 경향이다. 즉, '다른 사람들도 나와 같은 생각일 것'이라고 여론 지형을 잘못 인지하는 오류다. 과거에는 이런 현상을 심리학적 요인으로 설명하여 '기대'와 '현실'을 혼동하는 현상으로 보았다. 그러나 변화한 미디어환경에서는 이런 해석보다 정보 취득 경로의 차이에 기인한다는 설명이 더 설득력 있어 보인다. 앞서 기술한 바와 같이 대다수 유권자는 자신이 동의하는 정보에만 선택적으로 노출된다. 여기에 유리한 정보는 더 잘 기억하는 '선택적 기억'까지 더해져 허위합의 효과를 증폭시킨다.

IV. 결론

이 글에서는 언론에 대해 흔히 가지고 있는 오해에 대한 사회과학적 연구결과를 살펴보았다. 대중적 인식과는 달리 사회과학적 연구결과들을 살펴보면 한국 언론의 많은 문제들은 변화한 미디어 환경으로 인한 과도한 경쟁에 기인한 측면이 크다. 포털중심의 뉴스유통이 확대되면서 고비용 생산구조를 가진 대부분의 기성 언론사들이 위기를 맞고 있다. 포털중심의 뉴스유통으로 기성언론들의 노출도가 급격히 하락하고 있다. 온라인 광고시장은 지속적으로 성장하고 있는 반면, 기성 미디어는 과잉경쟁으로 광고수입이 정체 상태다. 기성언론들이 작성한 기사들은 게재되기가 무섭게 '어뷰징'의 대상이 된다. 한마디로 언론생태계의 붕괴라 할 수 있다.

이런 상황에서 기성언론들은 온라인상에서의 노출도를 높이기 위해 모든 수단을 동원할 수밖에 없는 상황이고 이것이 뉴스품질의 하락으로 이어지고 있다. 언론은 생존을 위해 정치권에 대해 과도하게 비판적인 논조를 띠고 소위 "갓챠 저널리즘(Gotcha Journalism)"이 판을 친다. 뉴스 소비자들에게는 '선택적 노출'을 할 수밖에 없는 환경이 도래함에 따라 각자의 정치성향에 따라 취합하는 정보가 판이하게 다르다. 따라서 언론들은 틈새시장(Niche Market)을 공략하기 위해 정치적 이념색채를 분명히 드러낸다. 또 경쟁언론사보다 좀 더 자극적인 기사거리를 찾을 수밖에 없다.

이런 미디어 환경의 변화가 가지는 함의는 너무나도 분명하다. 언론의 재정악화는 더 심화될 것이고 독립적 취재 등 저널리즘의 기본정신에 충실하고자 하는 고비용구조의 언론사들은 더 이상 설 자리를 잃어가고 있다. 또 극단적인 시각을 전파하는 매체들이 늘어난다. 이는 정치 갈등을 심화시키고 주요이슈에 대한 사회적 합의는 점점 더 어려워지고 있다. 실제로 지난 김영삼 정부 이후 국회에 상정된 법안이 처리되는 기간을 살펴보면 이러한 현상이 극명하게 나타난다. 지난 김영삼 정부시절에는 평균 약 70여 일이 걸리던 것이 이명박 정부에 와서는 무려 258일이 걸려 거의 4배 가까이 늘었다(〈그림 6〉 참조).

또 한 가지 간과하지 말아야 할 점은 이런 언론 상황은 결국 언론, 정부, 정치권 전체의 신뢰하락으로 연결될 가능성이 높다는 것이다. 한국과 미디

〈그림 6〉 역대정부에서 국회에 상정된 법안의 평균 처리기간

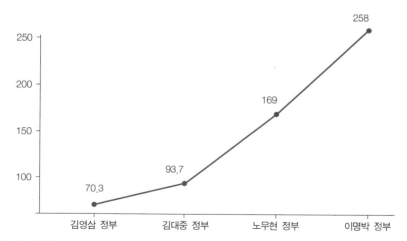

출처: 법제처

〈그림 7〉 미국 언론, 정부, 정치권에 대한 신뢰

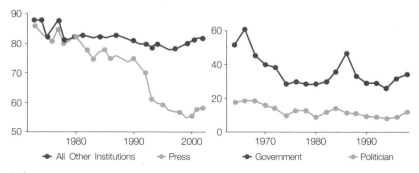

출처: Patterson(2000)

어환경이 매우 유사한 미국의 경우를 살펴보면 이런 예측이 가능하다. 패터
슨(1992)의 연구결과를 보면 지난 수십 년간 미국에서 정부와 정치권에 대
한 신뢰는 계속해서 추락해 왔다(〈그림 7〉 참조). 미국에서 정치학계의 큰
수수께끼 중 하나는 교육수준이 계속해서 높아졌음에도 불구하고 투표율과
정치에 대한 관심은 같은 기간 동안 계속해서 낮아졌다는 점이다. 이런 수
수께끼에 대한 해답을 앞서 기술한 언론보도의 변화에서 찾을 수 있다. 즉
언론의 과도한 '갓챠 저널리즘'이 정치혐오를 부추기고 정치참여를 떨어뜨리
는 것이다.

  흥미로운 것은 미국언론의 사회적 신뢰 또한 매우 빠른 속도로 추락해
왔다는 점이다. 즉 언론이 변화한 미디어 환경에 대응하는 방식이 '제 살
깎아먹기'로 귀결된 것이다. 건강한 언론 없이 민주주의의 실현은 요원하다.
현 언론 위기의 가장 큰 원인은 기술의 발달로 인한 경제적 압박의 증가와
이로 인한 언론생태계 붕괴다. 언론사들이 안정적인 뉴스유통을 할 수 있는
미디어 생태계를 복원시키기 위한 생산적인 사회적 논의를 시작해야 한다.

분단체제와 한국의 민주주의:
정신적 분단의 벽과 그 극복을 위한 길

차두현

I. 머리말

1948년, 남북한 양측에 각각 정부가 성립된 이후 분단체제는 60여 년 이상을 변함없이 지속되어 왔다. 그러나 오랜 분단체제가 남북한에 어떤 영향을 미쳤는가에 대한 논의는 학문적 연구든 일반적인 인식이든 간에 비교적 단선적으로 나타난다. 즉, 정치지도자들이 분단체제를 이용해 자신의 입지를 강화했다는 것이다. 그 대표적인 것이 분단체제를 통해 한국사회에서는 '반공 이데올로기'가 중요한 이념적 기조의 하나로 자리 잡아 왔으며, 이는 '진보적'이라고 할 수 있는 정치적 세력의 운신에 중요한 한계가 되어 왔다는 주장이다.

즉, 한국사회 내의 이념적 성향을 크게 (1) 보수적 담론, (2) 자유주의적 담론, (3) 진보적 담론의 세 가지로 대별할 때, 분단체제는 보수적 담론의 확장에는 긍정적 영향을 미쳤고, 진보적 담론의 형성에는 제약적 요소로 작

용했으며, 자유주의적 담론의 경우 통일이나 분단의 극복보다는 국내적 민
주주의 원칙을 강조하는 쪽으로 방향성을 결정했다는 것이다. 이는 북한에
대한 인식에 관한 한 한국사회 내에는 서로 대치되는 두 의견이 존재할 뿐
양자를 중재하거나 수렴할 수 있는 중도적 견해들은 거의 등장하지 않았음
을 지적하는 것이다. 물론, 이러한 분위기의 수혜자는 지도자들이었고, 이들
은 때로는 '정권안보'와 '국가안보'를 악의적으로 동일시하면서 자신들의 권
력기반을 강화해 왔다는 것이 많은 분단체제 연구가들의 지적이다.[1]

이와 같이, 분단체제가 우리에게 미친 영향은 대부분 정치지도자 위주의
시각, 그것도 권력의 안정성을 위한 도구적 수단으로서의 시각에 집중되었
고, 분단체제와 지도자, 분단체제와 일반국민, 그리고 지도자와 국민 간의
다양한 상호작용에 대한 관심은 상대적으로 미진한 편이었다. 즉, 분단체제
는 일반 국민들에게는 "해결되지 않고 있는 일상의 현상" 혹은 "때때로(안보
적인 면에서) 불안감 혹은 불편함을 주는 구조" 정도로 인식되는 성향이 강
했다. 그러나 과연 분단체제가 우리 생활에 미치고 있는 영향은 이렇게 제
한적일까?

한 예를 들어보자. '인민(人民)'이라는 단어가 있다. 영어의 'People'이 때
로는 자연적 인간을, 때로는 정치적 인간을 동시에 의미하기도 한다는 점에
서 생태학적 인간(人)과 사회적 인간(民)의 뜻을 함께 품고 있는 이 단어는
매우 훌륭한 번역이다. 하지만 이 단어는 현재 한국사회에서는 그리 자주
쓰이지 않는다. 이유는 간단하다. 북한이 이 '인민'이란 단어를 일상적으로
사용하고 있기 때문이다. 전래동요의 하나인 "어깨동무 내 동무"에 나오는
단어 '동무'는 '친구(親舊)'를 뜻하는 순 우리말이다. 그러나 이제는 가끔씩
문어적 표현으로 쓰이기만 할 뿐 한국사회에서의 구어체로는 낯선 말이다.
아마 북한이 이 '동무'를 당(黨)적인 동지로 의미하는 'товáрищ(comrade)'의
번역어로 분단 이후 써 왔기 때문일 것이다.

이러한 예는 분단체제 속에서 우리의 마음에 자리 잡게 된 자가검열(自家

---

1) 오명호, 『한국현대정치사의 이해』(서울: 도서출판 오름, 1999), pp.32-39.

檢閱), 즉 상대방이 쓰는 단어를 금기어처럼 생각하는 심리에서 발동된 한 예라고 할 수 있다. 더 나아가서 우리는 혁명, 노동, 투쟁 등과 같은 개념 역시 왠지 거칠고 살벌한 어감을 주는 것으로 받아들인다. 이 역시 북한체제에서 자주 등장하는 것이기 때문이다.

이와 같이, 1948년 이후(어쩌면 1945년의 해방 직후부터) 분단체제는 일반적으로 우리가 알고 있는 것보다 훨씬 다층적인 영향을 우리의 생활과 국내정치에 미쳤다. 때로, 분단체제는 한반도를 둘러싼 국제정치적 환경과 상호작용하면서 남북한 모두의 정치체제와 정치과정에 영향을 미쳤다. 대체적으로, 남북한 양측 모두에서 민주화가 성숙하지 못한 시기 동안 분단체제는 내부적인 경쟁자들을 견제·제거하고 독재체제를 강화하기 위한 빌미로 이용되었다. 동시에 이러한 남북 양측 지도자들의 접근은 분단체제 내에서 남북한 간 중요한 갈등과 위기의 원인이 되기도 하였다.

이미 지적한 바와 같이 분단체제는 독재적 정치지도자들에 의해 '정권안보'를 강화하는 빌미로 활용되었을 뿐 아니라, '적'에 대한 대응을 위하여 잠정적으로 민주주의를 유보하는 핑계가 되기도 하였다. 그러나 이를 넘어선 역(逆)의 경우도 얼마든지 존재한다. 우리는 각종 공직선거 유세과정에서 후보자들이 원래 예상되는 그의 정치적 성향에 비해 훨씬 더 좌파적인 (혹은 드물기는 하지만 우파적인) 대북·통일정책 공약을 내어놓는 것을 자주 보아왔다. 기존에 비해 더욱 화해 지향적이고 온건한 대북정책을 펴겠다는 약속 같은 것들이다. 반면 집권 후 이러한 공약이 결국 유명무실해지는 사례가 상당했다는 것 역시 잘 알고 있다. 정치지도자들 역시 분단체제 내에서 진영화된 자기 지지 세력이 싫어하는 정책을 펴기가 힘들기 때문이다. 즉, 선거를 위해 다른 쪽의(혹은 중도나 부동 성향의) 표를 얻기 위해 평소에 비해 보다 좌파적(혹은 우파적) 발언을 했다고 하더라도, 선거 이후에는 결국 자기 지지세력 위주의 정책으로 회귀할 수밖에 없는 것이다.

남북한 간(특히 북한 측)에도 과도한 군비경쟁으로 인한 정치·경제적 부담을 감안할 때, 대립과 갈등보다는 협력이 현실적인 이익임에도 불구하고, 정치지도자들로 하여금 이를 쉽게 선택하지 못하게 한 것은 국내정치적 압력이다. 즉, 정치지도자들이 분단체제를 적절히 이용하기도 하였지만, 동시에 그 역시 분단체제의 속박에서 벗어나지 못하는 여건이 조성되어 온 것이다.

한국사회에서 민주화가 진행된 이후, 이러한 경향에는 다소의 변화가 발생한 듯이 보이기도 한다. 즉, 1990년대 이후 북한이 수령제 독재를 강화하면서 분단체제를 십분 활용한 반면, 한국사회에서는 민주화를 통해 이를 극복하려는 담론들이 등장했다는 주장들이 나오기도 한다. 그러나 이는 남북한 관계에 대해 극히 일부의 설명 밖에는 되지 못한다. 민주화 이후에도 분단체제는 한국사회가 완전한 이념적 스펙트럼의 자유를 가지지 못 하는 원인으로 작용하기도 하였으며, 동시에 한국 내 이념적 대립을 이용하고자 하는 북한 정권의 대남정책 역시 이를 강화한 측면이 있다. 동시에 분단체제는 남북한 관계를 중심으로 한 한반도 정치가 사실상 국제정치에 예속되는 구조적 문제점을 제시하기도 하였다. 이는 주변국들의 이해관계에 의한 것이기도 하지만, 남북한 양측의 국내정치적 계산이 장애요인으로 작용한 데에서도 기인한다.

예를 들어보자. 북한은 1990년대 이후 국제적인 고립이 심화되면 기존의 동맹·우방국들(중국 및 러시아)뿐만 아니라 미국과 일본에 대한 외교로 돌파구를 마련하려 했다. 이 경우 미국과 일본은 한국과의 외교적 현안 문제에 있어 북한 카드를 활용할 여지가 만들어지게 된다. 물론 이는 역(逆)의 경우도 성립한다. 다시 말해서 분단체제 내에서 남북한 양측은 서로 협력하여 외부적 여건을 변화시키려 하기보다는 외부적 여건을 이용하여 상대방에 영향을 미치기를 더 원했다. 이는 상대방에 대한 극복이나 승리가 국내적으로 더 그럴듯해 보이기 때문이기도 했다. 물론, 분단체제가 국제정치에 의해 영향을 받기만 하는 것은 아니다. 근래 북한 핵 문제로 인한 국제적·지역적 갈등의 예에서 보는 바와 같이, 분단체제에서 파생된 남북한 일방의 특정정책은 그를 둘러싼 외부의 구도 자체에도 영향을 미치는 추세를 보이고 있다. 북한 핵 개발 문제 등이 그 대표적 사례이다.

문제는 분단체제와 남북한 양측의 정치체제 혹은 국제정치 간의 영향 자체가 아니라, 이런 구조가 한국사회에서 민주주의의 성숙을 저해하고, 진영논리를 강화하는 역할을 한다는 것이다. '나' 혹은 '우리' 이외의 모든 세력을 대치되는 적으로 간주하는 논리는 결국 시민사회의 소모적인 불신과 대립을 야기하고, 이는 불안한 분단체제로 확대된다. 이는 분단체제를 둘러싼 지역·국제정치에도 부정적 영향을 미친다. 외부의 불안한 여건은 결국 국내적인 진영 간 대립을 정당화하고 이는 민주적 의사결정에 있어 승복과 소통의 문화를 저해한다. 이러한 악순환을 극복하기 위해서는 우리가 적당히 중독(中毒)되어 있는 분단체제의 정치적 유산들을 정확히 살펴보는 일이 무엇보다 중요하다.

II. 분단과 대립, 그 정치적 상호작용

1. 해방 직후부터 한국전쟁 이전까지: 분단체제를 활용한 양 세력의 집권

남북한 양측 공히 해방 직후에 집권한 정치세력들의 주관심사는 국내정치적 경쟁에서 생존하는 것이었다. 비록 미·소공동위원회 기간(1946~1947) 중 한국 내의 주요 세력들이 반탁(反託), 북한 내의 주요 세력들은 친탁(親託)의 입장을 표명했지만, 이 역시 정파 간 이해에 따라 그 동기가 다양하였고, 실질적으로 이들은 자체적 역량으로 완전한 통일정부를 이루기에는 분명한 한계가 존재했다. 양측 모두 설사 남북한 단일 정부가 형성된다고 하더라도, 미·소 양대 진영의 어느 한쪽에서 이에 대해 힘을 실어주지 않는 이상 자체적 존립이 어렵다는 것을 알고 있었고, 무엇보다 이것이 자신들의 국내정치적 생존과도 밀접하게 관련되어 있었기 때문이다.[2] 또한 당시 이미 시

---

2) 이는 구(舊)소련의 후견을 받아 당시 북한 내 최대정치세력으로 떠오른 갑산파의 김일성에게도 적용될 수 있지만, 결국 미국과의 협력이 자신의 정치적 입지를 위해서도 유리하다는 이승만의 경우에도 예외가 될 수는 없었다.

작되고 있었던 세계적 냉전의 와중에서 "한반도 이북의 소비에트化"를 지향
했던 소련은 물론이고, 소련군의 급속한 남하를 견제하기 위해 38도선을 통
한 잠정 분할을 의도했던 미국 역시 상대방의 이데올로기를 추종하는 세력
이 한반도의 주도권(통일정부)을 잡는 것을 결코 원치 않았기에, 미·소공동
위원회의 결렬은 어쩌면 이미 예견된 것이기도 했다.

김구·김규식 등을 중심으로 한 남북협상파의 노력이 있었지만, 이들은
이러한 국제적 현실에는 어두웠고, 미·소 어느 쪽에도 레버리지를 가지지
못하였다. 이는 미·소공동위 결렬 이후로 자연스럽게 남북 공히 별도의 정
부를 추진하는 동력이 되었으며, 미국과 소련의 구미에 맞는(혹은 최소한
그러한 인상을 주도록 노력하는) 세력이 남과 북 모두에서 집권세력이 되는
결과로 이어졌다. 이들은 모두 분단체제의 수혜자인 동시에 이미 그 분단체
제로터 자유로울 수 없는 존재들이었다.

이와 같이 해방 후 남북한 양측 모두에서 국내정치적 생존에 성공한 세력
은 여지없이 분단체제의 불가피성을 인식한 인물들이었고, 어떤 면에서는
자신의 꿈을 접어야 하는 단일국가보다는 자신이 주도하는 분단정부를 선호
하였다. 물론 분단체제가 현실화된 이후 남북한 양측의 정치지도자들은 공
통적으로 분단체제의 극복을 정치적 슬로건으로 내세웠다. 이승만의 '북진통
일론'과 김일성의 '미완의 혁명론'은 모두 이제 자신이 주인공이 된 통일국가
의 모습을 그린 것이었다. 전자가 대책 없는 슬로건에 그친 데 비해, 후자는
더욱 정교한 침공 시나리오를 작성하였다. 이것이 '한국전쟁'으로 나타났다.

1) 한국 측 상황

해방 직후 국내에는 ① 후에 한민당 세력이 되는 국내의 민족자본가/명망
가 그룹, ② 이승만 세력, ③ 임시정부 세력, ④ 건국준비위원회 세력, ⑤
박헌영을 중심으로 한 국내파 공산주의 세력 등 다양한 그룹이 존재했다.
미군정의 입장에서는 공산주의자들을 제외한 세력 모두가 연대나 활용의 대
상이 될 수 있었으나, 미·소공동위 과정에서 '건국준비위원회(이하 건준)'의
진보세력 역시 배제 대상으로 범위가 확대되었다. 이들이 보인 성향도 그랬

지만 무엇보다 건준 세력이 자칫 좌파를 중심으로 한 '통일전선(unified front)'의 메커니즘으로 활용될 가능성을 배제할 수 없었기 때문이다. 이러한 과정에서 발 빠르게 움직인 것이 한민당 세력과 이승만을 중심으로 한 세력이었으며, 이들의 정치적 연합은 한국사회에서 가장 유력한 집권 가능 세력을 구성하였다. 임시정부로부터의 귀환자들은 정통성 면에서 가장 높은 인기를 누리고 있었으나, 실질적인 국가형성 경험에 있어서는 한계점을 노출하고 있었을 뿐만 아니라 내부적으로 완전한 결속력도 확보하지 못하였다.

이러한 상황에서 이승만은 한민당 그룹과의 연합을 통해 정부수립 준비기간 중 우위를 확보하였으며, 공산주의에 대한 거부감을 분명히 표명함으로써 미국과의 연대 기반 역시 마련할 수 있었다. 이러한 점에서 '반공(反共)' 이데올로기는 이승만과 한민당의 입장에서는 미국으로부터의 지지를 받는 최대의 자산인 동시에, 내부의 경쟁자들로부터 자신들의 생존을 보장받기 위한 필수요건이기도 했다.

2) 북한 측 상황

북한 측 국내정치 상황 역시 복잡하기는 마찬가지였다. 아니, 오히려 그에 대한 잠재적 경쟁자 그룹의 역량 면에서 김일성의 갑산파(甲山派)는 이승만보다 더 큰 생존의 강박관념을 가지게 되었다. 1948년의 해방 직후 북한 내에 주요한 정치활동을 전개한 세력은 ① 조만식(趙晩植)을 중심으로 한 국내의 비공산주의 민족주의세력, ② 한재덕(韓載德)과 현준혁(玄俊爀) 등의 국내파 공산주의자, ③ 소련계 한인공산당 세력, ④ 연안파 공산주의자, ⑤ 만주 빨치산 중심의 갑산파 등이었다. 당초, 한반도 이북에 공산정권을 성립시키는 데 있어 소련 측의 고려는 보다 복잡했던 것으로 보이나, 적어도 1945년 10월 14일 평양 공설운동장에서 개최된『김일성 장군 환영대회』를 기점으로 김일성이 공식적 정치활동을 전개한 이후 소련은 김일성 중심의 북한 정치재편의 적극적 지원세력이었다.[3]

---

3) 스칼라피노와 이정식은 각종 증언 등을 종합할 때, 소련은 한반도 진주 초기에는 소련

소련 군정의 직·간접적 지원에 힘입어 김일성은 정권 창출에 최대 장애요인이 될 수 있었던 국내파 공산당 세력을 먼저 제거해 나갔으며, 그 다음 민족주의 세력을 제거하였다. 물론 해방정국이라는 특성상 국내에 기반을 두고 조직을 먼저 구성할 수 있었던 두 세력의 무장력 역시 '보안대'란 깃발 아래 흡수하였음은 물론이다.

소련의 후원을 바탕으로 김일성은 소련파-갑산파 연합, 국내파, 연안파 간의 치열한 권력투쟁 과정에서 점차 우위를 점할 수 있었고, 1945년 12월 『조선공산당 북조선분국』 제3차 확대 집행위원회에서 위원장으로 피선되어 권력 장악의 토대를 마련하였다. 이후 1946년 8월 북조선 공산당과 조선신민당(1946년 2월 연안파가 창립)이 합동하여 북조선 로동당이 창립되면서 부위원장에 피선되었던 김일성은 1947년 북조선 인민위원회 제1차 회의에서 위원장으로 선임되었으며, 1949년 6월에는 남북 로동당의 합당형식으로 재편된 조선로동당 위원장이 되어 권력구조 내 1인자의 지위를 확보할 수 있었다.[4]

파 한인공산세력들을 북한 통치에 적극 활용하는 것을 검토했다고 보고 있다. 또한, 초기 북한 정치의 운영구도로 조만식(명목상 지도자)과 김일성(실질적 지도자)의 연대라는 조합 역시 생각했다는 것이다. 이들은 또한, 소련이 북한통치를 위해 김일성을 선택하게 된 데에는 국내파 공산세력에 대한 소련 당국의 불신, 김일성이 자신들의 이익을 충실히 반영할 것이라는 소련의 계산 등이 작용하였다고 보고 있다. 스칼라피노·이정식 공저, 한홍구 옮김, 『한국공산주의운동사 2』(서울: 돌베개, 1986), pp. 405-416; 김일성에 대한 긍정적 평가는 소련 측의 기록에서도 그대로 나타난다. 한국전쟁기간 동안 소련 군사고문단장과 북한 주재 소련대사를 지냈던 블라지미르 라주바예프(Впацимир Николаевич Разуваев)는 자신이 쓴 보고서에서 김일성을 "사람들을 자기 쪽으로 끌어들이고 그들을 자기 주의로 조직하여 과업수행을 고무시키는 능력이 있다 … 과거의 빨치산 활동과 북조선에서 그의 이름으로 발표된 민주개혁은 전 조선에서 인민대중에게 엄청난 권위와 애정을 누리도록 만들었다"고 평가하고 있다. 국방부 군사편찬연구소 편, 『소련 군사고문단장 라주바예프의 6.25 전쟁 보고서』, 북한군사 관계자료총서 1(서울: 국방부 군사편찬연구소, 2001).

4) 스칼라피노·이정식 공저, 한홍구 옮김, 『한국공산주의운동사 2』, pp.428-464. 다만, 김일성의 조선로동당 북조선 분국 집행위원장직의 정확한 취임시기와 관련해서는 다양한 해석이 존재한다. 이에 대해서는 스칼라피노·이정식 공저, 한홍구 옮김, 『한국공산주의운동사 2』, p.428 참조; 전현준 외, 『북한의 권력엘리트 연구』(민족통일연구원

다만, 이 과정에서 국내파와 민족주의 세력을 제거하였지만 정권구성상의 복잡성은 해소되지 않았다. 1946년 12월 박헌영의 남로당 그룹이 북한으로 탈출함으로써 정치구도는 다시 복잡해졌기 때문이다.[5] 이러한 내부적 딜레마를 해결하기 위해 김일성이 동원한 것이 '분단체제'와 '미완의 혁명론'이었다. 한반도 이남에 이념과 체제를 달리하는 정부가 존재하고 있다는 사실은 김일성과 북한 지도자들의 입장에서는 완결지어야 할 혁명의 또 다른 목표가 존재하는 것을 의미했다.

> … 다른 한편 미제와 그 앞잡이들은 남조선 인민들의 반미구국투쟁을 말살하기 위한 탄압책동을 더욱 강화하고 있습니다 … 정세는 이와 같이 긴장합니다. 조성된 정세에 대처하여 우리의 혁명적경각심을 높여야 하며 적들의 침략책동을 짓부시고 우리 당의 평화적 조국통일방침을 실현하기 위하여 더욱 적극적으로 투쟁하여야 합니다.[6]

더 큰 적을 상대하기 위해 당과 군 모두에서 본격적인 권력투쟁은 자제될 수밖에 없다는 것이 그들의 논리였고, 이를 통해 김일성은 우선 자신의 권력 안정화라는 급한 불을 끄려고 노력하였다.

연구보고서 92-15, 1992), pp.10-19.

5) 이와 같이, 북한에 있어 공산당 즉 조선로동당의 창당은 [조선공산당 북조선 분국(1945년) → 북조선 로동당 창당(1946년) → 남조선 로동당 합당 및 조선로동당으로의 개칭(1949년)]의 전 과정에서 소련의 후원과 정치적 계산 아래 이루어졌다. 남북 로동당의 합당이 정권 창건(1948년 9월 9일) 이후에 이루어지기는 하였지만, 이는 북조선로동당이 남조선 로동당을 흡수하는 형식으로 이루어졌으므로, 조선로동당의 공식 창당시기는 북조선로동당의 제1차 대회가 열린 1946년 8월 28일~30일로 간주되고 있다.

6) 김일성, "현정세와 인민군대의 당면과업 ― 제1중앙군관학교 보병지휘관조강습생들 앞에서 한 연설 1949년 10월 27일," 조선로동당출판사 편, 『김일성전집 10』(평양: 조선로동당출판사, 1994), p.285.

2. 한국전쟁 및 1950년대: 물리적 분단을 넘어 정신적 분단으로

1948년, 양측에 각기 단일정부가 구성됨으로써, 해방 직후 38도선을 중심으로 잠정 분단되었던 남북한은 완전한 물리적 분단 상태에 이르렀다. 물리적으로 나뉘어 있기는 하지만, 남과 북의 주민들의 선에서 상대방은 여전히 이질적인 존재가 아니었고, 남북 양 정부의 정치적 적대의식 역시 현재와 비교할 때에는 그리 심각하지는 않았다. 1950년의 한국전쟁은 이러한 구조를 송두리째 바꾸어놓았다. 남북한 모두 합쳐 500만이 넘는 인명이 사상(死傷)되었고, 전쟁이 종결된 이후에도 피해복구에만 수년이 걸리는 등 후유증이 지속되었다. 남과 북은 물리적 분단을 넘어 불신과 증오라는 정신적 분단의 상태에 들어서게 되었다. 남측에서 '반공'은 이제 정치지도자의 가치를 넘어 포기할 수 없는 공유된 명제처럼 되어 버렸으며, 북한 내에서도 '조국해방'은 미완으로 남았기에 더 절실한 과제가 되었다. 남북한 양측 공히 상대방에 대한 어떤 입장을 가지고 있느냐가 반(反)체제의 중요한 잣대가 되어 버렸고, 이는 북한에서는 '출신 성분'의 조사, 그리고 한국에서는 '연좌제'의 형태로 개인의 삶마저 지배하게 되었다.

한국전쟁은 해방정국에서 자신의 주도적 입지를 구축한 양측의 정치적 지도자, 즉 이승만과 김일성에게 모두 절체절명의 위기이기도 하였다. 한 명은 상대방의 침공 징후에 대한 적절한 예측과 대비를 하지 못했을 뿐만 아니라, 전쟁 초반 지극히 실망스러운 지도력을 보였다(이승만). 다른 한 명은 전쟁 초기의 호언장담과는 달리 무력을 통한 남조선 혁명의 완결에 실패했고, 3년 동안 공들여 건설한 군사력을 3개월여 만에 궤멸의 경지에 이르게 했을 뿐만 아니라, 정권의 붕괴 위기 자체에 직면해야 했다(김일성).

그러나 그들은 이러한 위기를 모두 내부의 정적(政敵)들을 제거하는 호기로 반전시켰다. 또한, 전쟁이 끝난 이후에는 전쟁을 통해 증폭된 남북한 양측의 서로에 대한 증오와 정신적 분단을 자신들의 집권 강화에 적절히 활용해 나갔다. 외부의 여건 역시 그들의 편이었다. 김일성과 이승만의 독재는 한국전쟁 이후 완연히 굳어진 냉전체제에 의해 더욱 보강되었고, 이들은 서

로 친화력을 가지게 된 두 체제, 즉 한반도 분단체제와 세계적 냉전체제를
고려해서라도 자신의 입장을 바꿀 수가 없는 상태가 되었다.

1) 한국 측 상황

전쟁, 그것도 제대로 된 군사적 대비가 없었던 상황에서 북한에게 지리멸
렬한 양상을 보인 한국전쟁의 국면은 이승만에게는 분명한 정치적 도전이었
다. 전쟁 직전인 1950년 5월 실시된 제2대 국회의원선거에서 원내 다수는
무소속 당선자들이었고, 이는 뚜렷한 정당 기반이 없는 이승만에게는 중요
한 악재였다.[7] 이러한 점에서 만약 제헌국회의 경우와 마찬가지로 대통령
을 국회에서 선출하는 간선제를 유지할 경우, 이승만의 당선은 극히 비관적
이었다. 더욱이 전쟁 초기의 참담한 결과는 이승만 정부의 무능으로 비추어
질 수 있었기에 국회에서의 여론은 더욱 좋지 않았다. 그러나 이승만은 전
쟁 상황을 오히려 국내정치 통제의 수단으로 활용했다.

1952년 재선을 앞둔 이승만은 자신이 주도한 개헌안(직선제 개헌과 양원
제)이 국회에서의 반대라는 난관에 봉착하였으나, 6월~7월 사이 계엄령하
에서 일어난 '부산 정치파동'을 통해 자신에게 유리한 개헌안(직선제 개헌
포함)의 통과를 이끌어내었다. 결국 이승만은 그해 8월 재선에 성공하였
다.[8] 1953년 휴전협상이 진행되던 와중에는 '반공포로 석방'의 카드를 이용
하여 한·미 동맹의 결성에 성공함으로써(이는 반드시 국내정치적 포석만은
아니었다) 지지 기반의 확대를 모색하였다. 이후 전후 복구기간을 거치면서

---

7) 제헌국회 당시 무소속을 제외한 최대 정파(55석)로 이승만을 지지하였던 대한독립촉성
국민회는 정당으로서의 성격이 약했고, 그나마 2대 국회에서는 대폭 의석이 줄었다.
이승만의 또 다른 주요 지지세력이었던 한민당 역시 이승만에 대한 지지를 놓고 분열되
었고, 오히려 2대 국회에서는 민주국민당(민국당)으로의 변신을 통해 이승과의 경쟁을
선언한 상태였다. 이승만은 1949년 자기의 지지세력 중심으로 대한국민당을 창당하여
2대 국회 선거에 임하였으나, 득표율은 9.7%로 오히려 민국당의 9.8%에도 뒤졌다.
8) 당시, 한국전쟁 책임에 대한 비판적 여론이 있었음에도 불구, 국민적 감정은 국회와의
대립에 비해 이승만에게 그리 불리하지 않았다. 이승만이 직선제에 집착했던 이유도
이 때문이었다.

이승만은 '반공'의 기치를 카드로 미국과의 껄끄러운 관계를 관리해 나갔다.
　미국은 휴전협상 기간 중 이승만이 공산 측과의 원활한 협상에 걸림돌로
작용하고, 일본에 대한 '평화선(일본과의 어업분쟁 방지와 대륙붕 보호를 위
해 동해에 설정한 해역선)' 선포 등 일방적인 조치를 취하는 행보를 보이자,
'에버레디 계획(Ever Ready Project)'을 비롯한 이승만 하야계획까지를 구
상하였다. 그러나 직선제를 통해 생존한 이승만의 대중장악력, 냉전체제라
는 특수한 상황하에서 강력한 반공주의자로서의 이미지를 확보한 그의 가치
를 감안할 때, 마땅한 대체자를 찾기 힘든 것도 현실이었다. 이는 한국전쟁
직후 미국이 다소 껄끄러운 상대인 이승만과의 협력을 지속하고 대한 원조
를 통한 재건을 지원한 주요한 원인으로 볼 수 있다.
　결국, 한국전쟁을 통해 이승만은 오히려 냉전과 분단체제를 활용하여 자
기의 정치적 입지를 더욱 강화하는 데 성공하였으며, 1954년의 종신제 개헌
안 발의(사사오입 개헌)를 거쳐 집권기반을 더욱 다져나갔다. 물론, 이러한
그의 권력기반을 허문 것은 내부적인 부정과 부패였으며, 결국 『4.19』를
통해 하야하기는 했지만, 이승만은 분단체제의 최대 수혜자였으며, 내부의
잠재적인 정적을 제거하는 데에도 이를 적극적으로 활용하였다. 1958년 조
봉암을 당수로 한 진보당이 북한과 내통하고 북한의 통일방안을 지지했다는
이유로 구속 기소되었던 '진보당 사건'은 그 대표적 사례라 할 수 있다.

2) 북한 측 상황
　김일성 역시 전쟁 중의 불리한 상황을 자기에게 유리한 국면으로 전환시
키는 재능(?)을 발휘하였다. 그 역시 전황이 자신에게 불리한 상황에서 극적
으로 국면을 반전시켰으며, 오히려 자신에 대한 도전을 여전히 존재하는 잠
재적 반대세력의 숙청 기회로 활용했다. 한국전쟁을 통해 군사적 통일을 지
향했던 김일성과 조선로동당 지도부의 시도는 UN군의 참전과 그에 이은
인천상륙작전으로 인해 사실상 좌절되었다. 1950년 10월에 들어 UN군이
한반도 이남의 한국 영토를 모두 회복한 이후 38선 이북으로 진출하면서
북한은 오히려 정권 붕괴라는 위기에 직면하게 되었다. 아마 중국 인민지원

군의 참전이 없었다면 북한 정권은 궤멸을 면치 못했을 것이다.

중국군의 참전으로 UN군의 공세가 약화되고, 평양이 중국군에 의해 탈환되자 북한은 1950년 12월 21일 강계에서 조선로동당 중앙위원회 제3차 전원회의를 소집했다. 중국군이 북한 지역에서의 전투를 주도하는 가운데 열린 이 회의에서 김일성은 상당수의 당 및 군 간부들을 무능력과 과오, 그리고 범죄 행위 등의 책임을 물어 숙청하였다. 그들 대다수는 김일성에게 충성했던 갑산파 빨치산 출신이거나 제휴관계에 있던 소련파였는데, 김일성의 비난을 받고 문책당한 인물 중에는 김일, 최광(崔光), 림춘추, 김렬 등이 포함되어 있었다. 연안파인 김한중(金漢仲)과 무정 역시 숙청되었다. 이 중 연안파 무정의 숙청은 주목할 만하다. 외형상 자신의 세력들을 훨씬 더 많이 경질했지만, 이들의 비중은 연안파의 무정과는 비교도 되지 않을 인물이었고, 이를 통해 김일성은 군사적인 면에서의 최대 정적 한 명을 자연스럽게 제거했다.9)

이와 같이 김일성은 한국전쟁에서의 목표 좌절과 정권의 혼란이라는 위기상황 속에서도 오히려 이를 자신의 권력기반 강화를 위한 기회로 활용하는 용의주도함을 보였다. 전선이 교착상태에 접어들고 정권 붕괴의 위기가 사라지면서 김일성을 정점으로 한 북한 내의 권력투쟁은 보다 가시화되었다. 김일성은 이후 전개된 전시정치에서 남로당계를 견제하였고, 연안파와의 잠정적인 연대를 바탕으로 소련파 주요 인사인 허가이를 사실상 숙청했다. 한국전쟁 과정에서 그에게 잠재적 경쟁자가 될 수 있는 각 파벌의 주요 인물들을 제거한 김일성의 정치적 세력 강화 시도는 1953년 7월 25일 정전협정이 체결되면서 보다 가속화되었다. 전쟁 직후 김일성의 권력투쟁에 있어 초점은 남로당계에 집중되었고, 이는 소련 및 중국의 영향으로부터 벗어나 비교적 자유롭게 숙청이 가능했던 것이 바로 동 파벌이었던 이유에서 기인하는 것으로 판단된다.10) 이미 1953년 7월의 반역 사건으로 당에서 축

---

9) 당시 숙청되었던 갑산파 동료들은 이후 자연스럽게 권력일선에 다시 복귀했다.
10) 1951년 남로당계의 이승엽(李承燁)을 중심으로 남로당계의 수장인 박헌영(朴憲永)을

출당하고 체포되어 있었던 박헌영은 1955년 12월 3일 사형선고를 받고 처형되었고, 그의 처형을 전후하여 대다수의 남로당계 군사지휘관들 역시 숙청되었다.

그러나 한국전쟁 이후의 전후 복구 과정에서 연안파와 소련파는 서로 연합하여 전쟁 패전의 책임과 전후복구의 문제점 등을 들어 김일성을 공격하려 하였다. 김일성과 연안파·소련파 간의 정치적 긴장관계는 결국 1956년 8월의 『8월 종파사건』으로 수면 위로 떠올랐다. 당시 개최되었던 조선로동당 중앙위원회 전원회의에서 연안파인 최창익(당시 부수상), 서휘(徐輝), 윤공흠(尹公欽, 상업상), 그리고 소련파인 박창옥(부수상)이 연합하여 개인숭배 문제 등 김일성의 정치노선과 경제정책을 비판하면서 리더십에 도전하자, 김일성은 이를 계기로 연안파와 소련파에 대한 대대적인 제거작업에 돌입하였다. 이 사건으로 최창익 등이 체포되었고, 서휘와 윤공흠 등은 중국으로 망명하였다. 소련과 중국이 중재를 시도하였지만,[11] 김일성은 1958년 3월의 제1차 당대표자회의 이후의 『당중앙집중지도사업』을 통해 결국 이를 관철하였다. 1958년 3월이 되자 김일성은 김두봉을 비롯하여 그에게 도전할 수 있는 거의 모든 파벌의 인물들을 제거하였고, 이로써 권력투쟁은 일단 김일성의 승리로 완결되었다.

특이한 것은 한국전쟁 이후의 권력투쟁 상황에서 김일성이 분단체제뿐만 아니라 냉전구도 역시 자신의 권력투쟁에 활용했다는 것이다. 즉, 김일성은 1956년부터 시작되었던 중·소 이념분쟁에서의 등거리 노선 견지를 통해 중·소로부터의 정치적 간섭으로부터 자유로울 수 있는 여지를 확보하려 노력하

수상으로 옹립하기 위한 군사쿠데타 모의가 있었는데, 이는 남로당계 숙청의 좋은 기회가 되었다. 이승엽을 비롯한 동 쿠데타 공모자 12명이 1953년 7월 30일 반역죄로 기소되었으며, 그 기소 죄목은 ① 미국을 위한 스파이 활동, ② 한국에 있는 민주세력 및 공산주의 혁명세력에 대한 무차별적인 파괴와 학살 행위, ③ 북한 정부에 대한 무력 전복 시도의 세 가지였는데, 이 중 마지막 죄목을 제외하면 모두가 그 근거가 희박한 것이었다.

11) 『8월 종파사건』이 발생하자 소련과 중국은 미코얀(Анастáс Ивáнович Микоян)과 펑더화이(彭德懷)를 북한에 파견하여 이 숙청을 중단시키려 시도하였다.

였다. 냉전구도하에서 공산진영의 양대 축에 대한 등거리 노선은 이들로 하여금 북한에 대한 적극적 개입을 자제하도록 만들었고, 김일성은 이를 통해 소련파와 연안파 모두를 제거할 수 있는 정치적 입지를 구축하였다.

3. 1960년대: 분단체제와 냉전구도의 결합

1960년대에 들어 남북한 양측은 모두 전후 피해로부터 일정 부분 복구되는 양상을 보였다. 그러나 한국전쟁을 거치면서 강화된 분단의식은 남북한 모두의 국내체제에 영향을 미쳤다. 한국에 있어서는 이승만 정권의 붕괴에도 불구하고, 1948년 이후 지속된 '반공'의 담론은 지속되었다. 이는 이승만 정권의 독재에 반대하면서도 분단체제를 사실상 기정사실화하게 된 국내적 분위기에도 기인하는 것이지만, 무엇보다 1960년대로 들어서면서 오히려 더욱 굳어진 냉전구도에서도 그 원인을 찾을 수 있다. 즉, 이미 세계적으로 서방 진영의 논리로 자리 잡기 시작한 '반공'의 흐름 속에서 이와 다른 정치세력은 그 태생적 생존 면에서 취약할 수밖에 없었던 것이다.

이는 『4.19』 이후 집권하게 된 민주당 정부나 『5.16』을 통해 정통성을 지닌 민간정권을 전복한 군사정권 모두에 공통된 사항이었다. 즉, 국내정치에 있어서의 민주화 정도에 대한 인식차와는 별개로 '반공'은 집권을 위해서는 필수적인 것이었다. 이러한 경향은 북한정치에서도 그대로 나타났다. 김일성은 '미완의 혁명'을 완결할 최적의 지도자상으로 '주체사상'에 입각한 '수령론'을 주창하였으며, 그 자신 수령의 반열에 올라서기 위해 부심하였다. 따라서 한국과는 달리 일부 통일을 지향하는 제의들을 북한 측이 내어놓기는 하였지만(연방제 통일방안), 이는 어디까지나 '미완의 혁명'을 달성하기 위한 우회적 방안이었지, 진정한 통일 의지를 반영한 것이라고 보기는 힘들었다.

이로 인해 1960년대는 전쟁과 같은 눈에 띄는 군사적 대규모 군사적 갈등이 발생하지는 않았지만, 남북한 양측 간의 대립과 불신은 오히려 더욱 누적

되었다고 할 수 있다. 양자 모두 상대방을 압도하기 위한 국력의 축적을 위해 노력하였으며, 특히 당시 국력 격차상 북한에 열세에 있던 한국의 입장에서는 일단 북한과의 절연(絕緣) 상태에서 힘을 키우는 것이 우선적인 과제였다. 이 과정에서 분단체제와 냉전구도를 활용하여 경쟁의 우위를 점유하기 위해 북한은 1970년대 말 일련의 대남 강경조치들을 선택하였고, 이는 다시 분단체제의 경직성과 상호대립을 강화하는 요인이 되기도 하였다. 그 결과 나타난 것은 남북한 공히 분단의 극복보다는 분단을 수용하는 가운데에서 진행된 서로 다른 두 체제의 경쟁이었다.

　상대방에 대한 인정보다는 극복을 지향하고, 이것이 군사적 대립으로 이어진 남북관계는 양측 지도자의 국내정치적 선택, 그리고 10여 년 이상의 분단논리에 순치(馴雉)된 국내정치문화의 영향도 있었지만, 1950년대에 이어 맹위를 떨치던 냉전체제에 의해서도 영향을 받은 것이었다. 1950년대 중반부터 본격화된 냉전체제하의 대리전(proxy war)은 1960년에 와서는 라틴아메리카, 중동, 아프리카 등 다양한 지역에서 광범위하게 나타났다. 미국과 소련이라는 냉전의 양대 축이 직접적인 대결을 벌이는 대신 대리세력을 활용하여 힘 겨루기를 하는 분위기는 1961년 쿠바 혁명이 성공한 직후 미국 행정부가 피그만(Bay of Pig)사건을 일으키게 하는 계기가 되기도 하였고, 이는 한 해 뒤 쿠바 미사일 위기의 한 원인이 되었다.[12] 결국 이러한 동·서 진영의 대립과 대리전은 1960년대 중반의 베트남전으로 격화되기도 하였다. 다시 말해, 이 시기에는 남북한의 어떤 정치지도자든 설사 분단체제를 극복하려는 의지가 있었다고 해도 국제적 여건상 이를 현실화시키기 어려웠던 한계가 존재했다.

1) 한국 측 상황

　1960년대에 들어 한국은 이승만 정권의 퇴진과 『4.19』를 통한 민주화 단

---

12) 쿠바 망명인사들을 중심으로 한 반공세력들을 이용하여 카스트로 정부를 전복시키려 했던 미국의 시도는 결국 참담한 실패로 끝이 났다.

계에 진입하였다. 그러나 분단체제는 한국사회 내에서 통일이나 분단의 극복을 자신 있게 이야기할 수 있고 추진할 수 있는 세력의 부재를 낳았고, 이로 인해 정치적으로 이승만 독재의 극복이 추진되었음에도 불구하고, 실제 남북한의 분단체제 극복을 위한 통일 논의는 한국 정치에 있어 철저히 수면 하에서 존재하는 상태를 넘지 못했다. 이 시기 북한은 외형적으로는 '연방제' 방식에 입각한 통일방안을 제의한 데 반해, 한국은 『4.19』 초기 일부 학생운동과 시민사회에서 남북협상론을 제기한 것을 제외하면 별 다른 의미 있는 움직임을 보이지 못했다. 이승만의 독재를 비판하였고 국내적인 민주화를 갈망하였지만, '반공'은 이승만에 반대한 세력들에게도 공유되는 가치였고, 이는 상당수의 일반국민들에게도 묵시적으로 각인된 가치였다. 다시 말하면, '반공'이 이승만 시대만큼 강요되지는 않았지만 그렇다고 해서 이를 넘어서는 가치를 내건 정치세력이 태동할 수 있는 여건 역시 구비되지 못했다.

오히려 짧은 기간 동안 성립한 제2공화국이 『5.16』으로 인해 붕괴되면서 다시 반공 담론이 강화되는 효과를 낳았으며, 박정희를 중심으로 출범한 제3공화국은 분단체제 속에서 다시 한번 이 담론을 활용한 정치적 세력의 확장에 관심을 기울였다. 1950년대 후반을 기점으로 한국의 야당세력 역시(특히 원내를 중심으로 볼 때에는) 통일담론에 관한 한 '반공'의 틀을 벗어나지 못하였다. 이는 야당 세력이 경제발전의 수단이라는 자원을 장악한 여당에 비해 상대적으로 국내정치적 운신의 폭이 좁은, 구조적인 문제에 당면하였던 것과 무관하지 않다. 다시 말해 '반공' 이외의 다른 가치를 내 걸만큼 자각되지도 않았고, 국내정치적 입지가 확실하지도 않았던 만큼(오히려 탄압에 이용될 수도 있었다), 야당 역시 '반공' 이외의 가치를 추구하기에는 역부족이었던 것이다.

박정희는 '반공' 논리를 계승함으로써 자신의 취약한 정치적 정통성을 보강하였으며, 이로 인해 초반에는 『5.16』에 부정적 태도를 보였던 미국으로부터 묵시적인 정치적 인정을 받는 데 성공하였다. 이어 박정희는 1964년부터 시작된 베트남전 파병을 통해 한·미 동맹체제 내에서 기존의 일방적 수혜를 탈피하고자 노력하였으며, 냉전체제의 서방 측 일원으로서의 입지를

공고히 하려 하였다. 이러한 대외적인 상황과 함께, 국내 경제개발의 매진은
결국 한국으로 하여금 닫힌 남북관계하에서의 경쟁력 강화라는 길을 선택하
게 하였다.

2) 북한 측 상황

1960년대 초반을 기점으로 김일성은 자기 주도의 권력기반을 어느 정도
확립하는 데 성공하였으며, 이러한 세력재편을 기반으로 김정일은 본격적
경제개발을 위한 야심찬 『7개년 계획』(1961년~1967년)을 추진하였다. 또
한, 4차 당대회를 기점으로 김일성은 조선인민군의 현대화 및 군사력 증강
계획에도 박차를 가하겠다는 의지를 보다 명확히 하였다. 그러나 분단체제
내에서 대남 우위를 점하기 위한 군사력 건설의 소요와 소련으로부터의 원
조 삭감[13]이라는 상충된 여건은 군사우선주의를 주장하는 빨치산 중심의
당·군 간부들과 경제발전에 역점을 두던 내각 관료들 간의 갈등 위험성을
유발하였다.

당시 빨치산 출신들이 당내 세력구도에서 점차 영향력을 확장하고 있었
다는 것은 중요한 의미를 지닌다. 그들은 대다수가 현역장성이거나 퇴역군
인들이었으며, 군의 현대화를 통해 국방을 강화해야 한다는 점을 지속적으
로 강조했다. 그들은 김일성과 함께 1962년 12월의 조선로동당 중앙위원회
제5차 전원회의에서 "한 손에는 무기를, 한 손에는 낫과 망치를"이라는 구호
를 내걸었다. 이러한 기조는 1966년의 제2차 당대표자 회의에서도 그대로
반영되었다. 이 시기 또 하나 특기할 만한 것은 1960년대 이후 북한 통치
이데올로기의 근간을 이루는 사상인 '주체사상'이 공식화되었고, 이에 입각
하여 군사력 건설계획이 보다 가시화되었다는 점이다.

이와 같이 1960년대 초반 경제발전계획 추진에 필요한 경제전문가와 군

---

13) 중·소 이념분쟁하에서 북한의 모호한 입지(때로는 중국에 경도된 듯한)는 당시 흐루
시초프를 비롯한 소련 지도부를 분노하게 만들어 1962년~1964년간 당시 북한에게는
매우 긴요했던 소련으로부터의 원조가 중단되었던 한 원인이 되었다.

사력 건설 및 자신의 유일사상체계 확립을 위한 이념·군사전문가를 동시에 충원하려 했던 김일성의 엘리트 충원정책은, 1960년대 중반을 기점으로 현역 군부인사 및 군부출신의 엘리트들을 중용하는 방향으로 선회하였다. 그러나 군사력 건설 중심의 정책전환과 점차 가속화된 유일사상체계 확립 움직임, 그리고 예상보다 부진한 경제개발 실적 등은 당 내에 갈등을 유발하였으며, 이는 1967년의 박금철과 리효순의 숙청으로 표면화되었다. 당시 당 서열 4위와 5위였던 박금철과 리효순의 숙청 배경에 대해서는 다양한 분석들이 제기되고 있는데, 그 주요 배경은 앞서 이야기한 군부와 경제관료 간의 대립에서도 설명될 수 있고, 다른 한편에서는 '주체사상'에 입각한 수령론을 정당화하기 시작한 김일성의 의지 때문이기도 했다. 박금철과 리효순의 숙청이후 대남공작 총책의 직위는 빨치산 출신 군 장성인 허봉학에 의해 대체되었다.

그러나 허봉학 등 군부 중심 엘리트들의 과도한 의욕과 김일성에 대한 과잉충성은 1968년의 『1.21 사태』(김신조를 포함한 대남공작조의 청와대 침투 미수 사건), 『푸에블로호 납치 사건』, 『울진·삼척 공비 남파 사건』, 1969년 『미 정찰기 EC-121기 격추 사건』 등 일련의 모험성 대외/대남정책을 추진하게 만들었다. 이 사건들은 한반도를 긴장시켰고 특히 한국 내의 반공의식을 더욱 고무시키는 요인이 되었다. 특히, 한국에 대한 호전적 정책을 넘어 미국을 겨냥한 군사적 행위는 1960년대 후반부터 데탕트(détente)를 추구하고 있었던 중·소의 입장에서도 용납하기 힘든 행위였다.

결국, 소련으로부터의 우회적 경고에 직면한 김일성은 또 한번의 권력구도 재편을 선택하였다. 김일성은 빨치산 출신 군부장성들의 과도한 영향력 확대에 대응할 필요성을 느끼면서도 이들에 대한 당 차원의 공식적 비난이 빨치산 전통의 고양이라는 긍정적 효과의 약화를 불러올 수 있다는 문제를 우려하여 같은 빨치산 출신 군 장성으로 그들을 견제하는 방법을 채택하였다. 이에 따라, 1969년 1월의 조선인민군 당위원회 제4차 전원회의에서 오진우가 주도한 비판회합이 개최되었고, 그 결과 허봉학을 비롯하여 민족보위상 김창봉, 인민군 총참모장 최광, 정치위원회 위원인 해군제독 리영호,

당비서 겸 사회안전상 석산 등 10여 명의 현역 및 예비역 군부인물들이 숙청되었다. 어쨌든 김일성은 자신이 선택(혹은 묵인)하였던 호전적 대남정책의 좌절을 또 한번의 정치적 입지 강화의 기회로 활용하였으며, 1969년의 당·군 개편을 계기로 김일성은 '조선로동당'과 '조선인민군'에 대한 확실한 통제력을 확보하게 되었으며, 북한 내의 유일지배체제를 확립할 수 있게 되었다.

4. 1970년대: 남북한 독재의 확립과 남북대화의 패러독스, 멀어진 민주주의

1970년대에 들어 남북한 관계는 두 가지 면에서 주요한 변화의 계기를 마련하였다. 첫째, 경제개발의 성공적 결실은 한국 정부로 하여금 북한과의 대결 일변도 정책보다는 대화를 통한 분단의 안정화, 궁극적으로는 통일기반의 조성이라는 과제를 실험하게 만들었다. 둘째, 1950년대~1960년대 분단체제를 강화하는 한 요인이었던 동서 냉전체제가 변화하기 시작했다. 1960년대 후반부터 시작된 미·소 간 데탕트의 분위기는 분단체제에도 일정한 변화를 요구하게 되었다. 즉, 미·소를 중심으로 동·서 양 진영이 서로 문을 닫아 건 가운데 무한경쟁을 벌이던 분위기에서 탈피하여, 분쟁의 평화적 해결과 대화를 통한 타협의 분위기가 무르익기 시작한 것이다. 한국과 같이 분단국가였던 서독은 1967년 루마니아와 수교하면서 기존의 할슈타인 독트린(Hallstein Doctrine)을[14] 폐기하였고, 동·서독 간 교류가 보다 활발해지기 시작하였으며, 이러한 경향은 1970년대에 들어와 더욱 뚜렷해졌다.

남북한 양측 지도자 모두 이러한 경향에 맞추기 위한 동상이몽적 노력을 강화하였는데, 이는 1970년대 초반의 짧은 남북대화 국면, 그리고 1972년 7월의 『7.4 남북 공동성명』으로 이어졌다. 그러나 이러한 시도는 결국 무위

---

14) 서독 외무장관 할슈타인이 1955년 천명한 이 원칙은 동독 정부, 즉 냉전체제하의 분단된 상대방과 외교관계를 수립한 국가와는 교류하지 않는다는 내용을 골자로 하였다.

로 끝났으며, 1972년, 남북한 모두에서 기존과는 다른 형태의 독재정권이 출범하였다. 박정희와 김일성이 애초부터 데탕트 국면을 단순한 독재체제 성립을 위한 통과의례(혹은 여건조성용)로 여긴 것인지, 아니면 최초에는 그런 의지가 있었지만 남북 대화과정에서 확인한 너무 큰 이질성이 결국 분단의 강화라는 정책적 회귀를 낳았던 것인지, 최소한 어느 한쪽에서는 진실성이 있었지만 다른 한쪽의 기만적 접근에 의해 대화가 좌절된 것인지는 어느 것도 확실하지가 않다. 분명한 것은, 1970년대 초반 잠시 동안의 대화 국면을 조성한 이후 오히려 남북 양측의 지도자들이 자신의 독재적 권력기반을 강화하였고, 다시 분단의 대립구도를 강조하는 정책으로 회귀하였다는 점이다.

1) 한국 측 상황

1960년대의 압축적 경제성장의 결실로, 1960년대 후반~1970년대 초반 한국은 GDP 면에서 북한을 추월하기 시작했다(북한에 비해 인구가 많았던 한국이 1인당 GDP에서도 북한을 추월한 시기는 1970년대 중반이다). 경제적 성장이라는 업적에도 불구하고, 박정희의 국내정치적 안정은 보장받을 수 없다는 것이 1971년의 대통령선거 결과 입증되었다(1969년 3선 개헌을 통한 선거). 박정희는 이 국면에서 남북 분단 구도를 전혀 다른 측면에서 활용하기 시작했다. 1969년 국토통일원의 설립이라든지, 1970년 8.15 경축사에서 제시했던 '평화통일'의 구호는 그 이전의 노선에 비해 확실히 달라진 정책이었다. 이는 남북한 국력격차에서 북한을 추월하기 시작했다는 자신감과 국제적인 데탕트의 전개, 그리고 분단구조 속에서 성장한 한국사회 내의 시민사회 요구 등을 다양하게 감안한 전환이었다고 할 수 있다. 설혹 이 대화에서 실패한다고 해도 박정희로서는 잃을 것이 없었다. 일단 동맹국인 미국에 대해 한국이 베트남이나 다른 아시아 국가와는 다르다는 점을 확실히 부각시킬 수 있었으며, 국내의 일반 여론에 대해 진보세력을 고립시키는 빌미를 확보할 수 있었기 때문이다.

1971년 이후락의 전격 평양방문에 이어 1973년까지 진행된 남북대화 무드와 1973년의 『6.23 평화통일 외교정책 선언』은 모두 이러한 분위기를 활용한 것이었다. 반면, 이러한 움직임과는 별개로 박정희는 '반공'에 못지않은 또 하나의 국가적 목표를 세우기 시작한다. 그것은 "통일을 달성하기 이전까지의 안정된 국정운영"이었다. 이는 1972년 10월의 유신헌법 채택과 '통일주체국민회의'의 출범으로 이어졌다. 1970년대 한국은 즉 통일논의를 피하기보다는 한국 주도의 통일이라는 의제로 분단체제에 보다 적극적으로 반응하기 시작했으며, 이는 결과적으로 국내정치적 안정(집권세력의 입장에서는), 정확히는 1인 독재의 정당화로 나타났던 것이다.

2) 북한 측 상황

1972년 한 해에 남북한이 모두 1인 독재의 완성을 의미하는 제도를 채택했다는 것은 함축하는 바가 적지 않다. 이것이 일부의 음모론대로 남북한 양측 지도자의 이심전심의 조치였든, 동상이몽의 우연한 공존이었든 간에, 남북한 양측 지도자는 통일논의를 진전시키면서 동시에 자신을 중심으로 한 독재의 완성을 꿈꾸었다. 이미 1970년대 초에 들어 더 이상 별 다른 도전세력이 존재하지 않았던 김일성의 위상은 1972년의 『사회주의 헌법』 제정을 통해 재확인되었으며, 또한 제도화되었다.

1972년 12월 채택된 사회주의 헌법은 그 이전의 구(舊)헌법(1948년 정권 창건 이후 4차례에 걸쳐 개정)과는 달리 내각제를 채택하지 않고 주석제를 채택하였으며, 김일성은 새로이 창설된 국가기구인 국가주석(國家主席)의 자리에 오름으로써 명실상부한 북한의 최고지도자로 자리 잡게 되었다. 이와 함께, 1960년대 중·후반 이후 지속적으로 강조되어 온 김일성 중심의 '주체' 사상 역시 그 실체를 보다 분명히 하게 되었고, 김일성은 이제 단순한 최고지도자가 아닌 '수령'으로서의 위상을 확보하게 되었다.

1972년 북한이 대화에 임한 데에는 다음과 같은 계산이 작용했다고 볼 수 있다. 먼저, 1960년대 말의 잇단 도발에서 나타난 태도를 감안할 때, 데탕트 분위기하에서 주변국들은 모두 한반도의 '현상유지(status quo)'를 선호하고 있었다. 이를 변화시키는 움직임은 주변국 특히 중·소의 지지를 받을 수 없다는 점을 김일성은 절감하였다. '괌 독트린'을 통해 미국의 대한 안보 공약 변화 가능성을 타진해 보았지만, 일단은 도발 국면보다는 대화 국면이 미국의 태도 변화에 도움이 될 수 있다는 점이었다. 즉, 한반도가 평화로워 지리라는 전망이 있어야 미군 철수 등이 앞당겨질 수 있다는 계산이 있었던 것이다. 한국사회 내에서 강력한 리더십이 존재하는 만큼, 오히려 한국 정부 의 대북정책에 대한 대내적 지지를 강화시켜주는 도발정책보다는 대화정책 이 한국사회를 흔드는 데 더욱 유리하다고 보았다. 1970년의 제5차 당대회 를 기점으로 김일성 1인 지배체제가 확립된 만큼, 이제는 이를 제도화하고 권력계승을 준비할 시간적 여유가 필요하다는 계산도 작용하였다.

이와 같이 남북회담이 진행되던 시기에 북한은 김일성에서 김정일로 이 어지는 권력계승체제의 밑그림을 확보하였으며, 내부적으로 이에 걸맞은 권 력의 세대교체를 단행하였다. 동시에 이러한 권력구도가 확보되었을 때, 김 일성은 베트남의 공산화에 맞추어 다시 한번 분단체제의 폭력적 전도에 관 심을 가졌다. 중·소의 냉담한 반응에 직면하여 이것이 한계에 부딪쳤을 때, 김일성이 선택한 것은 대결적 분단체제의 복원이었고, 이것이 1976년의 판 문점 도끼 만행으로 이어졌다.

5. 1980년대: 냉전체제와 한반도 세력균형의 변화, 그리고 남북의 선택

1980년대에 들어 냉전체제는 중요한 변화를 맞이하게 된다. 1979년 구소 련의 아프가니스탄 침공은 데탕트체제의 급속한 냉각을 불러오기도 하였지 만, 아프가니스탄의 늪에 빠진 소련체제의 몰락을 가속화시키는 계기가 되 었다. 냉전의 한축은 심각한 체제 모순에 직면하게 되었으며, 이 과정에서 등장한 새로운 지도자(미하일 고르바초프)는 글라스노스트와 페레스트로이 카, 즉 개방과 개혁을 추구하기 시작했다. 이념 중심의 동·서 대립구도의 벽이 한층 더 얇아지기 시작한 순간이었다. 한국의 입장에서 이러한 변화는 기회였고, 반면 북한의 입장에서 이는 악몽의 시작이었다. 이미 경제력 면에서 북한을 압도하기 시작한 한국은 이를 바탕으로 적극적인 '북방외교(Nordpolitik)'를 전개해 나갔으며, 소련 및 중국과의 관계개선을 차근차근 진행해 나갔다. 반면, 내부적으로 경제난이 본격 시작되기 시작하였던 북한의 입장에서 이러한 변화는 체제 위기에 대한 우려를 가중시키는 것이었다.

이로 인해 1980년대 이후 남북관계의 양상은 1960년대와는 정 반대의 것으로 나타났다. 한국이 분단의 극복을 명목이든 실질이든 간에 중요한 정책적 가치의 하나로 내걸면서 과거와는 달리 정교화된 통일방안을 제시하고 나온 데 반해, 북한의 기존 우방/동맹관계의 수호와 내부체제 정비에 집중했다. 그 결과 쌍방 간 숱한 제의가 반복되면서도 실질적인 대화는 실현되지 못했다.

1) 한국 측 상황

1980년대에 들어오면서 경제적 구도뿐만 아니라 군사적 구도, 국제관계에 있어서도 남북한 간의 세력균형은 서서히 한국 우위로 역전되기 시작했다. 그러나 동시에 한국사회는 유신체제에 이은 또 한 번의 권위주의체제를 맞이하였으며, 1979년 말의 쿠데타에 이어 성립한, 두 번째 군부정권의 형성은 분단체제의 또 다른 결과물이었다. 만일 한반도가 분단체제가 아니었다면, 그리고 당시 소련의 아프가니스탄 침공으로 인한 국제적 데탕트의 위기가 없었더라면 전두환을 비롯한 신(新)군부의 쿠데타는 미국의 강력한 반대에 직면했을지도 모른다. 전두환은 분단체제를 자신의 국내적 정치기반의 강화를 위해 적극적으로 활용하였으며, 과거의 수세적 입장에서 벗어나 우월한 국력기반을 바탕으로 제3세계 국가들과 중국, 그리고 소련을 대상으로 한 관계개선 정책을 적극 전개하였다. 이러한 정책은 노태우 정부에 의해 '북방정책'으로 계승되었다.

다만, 노태우 정부에 있어서 한국의 민주화는 분단체제를 활용하는 한국 정치지도자들의 전술에 중요한 변화를 가져오는 계기가 된다. 1987년 『6.29선언』을 전후하여 궤도에 오르기 시작한 한국의 민주화 열기는 국내정치적 지형을 변화시키는 한편, 그 이전까지 억눌려 있었던 분단체제에 대한 또 다른 입장, 즉 진보적 담론이 외부적으로 표출되는 중요한 계기가 되었다고 할 수 있다. 1948년 국가보안법, 1950년대 말의 진보당 사건, 1961년 반공법의 제정 등 일련의 반공 기치 속에서 위축되어 있었던[15] 진보적 목소리가 민주화 과정 속에서 보수적 여론의 대척점으로 떠오르기 시작했으며, 이에 따라 남북대화와 통일 문제에 대한 사회의 전반적 관심 역시 증대되었다.

이는 한국의 정치가들에게는 중요한 여건의 변화였다. 과거에는 분단체제에서의 국가안보를 강조하고 북한 측 통일 방안의 기만성을 강조하는 선에서 유권자들을 만족시키거나, 혹은 그런 분단체제에도 불구하고 한국사회 내의 민주적 절차와 과정이 중요하다는 주장을 제기하면 되었으나, 이제는 남북대화나 협력과 같은 과거에 비해 상대적으로 진보적인 쟁점들에도 보다 구체적 비전을 제시해야 하는 시대가 도래하였음을 의미하는 것이기 때문이었다. 이에 노태우 정부는 당시에 전개되고 있었던 동구권의 자유화와 독일의 통일, 그리고 구소련의 와해라는 국제환경의 변화의 흐름을 활용, "분단체제의 극복"을 기치로 내걸고 북한의 태도 변화를 압박하는 수단으로 활용하게 되었다.

2) 북한 측 상황

1980년대 이후 남북대화와 통일에 대한 북한의 입장은 오히려 과거에 비해 수세적으로 변하여 갔다. 1980년 제6차 당대회에서 김정일의 공식 등장으로 인해 계승체제가 완성되었지만, 경제적 문제의 시작과 국제정치적 환경변화는 북한 정권의 최대 불안요인으로 등장하였다. 경제적으로는 인력집약적 경제성장의 한계점이 본격적으로 노출되기 시작했으며, 종주국인 소련과 중국의 개혁·개방, 동구권의 자유화 등은 분단체제 내에서 북한의 열세를 가속화하였다. 이러한 상황은 결국 분단체제 내에서의 과격한 현상유지

---

15) 물론, 이 제도 자체가 분단체제를 가중시켰다고만 볼 수는 없다. 그러나 이런 제도들이 반대파의 탄압에 대한 빌미를 제공함으로써 분단체제 속에서 사회적 불신과 대립을 조장한 측면은 분명 존재한다. 북한의 경우에도 『로동당 규약』(1980년 개정)과 북한 형법을 통해 오히려 더 가혹한 장치를 마련하였다.

전술로 나타나게 되었으며, 1983년의 아웅산 폭탄테러, 1987년 KAL기 폭파 사건의 원인이 되었다. 즉, 1950년대~1960년대의 한국이 그랬던 것처럼 북한은 이제 대남 적화(赤化)라는 이상적 목표보다는 오히려 당면한 체제·정권의 위기를 관리하는 데 더 신경을 쓸 수밖에 없는 여건이 되었으며, 한국과의 종합국력에 있어 격차가 점차 벌어짐으로써 오히려 전반적으로는 대화의 문을 닫아걸고 내부를 정비하는 데 주력해야 할 상황에 직면하였다.

6. 1990년대 이후: 한국의 민주화와 분단체제 극복의 노력, 그러나 여전히 먼 길

우월한 여건을 확보한 한국의 통일논의 주도와 북한의 소극적 대응이라는 추세는 1990년대에 들어서도 그대로 반복되었다. 다만 동·서 냉전체제의 와해에도 불구하고, 그리고 비슷한 분단체제의 거울이었던 독일의 통일에도 불구하고 한국에서 분단체제의 극복 노력은 통일로 이어지지 못했다. 이는 남북한 양측 국내에 존재하고 있었던 분단의 관성이 예상보다 훨씬 강력하다는 것을 의미한다. 1990년대를 기점으로 세계적 냉전체제와 한반도의 분단체제는 완전히 다른 길을 가기 시작했다. 그러나 냉전체제가 없어진 그 자리에는 주변국들의 동상이몽적 각개약진이 또 다른 해결과제로 자리 잡게 되었으며, 남북한 국내적으로는 민주화와 함께 태동된 내부갈등(한국), 내부모순에도 불구하고 지속되는 독재체제의 모순(북한) 등의 문제점들이 여전히 미해결 상태로 오늘날에 이르고 있다.

1) 한국 측 상황

1990년에 들어 국력 면에서 한국의 대북우위는 더욱 뚜렷해졌다. 이러한 여건하에서 한국 정부는 1991년의 『남북기본합의서』 체결을 기점으로 2001년의 남북정상회담과 『6.15 공동선언』에 이르기까지 남북한 관계에 있어 주도권을 확보하기 위한 발걸음을 가속화했다. 본격화된 한국사회의 민주화와 함께 보다 풍성한 대북·통일정책에 대한 토론과 소통의 여건 역시 확대되었다. 그러나 민주화가 분단체제의 극복에 긍정적인 영향을 미친 것만은 아니었다. 민주화에도 불구하고 분단체제는 한국사회 내에서 형성될 수 있는 이념적 스펙트럼을 여전히 제약하였으며, 때로는 각 정치세력의 타 세력에 대한 비판 혹은 공격의 빌미로 활용되기도 하였다. 이로 인해 분단체제를 극복하고 한국사회 내의 다원성을 보장하려는 노력이 과거에 비해 보다 적극화되기는 하였지만, 동시에 분단체제가 이른바 '남남갈등(南南葛藤)'으로 불리는 사회적 통합성의 저해 요인으로 작용하기 시작했다. 또한, 다양한 가치에 의해 결정되어야 할 보수-진보의 가치들이 분단체제로 인해 대북정책 위주로 판단되는 문제는 오늘날까지 유지되고 있다.

2) 북한 측 상황

한국사회의 민주화와는 반대되게, 분단체제 내에서 북한의 전체주의화는 오히려 가중되었다. 김일성 집권 말기, 『남북 기본합의서』체제의 성립과 제한적인 개혁·개방 노력이 있기는 하였지만, 이는 사실상 분단체제의 극복보다는 북한 정권 자체의 생존을 위한 불가피한 선택에 가까웠다.16) 경제적인 격차가 이미 추격 자체가 불가능할 정도로 벌어진 입장에서 남북한 간의 세력균형 회복을 위한 북한의 절치부심은 결국 핵개발로 이어졌으며, 국내 정치적으로는 '선군정치'라는 또 다른 형태의 수령제 독재를 불러왔다. 2011년 김정일의 사망과 함께 김정은이 그 지위를 이어받음으로써 북한은 3대에 걸친 혈연계승을 통해 개인독재를 강화하였다. 이는 북한 내에서 분단체제의 극복을 위한 노력이 오히려 더욱 어려워졌음을 의미한다. 사회 내의 다양한 논의를 수렴하기보다는 개인의 선호와 이익이 위에서부터 아래로 강요되는 정치·사회체제 내에서 진정한 분단 극복의 노력은 그만큼 어려워질

---

16) 북한이 남북한 간의 여러 합의 중에서 유독 『남북 기본합의서』에 대한 언급을 꺼려하는 가장 큰 이유 중 하나도 당시 그들의 선택이 그만큼, 여건변화에 따른 별 수 없는 선택이었음에 기인한다고 볼 수 있다.

수밖에 없기 때문이다.

III. 분단체제가 남긴 한국 민주주의에의 상흔(傷痕)들

앞서 서술한 바와 같이, 분단체제는 정치지도자, 세계적 냉전구도, 그리고 전체 시민사회(이는 주로 민주화 이후의 한국사회에만 선별적으로 적용될 수 있을 것이다)와 의외로 다양한 상호작용을 하면서 현재까지 유지되어 왔다. 분단체제가 우리에게 남긴 가장 큰 상흔은 아마 1950년의 한국전쟁, 그리고 그 이후 지속되어 온 군사적 대치와 대립으로 인해 항상 우리 주위에 존재해 온 안보 불안감일 것이다. 그러나 군사적 측면 이외에도 분단체제는 의외로 심각한 상흔들을 남북한에 남겨놓았다. 여기에서는 주로 분단체제가 한국 민주주의에 어떠한 부정적 영향(북한에 대해서는 아직 이것을 논의할 단계 자체가 되지 못하므로)들을 미쳤는가에 대해 살펴보려 한다.

1. 물리적 분단을 뛰어넘는 심리적 분단

분단체제가 남긴 가장 큰 정치적 상처는 '불신'이다. 정전협정(Armistice Agreement)과 군사분계선(Military Demarcation Line)으로 상징화되는 남북한 간의 정치·군사적 불신과 갈등은 한국전쟁 후 60년의 시간이 흐른 현재에도 그대로 유지되고 있다고 봄이 타당하다. 1991년의 『남북 기본합의서』 체결 이후 현재에 이르기까지 남북한 간에 일정 수준의 정치적 대화가 유지되었음에도 양측 간에 내재된 정치적 갈등의 수위는 쉽게 낮아지고 있지 않다. 남북한 간의 정치적 갈등이 아직 해결되지 않고 있음을 보여주는 가장 대표적인 사례는 양측의 통일방안에서 찾아볼 수 있다. 1960년대 이후 남북한은 나름의 '평화적' 통일을 위한 방안을 추진해 왔다. 문제는 이러한 통일방안이 진정으로 '평화적' 방식을 지향하고 있는가의 여부이다. 북한이 1960년대와 1970년대에 걸쳐 제안하였던 '연방제' 통일 방안은 사실상 '최고 민족회의'라는 통일전선[17]의 구축을 지향했다는 점에서 한국을 진정한 대화와 통일의 파트너로 인정했다고 보기 어렵다. 1980년대에 들어 제시한 '고려민주연방공화국' 창립방안이나, 1990년대의 '1민족 1국가 2체제 2정부' 통일방안 역시 현실적으로 실현이 불가능한 '국가연합(confederation)'의 방식을 제안하였다는 점에서 그 진정성을 의심받고 있다.[18]

한국의 경우 1989년 공식화된 '한민족 공동체 통일방안' 이후 '민족공동체 통일방안(1994년)'을 거쳐 오늘까지 [화해·협력 → 남북연합 → 단일국가통일]의 단계적 통일기조를 유지해 왔다. 중요한 것은 양측의 통일방안 공히 묵시적으로는 "자기 방식의 자기중심 통일"을 상정하고 있으며, 상대방의 약점에 대한 공략의 성격의 성격이 짙기 때문이다. 북한의 경우 흡수통일 방지 및 한국 남남갈등 조장용으로 앞서 지적한 바와 같이 현실적 지속 사례가 없는 '국가연합(confederation)' 방식을 채택한 것으로 볼 수 있다.[19]

---

17) 대부분의 공산체제는 기존 체제를 전복하는 과정에서, 기존 체제를 반대하는 모든 세력과 공산세력이 연합된, 일종의 '통일전선'을 먼저 구축하고 이후 공산당이 독점적 세력으로 등장하는 전술을 택한다. 북한이 주장한 '최고민족회의'는 북한 측에서는 사실상 관제(官製) 조직들이, 한국에서는 각종 반정부 조직들이 참여하는 연합체 성격을 지향하였다는 점에서 이 통일전선의 반복에 다름이 아니다.

18) 북한의 통일방안은 1990년대 후반에 들어서는 '1민족 1국가 2체제'의 연방제 형태로 또 한 번 변화하였으나 근본적으로는 '고려민주연방공화국' 안과 큰 차이가 없다. 근본적으로 현실 세계에서 실현된 적이 없는 방안의 추구는 유리한 통일여건을 마련하기 위한 '시간벌기' 혹은 '흡수통일의 방지' 용이라는 지적을 면키 어렵다. 또한 북한은 '1민족 1국가 2체제론'에서는 이것이 분명한 '연방(federation)'이라는 입장을 취했다. 그러나 북한이 주장하는 형태대로 지방 정부가 연방정부 이상의 권한과 독립성을 지니는 연방은 사실상 실현이 불가능하다.

19) 북한의 연방제 통일방안이 연방국가(federation)의 국가형태를 지향하는가, 아니면 국가연합(confederation)을 지향하는가는 여전히 논란거리이다. 분명한 것은 중앙정부와 상비군에 대한 분명한 규정이 존재하지 않는 '연방국가'는 존재하지 않는다는 것인데, 북한의 통일방안은 이를 제시하지 못하고 있다. '국가연합'의 경우, 두 개 주권을 지니는 국가의 느슨한 연합을 의미하는 것으로, 이는 실제 실현된 예가 극히

반면, 한국 정부가 추구해 온 '북한의 변화(개혁·개방, 즉 민주화와 시장경제화)'는 북한 지도층에게는 사실상 기득권을 포기한 백기투항으로 받아들여질 수 있다. 이러한 통일방안의 한계로 인해 그동안 남북한 공히 통일정책이 상대방을 진정으로 인정하기보다는 전략적 우위를 확보하기 위한 대내외적 포장재로 활용되어 왔다는 비판을 면키 어렵다. 즉, 남북한 양측이 모두 상대방을 존중하고 대화파트너로 인식하는 가운데에서 정책을 구사해왔다기보다는 서로를 정치적으로 압도하고 굴복시키겠다는 발상을 탈피하지 못했던 것이다. 물론 남북한 관계의 특정 국면에서는 정책의 순수성이나 진정성이 실제로 존재했을 수도 있을 것이다. 그러나 최소한 상대의 입장에서 충분한 신뢰를 줄 수 있는 정책이 부재했음은 부인할 수 없는 것이 남북한 간 정치관계의 현실이다.

불신은 남북한 양측 정부를 넘어 사회적인 선에서도 존재한다. 아니 세대에 따라 차이는 있지만, 한국전쟁을 거치면서 남북한 간의 물리적 분단은 심리적 분단으로 격화되었다. 이는 남북한 양측이 상대방에게 느끼는 감정이 단순히 '불신'을 넘어 '증오'에 이르렀음을 의미한다. 전쟁을 겪으면서 그 피해를 직접 몸으로 체험한 세대들에게 있어 남과 북은 서로를 파멸의 대상인 '적'으로 간주하는 문화를 창출해왔다. "국경너머의 적"을 강조함으로써 자신들의 정치적 정당성을 강조하거나 독재를 공고화하려 했던 과거 정치지도자들의 선택은 결국 이러한 '증오'가 도덕적으로 온당한 것으로 인식되게 하는 분위기를 만들어내었다. 즉, 항상 나의 파멸을 위해 절치부심하고 있는 상대방이 존재하는(정확히는 그렇다고 정치적으로 각인된) 분단 상황하에서 내부의 다양한 목소리는 자칫 분열로 비추어질 수 있으며, 이로 인해 내부의 모순보다는 외부의 적에 신경을 쓸 수밖에 없는 분위기가 북한뿐만 아니라 우리사회 내에도 그대로 남아 있는 것이다.

드물다. 미국 독립전쟁 당시 각 주들의 연합이나, 남북전쟁 당시 남부연합(Confederate States of America)의 예에서 보는 바와 같이, '국가연합'은 둘 중 하나이다. 하나의 국가에서 갈라지기 직전이든지, 아니면 한 국가로 통합되기 직전이든지 어느 것이든 과도기를 상징한다.

요즘은 그 영향력이 다소 약해졌다고는 하지만 한국사회 내에서 중요한 정치적 시점마다 '북풍(北風)' 논쟁이 발생하거나, 북한이 내부 결속이 필요할 때마다 "미제와 그 추종자들의 압살정책"에 대한 단호한 대응을 강조하는 것은 바로 이러한 사회적 분위기를 활용한 것이다. 남과 북 간의 단절로 인한 소통의 부재, 그리고 상대방에 대한 정보의 부재는 이러한 여건을 정치지도자들이 악용할 경우 딱히 이에 반박하기 힘든 구조적 제약을 제공하기도 한다.

2. 진영논리의 형성

남북 양측 주민들 간의 심리적 분단이 정치지도자들에게 악용되는 관행이 축적되면서, 심리적 분단은 이제 남북한을 넘어 한국사회 내부로까지 확산되었다. '진영(陣營)논리'의 형성이 그 대표적인 사례이다. 분단체제 속에서 상대방을 공존하기 힘든 '궁극의 적'으로 간주하는 경향은, 우리사회 내에서도 대북·통일정책과 관련하여 자신과는 다른 견해를 제시하는 측을 나와는 다른, 이질적인 요소로 간주하는 심리를 강화하였다. 이러한 진영논리에 의하면 이 대립에서 패하는 순간 자기의 존재가 위협받을 것이라는 우려를 가져온다. 통일담론에 있어서도 건전한 의견의 수렴이나 소통보다는 상대방을 압도하고 내 진영의 견해를 강요하는 것이 더 유리한 생존의 방안으로 생각된다.

이는 선거과정에도 그대로 반영된다. 어떠한 수단(유언비어, 흑색선전, 선거개입)을 동원하든 반드시 이겨야 하는 추악한 싸움의 구도가 형성된다. 이러한 "모 아니면 도"의 진영논리가 불복의 문화를 고착화했다는 것이다. 선거에서 '우리 편'이 지는 순간 유일한 희망은 다음 선거를 바라보는 것이다. 아니면 '부정선거', '개표조작'과 같은 용어들을 동원하여 새로이 탄생한 '상대 편' 정부의 정통성을 근본적으로 부인하는 심리를 증폭시킨다. 이긴 '상대 편'이 어떤 정책을 펴든 이를 수용하기가 힘들어지고, 그들의 정책이 성공하기보다는(그게 우리 편의 이익이 될 수 있다고 하더라도) 좌절되기를 은근히 바란다. 계기만 있으면 이를 공박하고 반대해야 심리적으로 안정이 된다. 이게 심해지면 선거에 의해 당선된 정치 지도자 자체도 인정하기가 싫어진다. 우리 진영에서 싫어하기에 어떠한 비속한 언어를 동원해 조롱해도 내 마음 속에서는 정당화된다. 이는 어떤 면에서는 정치 지도자에 공격을 넘어 정신적 자기비하에 다름 아니다. 진영의 논리에 중독되면 상대방의 시각을 입장을 도저히 받아들일 수 없기에 대화가 단절되고, 소통이 부재한 상태에서 서로 내가 옳다는 아집이 사회를 지배하게 된다.

3. 이념적 스펙트럼의 왜곡

분단체제는 한국사회 내의 이념적 스펙트럼을 왜곡시키는 데에도 작용하였다. 흔히 한 사회 내에서 좌파나 우파를 따지는 기준은 하나가 아니다. 다원화되고 복잡성이 심화된 사회일수록 더더욱 그렇다. 그 기준은 경제적 분배의 문제일 수도 있고, 낙태나 동성연애 등 주요 사회적 이슈에 대한 태도일 수도 있다. 그러나 한국사회에서는 분단체제가 이러한 이념적 스펙트럼의 분류기준 자체를 왜곡시켜버렸다. 분단체제 내의 '적' 즉 북한에 대한 태도가 우리사회에서는 좌·우를 분류하는 압도적인 기준으로 정착되어버린 것이다. 이로 인해 경제나 사회적 측면에서는 좌파적 정책을 지지해야 할 (아니 일반적으로 보면 그게 당연한) 계층에 속하는 사람들이 우파적 정책을 지지하는 경우도 생겨난다. 문제는 이게 안보나 대북정책에만 국한되는 것이 아니라 그의 나머지 이념적 성향 자체도 변모시킨다는 것이다. 즉, 안보에 대해 더욱 중점을 두고 북한을 강경하게 다루어야 한다는 의식을 지닌 사람들이 여타의 사회·경제적 정책에 대해서도 자기 이익에 따른 선택을 포기하고 진영의 논리에 귀속해 버리는 경우가 생겨나는 왜곡현상이 발생한다. 즉, 대북·통일 정책을 놓고 한 진영에 속한다는 사실이, 그 진영 내 구성원들의 여타 분야에 대한 심리적 착시(혹은 부인)를 가져와 그의 선택권

자체를 제약하는 웃지 못 할 일이 벌어지는 것이다.

예를 들어 보자. 매번 남북한 관계와 관련된 강의를 할 때마다 필자가 제일 먼저 하는 일은 수강생들에게 "자신이 어떤 이념 성향을 가지고 있다고 생각하는가"를 물어보는 일이다. 어떤 수업의 수강생들에게 "스스로 보수적이라고 생각하는 사람은 손을 들어보라"고 이야기했다고 치자. 대략 반정도 혹은 그 이상의 학생들이 손을 든다. 이 중 "사회복지 등의 분배중심형 경제정책을 위해 정부가 더 큰 역할과 기능을 가져야 한다고 보는 사람", "사형폐지론 등 형벌 중심주의적 관행에 변화가 있어야 한다고 보는 사람", "국가 간 무역에 있어서 신자유주의적 흐름의 폐단을 예방할 수 있는 안전 장치가 있어야 한다고 보는 사람", "체제에 심각한 위협을 주는 것이 아니라면 공산당까지도 이론상 용인해야 한다고 보는 사람" 등의 질문을 순차적으로 하면 애초에 손을 들었던 학생들 중에 그대로 남은 사람은 거의 없다. 이들은 왜 최초 자신들을 '보수적'이라고 생각했을까? "북한을 어떻게 대하는가"가 그의 1차적 판단기준으로 심어져 있기 때문이다. 다양한 판단기준을 생략하거나 무시하고 분단체제에서 상대방에 대한 태도(그것도 60여 년을 바뀌지 않은 전통적 태도)만을 고려하는 습관이 젊은 세대들에게까지 그대로 이어지고 있는 것이다.[20]

4. 다양성의 저해

정치적으로 분단체제에서의 심리적 불신을 활용하고자 하는 정치지도자

---

20) 이러한 예들은 다른 데에서도 얼마든지 찾아볼 수 있다. 예를 들어 부의 공평분배나 사회복지의 증대에 보다 관심을 가져야 할 사회적 약자들이 이른바 '보수 정치세력'의 극렬한 지지자가 되는 경우를 심심치 않게 볼 수 있다. 북한에 대한 관심 그리고 북한을 거칠게 다룰 수 있다면 나머지 가치도 보수적으로 동일시해 버리는 정치성향의 착시(錯視)현상 때문이다. 반면, 배경이나 여건상 상당히 보수적인 가치를 가지고 있음에도 '진보'로 분류되는 사람들의 경우도 심심찮게 찾아볼 수 있는데, 이 역시 대북정책에 대한 태도를 그의 이념적 준거의 원천으로 삼기 때문이다.

의 의지가 진영논리, 그리고 이념적 스펙트럼의 왜곡과 결합되면 이는 결국 다양성의 저해로 연결된다. 즉, 사회적으로 다양한 담론의 형성에 제약된 가운데 뻔한 양 극단(極端)의 대안 가운데에서 선택을 강요받게 되는 현상이 발생한다. 이러한 다양성의 견해는 단순한 담론의 제약에만 그치는 것이 아니라 특정 이념적 스펙트럼을 추종하는 정치세력의 탄생이나 존재 자체를 부인하게 되는 현상으로 나타난다. 다시 말해 그 사회의 정치적 스펙트럼 자체가 극히 제약되는 결과가 형성되는 것이다.

한번 돌아보자. 한국사회에서 가장 진보적이라고 할 수 있는 세력들을 한번 북한의 정치체제 속에 대입해 보자. 그들의 평소 주장, 그리고 어떤 면에서 사회가 보는 '종북'의 이미지와는 달리, 현실정치에서 그들이 북한 내에 존재한다면 그들은 '인민의 적'으로 당장 처단되어야 할 인물들이다.21) 반면, 북한 내에서 개혁을 추구하는 어떤 세력이 존재한다면(그 일단을 북한 이탈주민들에게서도 볼 수 있다), 아마 그들이 한국사회 내에 나타난다면 왠지 생경하고 비민주적으로 여겨질 것이다. 남북한 양측 모두 정치적 스펙트럼이 제약된 데에서 비롯되는 문제이다. 정치적 스펙트럼의 협소화는 결국 이 스펙트럼 안에 제도적으로 흡수되지 못 하는 극단주의자들의 불만과 연결된다. 이는 더 불안하고 더 통합성이 결여된 사회를 의미한다.22)

5. 불완전한 민주주의, 분단체제의 심화라는 악순환의 지속

정부와 시민사회 간의 건전한 견제와 소통, 사회적 다양성의 인정이라는

---

21) 일단 필요하다면 최고지도자까지도 조롱하고 논박할 수 있는 그들의 성향상, 그들은 아무리 자신들이 평소 북한의 특수성을 이해한다고 천명했더라도, 북한의 '수령제'하에서는 극히 위험한 '잠재적 반동'에 불과하다.

22) 아직 인터넷이나 SNS 공간에 불과하지만, 기존의 오프라인 사회의 관행을 훨씬 뛰어넘는 좌·우의 극단주의 세력들이 왜 존재감을 과시한다고 생각하는가? 현실사회에서 이들이 용인되고 활동할 공간이 없기 때문이다.

민주주의적 가치의 측면에서 그렇기에 분단체제는 한국사회 내에서 민주주의 완성을 저해하는 가장 큰 요인으로 작용해 왔다고 할 수 있다. 외형적인 민주적 제도의 성숙에도 불구하고 한국사회 내에서 소수파에 대한 배려의 부족이나, 사회적 통합 메커니즘이 성숙하지 못한 이유는 바로 분단체제에 의해 초래된 진영논리와 제한된 다원주의에서 찾을 수 있다. 물론 이의 상당 부분 책임은 과거 이를 자신들의 정치적 목적을 위해 악용하였던 정치지도자들의 몫이다. 그러나 이들 자체도 이제는 더 이상 자신들이 만들어 놓은 사회적 구도로부터 자유로울 수 없다. 사회가 진영논리에 의해 지배될수록 정치 지도자들 역시 진영을 뛰어넘는 선택(때로는 이것이 국정운영에 분명히 유리한데도)을 하기가 어려워진다. 자신의 정치적 입지를 생각할 때에는 더더욱 그렇다. 기존지지 세력으로부터의 지원을 상실하는 순간 정치적 생존 자체가 위협받을 수 있기 때문이다.

이러한 면에서, 정치 지도자들 역시 자신들이 활용해 온 분단체제로부터 완전히 자유롭지는 못한 모순적인 현상이 발생한다. 결국 그들은 분단체제를 뛰어넘기보다는 그에 편승하는 제한적 선택만을 할 수밖에 없으며, 이는 민주화의 저해라는 부정적 결과로 다시 환류된다.

IV. 분단체제의 극복을 위한 주요 쟁점들

그러기에 위에서 이야기된 악순환을 뛰어넘어 분단체제를 극복하는 것은 결국 한국사회 나아가 남북한 모두의 민주주의 성숙을 위한 핵심적 과제이기도 하다. 분단체제의 해체 자체보다는 이의 극복을 지향하는 과정에서 우리가 지향하는 건실한 민주주의가 달성될 수 있다는 점이 더 중요한 것이다. 이러한 점에서 우선 한국사회 내에서부터 관심을 가지고 접근해야 할 쟁점들은 다음과 같다.

1. 시민사회의 진화: 서로 다른 의견에 대한 '똘레랑스'[23]의 강화

분단체제의 극복을 위해 가장 먼저 필요한 것은 한국 시민사회의 변화이다. 즉, 서로 다른 이념이나 담론에 대한 소통과 통합을 활성화하기 위한 메커니즘이 시민사회 내에서 먼저 강화되고, 다양한 입장에 대한 수용성이 높아져야 분단체제의 극복과 민주화의 성숙을 위한 기반이 확대될 수 있다. 이는 말처럼 쉬운 일은 아니다. 무엇보다 자신과 다른 의견에 동의하지는 않더라도 이에 대해 귀를 기울이거나, 아니면 최소한 그 존재를 수용하기라도 하는 '똘레랑스(tolérance)'가 강화되어야 한다. 이를 바탕으로 분단체제 내에서 상대방(이는 북한일 수도 있고 다른 견해를 가진 사회 내의 구성원일수도 있다)에 대한 정보가 왜곡되거나 과장·축소되는 사태를 방지하기 위한 필터링(자정) 능력이 생겨날 수 있다.

'똘레랑스'의 강화는 진영논리에 집착하는 이들이 "자기만의 시장"에 매달리는 것을 방지하는 데에도 유용하다. 그동안 분단체제와 진영논리는 이 속에서 양 극단의 주장에 기생하는 세력들을 양산해 왔다. 분단체제 속에서 좌와 우 공히 자기들의 고정적인 시장(市場)을 발전시켜 왔다.[24] 즉, 정권의 교체와는 관계없이 그대로 극단적인 주장을 펴면 생존할 수 있는 여지가 아무리 소수파로도 일정 부분 존재한다는 것이다. 이러한 여건하에서 그들의 최선의 생존전략은 그 시장의 편협한 고객에 호소하는 것이다. 이들은

---

23) 흔히 '용인', '관용'으로 번역될 수 있는 이 용어는 바로 "자신과 다른 것에 대한 수용" 이다. 이 똘레랑스를 위해서 자신과 다른 의견들을 억지로 받아들이거나 자신을 변화 시킬 필요는 없다. 단지 그것이 실제하고 있다는 사실 자체를 받아들이는 것만으로도 훨씬 편안한 이질적 요소와의 공존이 가능하다.

24) 이것은 선거와 같은 정치적 시장뿐만 아니라, 학문적 담론의 시장이나 출판과 같은 지식의 시장 공히 적용될 수 있는 사실이다. 예를 들어 특정 정치이념을 지지하는 사람들은 자기가 좋아하는 책과 주장만을 편식하는 경향이 있다. 투표 행태에서도 마찬가지이다. 이게 고정되면 진영 간 통합을 강조하는 세력보다는 차별화나 대립을 선호하는 세력들이 더 득세할 수 있다. 다른 시장에 호소하여 위험을 감수하기보다는 고정적 시장에서 생존을 모색하기 때문이다. 정당에서 유난히 '선명성'을 강조하는 인사들 역시 이러한 시장의 주요 수혜자인 셈이다.

분단체제의 극복이나 다양한 의견의 수렴을 통한 자기 변신보다는 비록 소수라고 하더라도 자기만의 시장을 형성하는 것이 생존에 훨씬 유리하다는 유혹을 떨쳐버리기 힘들며, 그렇기에 여론을 통합하려 하기보다는 분열된 여론에 안주하려 한다. 이러한 면에서 그동안 소통에 눈을 돌린 정부의 독주와 극단주의적 반대세력들은 서로 자기 시장을 강화하는 미필적 정치적 공생관계에 있어 왔다. 이 악순환을 깨어야 분단체제 극복도, 민주주의의 완성도 가능하다.

2. 북한의 변화 가능성과 남북한 모두의 민주주의 강화

최소한 현재까지는 그 가능성이 멀게 느껴지지만, 북한의 변화 더 직설적으로는 민주화를 유도하기 위한 노력 역시 강화되어야 한다. 남북한이 심리적으로 분단된 상황이 극복되고 결국 물리적 재통합을 이루기 위해서는, 한국 자체의 발전뿐 아니라 북한이 변화하는 것이 필연적이기 때문이다. 북한의 긍정적 변화는 결국 특정세력이 분단체제를 정치적으로 활용하려고 하는 유혹 자체를 차단할 수도 있다는 점에서 유용하다.

많은 사람들이 북한정권의 이해할 수 없는 행태와 억압적인 1인 독재체제에도 불구하고 왜 북한 내에서 아무런 인민들의 반발이나 조직적인 반체제 운동이 현실화되지 않는가를 궁금해 한다. 북한 인민들의 민주정치와 시장경제에 대한 경험의 부재, 북한 당국의 억압통치가 발휘하는 나름의 효율성에서도 원인을 찾을 수 있겠지만, 이것은 경제이론의 하나인 '전망이론(prospect theory)'을 빌려 해석이 가능하다.[25] 북한주민들로서는 조직적 저항으로 김정일 혹은 김정은을 축출하려고 할 경우, 그 다음에 오는 체제에

---

25) 행위자들이 어떤 선택을 할 때, 그들은 기대되는 이익보다는 예상되는 손해에 더 민감하게 반응한다는, 즉 변화를 통해 얻어지는 이익보다는 불확실성으로 인한 두려움을 더 크게 인식한다는 것이 이 이론의 핵심 논거의 하나이다.

서의 더 큰 상실을 우려하기에(또는 우려했기에) 행동에 나서지 않는다는 설명이 가능한 것이다. 사실, 이런 설명은 전망이론뿐만 아니라 다수의 혁명 (revolution) 관련 이론을 통해서도 가능하다. 많은 낙후되고 발전되지 못한 사회에서 혁명이 일어나지 않는 원인은 혁명의 다양한 전제조건을 충분히 충족하기 못하기 때문이다. 혁명은 불만과 좌절이 있다고 해서 무조건 일어나는 것이 아니다. 혁명 이후의 세상에 대한 체계화된 비전이 존재해야 하고, 이런 비전을 현실화할 수 있을 것이란 믿음을 주는 세력이 있어야 한다. 여기에 기존의 지배층으로부터의 이탈세력이 이에 동조함으로써 위로부터의 억압효과를 경감하는 동시에 민중의 참여를 가속화한다. 다시 말해, 북한에서 혁명과 같은 정치변동이 일어나지 않는 이유는 이러한 비전과 비전을 조직화할 세력이 존재하지 않기 때문이다.

예를 들어보자. 북한은 이미 1996년~1998년간 '고난의 행군'을 경험했다. '고난의 행군'에서 북한이 생존한 가장 큰 이유는 북한 정권이 뛰어나서도, 변화해서도도 아니었다. 북한주민들이 북한 정권에 기대하는 바가 크지 않았고, 김정일 정권이 딱 이만큼만 반응해 주었기 때문이다. 즉, 주민들이 자기가 알아서 식량을 구하러 다닐 수 있게 여행증제도를 사실상 유명무실화했고, 사설시장을 일부 묵인했다. 즉, 정권이 극도로 무능한 상태에서 주민들은 "아무것도 하지 않는 정부"가 "제대로 못하면서 뭔가를 하려 하는 정부"보다는 더 편할 수 있다. 이 상황에서 누군가가 북한 내에서 기존 정권에 저항하는 조직적 운동을 시작했다고 해 보자. 북한주민들은 기존 정권이 무너진 후 도래할 수 있는 다양한 세상을 계산해 볼 것이다. 그런데 만약 그 정권이 지금보다 더 무능하고 더 억압적이라면? 이걸 걱정하는 순간 북한주민들은 수동적이 된다. 그동안 얻어낸 불가피한 운신의 폭도 제약하는 새로운 정권이 창출될 수도 있기 때문이다. 또, 어떤 주민들의 경우 경제력이 조금 더 나아지는 대신 이미 경험한 조그마한 자유가 훼손되는 것을 더 싫어할 수도 있다.

물론, 북한체제의 필연적 변동을 주장하는 데 사용되는 이론들도 있다. 이 중 과거 자주 인용되었던 것이 데이비스(James Davis)의 '제이커브(J-

〈그림 1〉 제임스 데이비스의 제이커브 이론

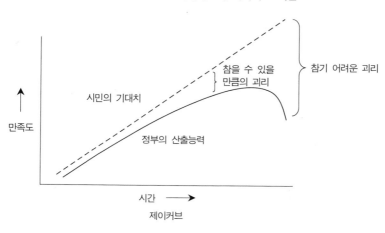

curve) 이론'이었다. 저개발(低開發)된 사회의 일정 단계에서는 정부의 산출
능력과 국민의 기대치 사이에 괴리가 발생하고, 이것이 결국은 혁명 등의
커다란 정치변동과 사회의 전환을 초래한다는 것이다.26) 이 제이커브는 앞
의 이론과는 달리 "정권에 대해 별 기대를 하지 않는" 주민들보다 "정권에
대해 점점 더 많은 기대를 하는" 주민들이 많아짐으로써 성립한다. 즉, 정부
가 점점 더 많은 것을 내게 줄 것이고 또 줄 것이라는 기대를 하는 주민들은
그 기대를 기존의 정권이 저버릴 때, 이 이상의 최악의 정권은 있을 수 없다
는 판단하에 혁명에 동참할 수도 있다.

　얼핏 대립되는 듯한 이 두 이론은 사실 서로 연결되어 있다. 대상으로
하는 체제가 틀리기 때문이다. '전망이론'을 전체주의나 권위주의체제에 적
용할 경우, 그 대상이 되는 체제나 사회는 절대적 빈곤이나 저개발이 지속된

---

26) 민중의 기대치는 일정한 직선을 형성하는 반면, 정부의 산출능력은 어느 선 이상에서
　　는 비례적으로 늘어나지 않는다. 즉, J-curve를 그리게 되며, 이 변곡점, 즉 주민들이
　　자신의 괴리에 부응하지 못하는 정부의 무능을 더 이상 참아 넘기기 힘들 때 혁명의
　　동력이 생성된다.

(그래서 국민들이 빈곤에 대한 좌절 이상으로, 더 큰 나락으로 떨어질까를 걱정하는) 곳인 경우가 많고, '제이커브 이론'은 극단적 빈곤을 경험한 이후 어느 정도의 산업화가 진행되는 체제에서 발생한다.

따라서 북한체제에 대해 어떤 이론을 적용하는 것이 타당한가는 현재의 북한체제가 어느 상태에 있는가를 먼저 진단해야 한다. 북한체제가 전혀 변하지 않는, 좀 있으면 붕괴될 것이 뻔한 사회라고 본다면, 과연 북한인민들이 어느 시점에서 더 나쁜 사회로의 전락을 걱정하지 않고, 김일성 일가에 저항할 것인가가 주요 관건이다. 그러나 북한이 제한적이든 아니든 나름의 발전전략을 시도하고 있는 곳이라면 제이커브의 도래를 기대해 볼 수 있다.

문제는, 북한을 다루는 데 있어 과연 이러한 인식과 전략이 합치되는 접근을 우리가 취하고 있는가이다. 만일 북한사회를 변화가 난망한 존재로 본다면, 가장 최적의 전략은 봉쇄를 기반으로 북한주민들에 대한 끊임없는 심리전을 전개하는 것이다. 다만 이것이 그동안의 전례에 비추어 아주 장기적으로 진행될 수밖에 없다는 것도 염두에 두어야 한다. 여기서 북한주민들에게 강조해야 할 것은 먹고 살기도 어려운 현실에서 그 모습 자체도 제대로 그리기 어려운 통일비전을 설파하는 것이 아니라, 이미 북한 정권이 몰락의 길로 들어선 상태라는 사실을 아주 꾸준하게(시간을 가지고) 설득하여야 한다.

반면 북한이 나름의 개혁/개방을 취하고 있다고 본다면, 오히려 이를 우회적으로 지원하는 것이 제이커브 시점을 촉진하는 방안이 될 수 있다. 즉, 다소 불만족스럽고 자기 진영에서 반대의견이 나올 수 있더라도 교류협력 활성화를 통해, 북한정권이 변화하는 추세에 순응할 수밖에 없도록 만들어야 한다.

우리는 과연 이러한 인식과 전략상의 합치성을 이루고 있을까? 과거 제이커브 이론을 북한에 접목하고자 했던 수많은 분석들의 오류는 북한을 철저한 저개발체제로 보면서도 이러한 상태에서 주민의 불만의 상승이 이루어질 것이라고 기대했다는 점이다. 어떤 정책을 북한에 대해 구사하는가는 특정 행정부마다 다르며, 그건 해당 정부 지도층의 고유한 임무이자 권한이다. 단, 항상 조심해야 할 것은 외형에 신경쓰느라, 지지층에 좌고우면(左顧右

眄)하느라 논리적 자가당착을 범해서는 안 된다는 것이다.

3. 정보화 사회의 도래와 분단체제의 극복

우리가 또 하나 관심을 가져야 할 점은 21세기에 들어서 뚜렷해지고 있는 추세, 즉 정보화 세계의 도래가 남북한 모두에 있어 분단체제의 극복을 위한 동력을 강화할 수 있다는 사실이다. '정보화(Informationization)'에 의해 상호간 소통 속도나 범위가 과거와는 비교할 수 없이 비약적으로 진보한 21세기는 서로 다른 의견들을 인식·수용·통합할 수 있는 여건을 강화하고 있다. 이러한 시대는 결국 다양한 담론과 관련정보를 확산할 수 있는 체제를 구축하게 될 것이며, 어쩌면 권력관계 자체를 변화시킬 수도 있다.

아마 정보화시대에 들어서면서 가장 특징적인 것 중의 하나가 '온라인 권력(On-line Political Power)'일 것이다. 즉, 온라인의 각종 SNS(Social Network Service)나 블로그, 홈페이지 등을 통해 대중의 관심을 얻는 계층들이 새로운 여론주도층으로 떠오르기 시작한 거다. 아마 이 점은 미래사회에서 정보를 가진 자가 권력에 더 가깝게 된다는 앨빈 토플러(Alvin Toffler)의 『권력이동(*Power Shift*)』에서도 지적된 바다. 다만, 토플러는 이 정보를 가진 자를 주로 정보생산자 쪽에 국한시킨 오류가 있다. 오늘날 온라인 권력은 정보의 생산뿐만 아니라 유통과 전파자들에 의해서도 창출된다. 즉, 파워 블로거나 파워트위터리언들은 정보를 생산하는 것이 아니라, 엄밀히 이야기하면 정보를 유통하고 전파하는 역할에 의해 더 큰 힘을 얻게 되는 것이다.

아직은 온라인 권력과 오프라인 권력, 즉 현실권력과 인터넷 권력은 분명히 괴리되어 있다. 만약 현실세계에서 한 지역구에서 10만 명 정도를 동원할 수 있는 유력자가 있다면 그는 직접 국회의원과 같은 공직에 출마하거나, 혹은 그를 돕는 대단히 유망한 정치참모로서의 입지를 다질 수 있을 것이다. 그러나 온라인에서 10만의 팔로워를 끌고 다니는 인물이 있다고 해도 그를 현실세계에서 대단한 권력자로 추앙하지는 않을 것이다.

분명한 것은 정보화 사회가 진행됨에 따라 온라인 권력과 오프라인 권력의 괴리는 점차 줄어들 것이란 점이다. 만약 미래 투표 행위가 온라인 선거와 같은(물론, 보안상의 위험 등 여러 가지 장애를 여전히 극복해야 한다) 형태로 혁신적으로 변화한다면 온라인 권력자는 점차 오프라인에서도 실질적 권력을 얻게 될 것이다. 다만, 여기에는 전제가 있다. 이 온라인 권력이 합리적이고 불편부당한 정보의 중개자 혹은 해석자라는 신뢰를 얻는 일이다. 오프라인 이상으로 도덕성과 자제력, 그리고 합리성을 갖춘 온라인에서의 새로운 신탁(神託) 해석자가 많아질수록 그 사회가 정보화 시대에 가지는 강점은 점점 더 늘어날 것이다.

이러한 점에서 한국사회에서의 정치 분야에서의 정보화의 진행은 미래에는 북한사회의 민주화를 위해 활용될 수도 있으며, 정보화를 통한 소통체제의 확대가 북한의 변화로 이어질 수도 있다. 즉, 정보화가 분단체제 극복에 긍정적 영향을 미칠 가능성에 대한 관심과 함께, 관련 대안의 발전 역시 모색되어야 한다.

V. 미래의 가능성을 향한 민주적 지도자의 덕목

이미 지적한 바와 같이, 분단체제 혹은 분단의식의 극복은 그 자체로도 의미가 있지만, 한국사회 민주주의의 완성이라는 점에서도 대단히 중요한 관건이다. 이를 위해 시민사회 차원에서도 끊임없는 가능성의 타진과 소통의 노력이 있어야 하겠지만, 적어도 '민주주의'라는 가치의 실현을 지향하는 지도자라면 다음과 같은 덕목에 더욱 충실할 필요가 있다.

첫째, 한국사회 내의 진영논리의 해체에서부터 출발하여 남북한 간의 정신적 분단 상태를 극복하고, 궁극적으로는 물리적 분단을 해소할 종합적 전략을 발전시켜야 한다. 이것 자체가 임기 내의 대북·통일 정책의 단기적

성과나 외형적 수사(修辭)보다 훨씬 중요하다.

둘째, 사회 내의 이질적 담론들과 견해들을 통합하고 수렴해 나갈 메커니즘들을 활성화해 나가야 한다. 정부 차원의 일방적인 홍보나 선전보다는 시민사회와의 소통을 강화해 나가야 하며, 건전한 시민사회의 역량을 축적하는 데에도 지원을 아끼지 않아야 한다(이것이 궁극적으로는 리더십 차원에서도 도움이 된다).

셋째, 소통의 자세 역시 일방적인 '계몽'의 차원이 아니라 쌍방향적인 '영향'을 염두에 둔 방향으로 변화해야 한다. 이를 통해 시민사회를 '설득'하려 하기보다는 그들과 '공감'하기 위해 노력해야 한다. 지연이나 학연, 세대에 기초를 둔 전통적 지지 세력의 반발을 감수하면서도 이러한 소통이 가능할 때, 그는 비로소 진정한 '통치'를 할 수 있다. 분단체제와 진영논리의 편안함에 안주하면 어떤 지도자든 '정쟁'을 할 수는 있지만 '정치'를 할 수는 없으며, 분단의 극복을 표방할 수는 있겠지만 실현할 수는 없다.

넷째, 분단체제의 극복은 다원성의 강화에서 이루어진다. 나와 다른 의견을 얼마만큼 인정하고 또 때로는 그로부터 아이디어를 얻어낸 제3의 대안을 창조해 낼 수 있어야 한다. 이렇게 해서 생긴 다원성은 결국 북한의 집착하는 경직된 체제에 비해 훨씬 우월한 위치를 보장하며, 분단극복 논의에 있어서도 주도성이 생긴다.

다섯째, 자신들이 분단체제 극복 혹은 통일의 대안으로 제시한 공약(매니페스토)들에 대한 자가진단의 장치들을 확보해야 한다. 이는 자기 자신의 업적의 축적이라는 면뿐만 아니라 시민사회의 제도적 모니터링 기회의 제공이라는 측면에서 이루어져야 한다. 즉, 분단체제의 극복과 관련된 공약 또는 정책대안의 실현과 관련된 많은 정보를 공유할 수 있는 체제를 구축해야 한다.

제2부

사회와 민주주의

종교와 민주주의

손봉호

I. 머리말

2012년 조사에 의하면 전 세계에는 약 4,200개의 종교가 있고 전 세계 인구의 59%가 종교인, 36%가 비종교인이라 한다. 자연과학이 지나치다싶게 발달하고 그로 말미암아 문화가 전반적으로 세속화되었기 때문에 그 세력은 많이 약화되었으나 종교는 아직도 무시할 수 없는 세력으로 남아 있다. 수많은 사람의 삶에 직접, 간접으로 영향을 미치고 있는 종교의 현실 속에서 특히, 이슬람 국가들의 경우는 그 영향이 절대적일 수 있다. 아직도 전 세계에서 일어나는 전쟁과 갈등의 상당 부분에는 종교가 배후로 작용하고 있다.

아시아에서 유교적 전통을 가진 중국, 한국, 대만, 홍콩, 싱가포르가 상대적으로 경제적 발전을 누리고 있고 베트남도 급속히 성장하고 있다는 사실도 주목할 만하다. 비교적 가난한 미얀마가 세계에서 두 번째로 기부를 많이 한다는 사실과 경제적으로 그렇게 윤택하지 않은 부탄이 행복감에서 세계에서 8번째란 사실도 종교의 영향을 제외하고는 설명할 수 없다. 〈TIMES〉는 미국의 탈세율이 상대적으로 낮은 것은 미국이 매우 종교적인 국가이기 때문이라 했다.

민주주의는 여러 가지 약점에도 불구하고 인류가 개발한 정치제도 가운데는 가장 우수한 것이고 그 사실은 인류의 절대다수가 인정하고 있으며 대부분의 국가가 민주주의를 이상으로 추구하고 있다. 세계에서 가장 독재적이라고 알려진 북한도 국가 명칭에 "민주"란 단어가 들어 있는 것을 보면 민주주의는 그 자체로 옳고 좋은 것으로 전 인류의 마음에 자리 잡은 것 같다.

물론 민주주의도 하나의 이념(ideology)이 될 수 있다. 어떤 정치이론이 절대성을 가진 신념으로 변질되면 이념이 된다. 민주화를 위하여 목숨을 바치는 사람이 있는데 그런 사람에게는 민주주의가 종교 못지않게 절대적인 가치로 작용한 것이다. 그런데도 아직도 민주주의가 교조적인 이념이 되고 있다고 걱정하는 사람은 없다. 적어도 지금까지는 그 폐해가 그렇게 심각한 것으로 나타나지 않았기 때문일 것이다.

문화 세속화로 종교인보다 민주주의 신봉자가 더 많고 민주주의에 대한 신임 정도도 경우에 따라서는 종교에 대한 것보다 더 크다 할 수 있다. 그런 점에서 민주주의와 종교의 관계는 두 신념 간의 관계라 할 수도 있다.

II. 종교와 민주주의는 상호배타적인가?

종교와 민주주의는 원칙적으로 배타적인 관계에 있는 것 같이 보인다. 민주주의는 원칙적으로 인본주의(人本主義, humanism)에 근거해 있다. 우리 헌법 1조는 "대한민국의 주권은 국민에게 있고, 모든 권력은 국민으로부터 나온다"로 되어 있고, 다른 민주주의 국가의 헌법도 크게 다르지 않다.

그런데 모든 종교는 인간이 의지하고 순종하지 않으면 안 되는 절대적인 존재를 전제한다. 따라서 모든 주권과 권력은 원칙적으로 그 절대자에게서 나온다고 믿는다.

실제로 보수적인 이슬람 국가들에서는 진정한 민주주의의 실현이 매우 어렵다. 카스트(caste) 제도를 정당화하는 힌두교도 모든 개인의 평등을 원칙으로 하는 민주주의와 공존하기가 어렵다. 그 연장선에서 카르마(karma)를 믿는 불교, 자이교(Jainism), 시크교(Sikhism), 도교(道敎), 신도(Shintoism)도 민주주의의 근본이념을 전적으로 수용하는 것이 불가능하다.

종교가 인간의 자의적인 통제를 벗어난 힘, 존재, 체계를 전제로 하고 그것을 믿으며 숭배하고 그것에 의하여 삶의 의미, 가치, 행동규범이 결정되거나 결정적인 영향력을 받는다는 점에서 그 자체로 인간의 가치를 절대적인 것으로 보는 인본주의(humanism)와 병행될 수 없는 것은 사실이다. 민주주의가 개개인의 가치와 권리를 거의 절대적인 것이라고 전제한다는 점에서 종교와 민주주의는 원칙적으로 상반관계에 있다는 사실은 부인하기 어렵다.

그러나 인본주의를 전제로 하면 자동적으로 민주주의적이 되는가? 민주주의는 인본주의적이지만 모든 인본주의는 자동적으로 민주주의적이라 할 수는 없다. 역사상 이론적으로 인본주의를 가장 강조한 것은 공산주의였다. 마르크스는 공산주의는 곧 인본주의(Kommunismus＝Humanismus)라고 주장한 바 있다. 그리고 공산주의는 인본주의며 무신론이었기 때문에 철저히 반종교적이 될 수밖에 없다. 마르크스에 의하면 종교야말로 "거짓 의식," 즉 그가 말하는 "이념"의 전형이며, 악의를 가진 "민중의 아편" 이상 아무것도 아니다. 그런데도 불구하고 역사적으로 구현된 공산주의는 가장 비민주적이었다.

놀랍게도 또 다른 무신론자 니체(F. Nietzsche)도 철저히 반민주적이었다. "망치를 가진 철학자"로 알려진 그가 파괴해야 한다고 주장한 것들(윤리, 사회주의, 여성, 지성, 비관주의, 기독교, 그리고 민주주의) 가운데 하나가 민주주의였다.

그런데 변증법적 유물론과 니체가 다 무신론이면서도 철저히 비민주적이었던 것은 과연 우연인가? 우연이 아닐 수도 있다. 모든 인간에게는 절대가 필요하다. "절대적인 것은 절대적으로 없다"는 발언도 '절대'를 전제한다. 절대적인 절대가 없으면 상대적인 것이 절대의 위치에 설 수밖에 없다. 신의 독재가 없으면 인간이 독재자가 될 위험이 있다. 종교적인 성격을 띤 이념으로 변질된 인본주의는 종교와 공존할 수 없을 뿐 아니라 실제로 민주주의에도 우호적이 아니다. 그러므로 인본주의라 하여 반드시 민주적이라 할 수 없고 인본주의가 아니면 민주적이 될 수 없다고도 할 수 없다. 특히 각 종교를 좀 더 구체적으로, 그리고 역사적으로 따져보면 그것은 더 확실해진다.

스스로 인본주의며 반종교적임을 강조한 공산주의는 실제로는 별로 민주주의적이지 않았던 반면, 신을 절대적인 존재로 믿는 기독교 전통에서 오히려 민주주의가 잘 발전했다. 그래서 종교와 민주주의는 단순하게 상반관계에 있다는 생각은 역사적으로 증명되지 않았다. 오히려 미국처럼 종교적이면서도 민주적인 사회가 가능한 반면, 구소련이나 북한처럼 종교를 극도로 배격하면서도 철저히 비민주적인 경우도 있었다. 일반적으로는 종교를 배격하거나 종교의 자유를 제한하는 구소련, 북한, 중국보다는 종교의 자유를 허용하는 사회가 더 민주적이라 할 수 있다. 종교의 자유는 민주주의 사회의 드러난 특징이면서 동시에 기본적인 조건처럼 인식되고 있다.

III. 개신교와 민주주의

역사적으로 보면 개신교가 민주주의 발전에 크게 공헌한 것은 부인하기 어렵다. 오늘날 민주주의가 가장 발달된 사회는 모두 기독교적 배경을 가지고 있다. 전 세계적으로 개신교가 지배하는 사회는 모두 민주적이고 다음으로 천주교 국가들(이탈리아, 스페인, 프랑스, 아일랜드, 벨기에와 남미 국가들)이다. 이들 사회는 "기독교적임에도 불구하고(in spite of)" 민주적이 되었는지, 아니면 "기독교적이었기 때문에(because of)" 민주주의가 발달했는지를 따져볼 필요가 있다. 아무래도 전자보다는 후자가 더 사실에 가깝다 해야 할 것이다.

경제적으로도 개신교인의 87%가 중진국 내지 선진국에 거주하는 것으로 되어 있다. 물론 일본, 인도, 한국, 대만처럼 개신교가 강하지 않은 나라에서도 민주주의가 실현되고 있지만 아직도 천황을 거의 신성시하는 일본은 시민사회가 존재한다 말하기 어렵고, 인도, 대만, 한국의 민주주의는 아직도 미숙하여 많은 진통을 겪고 있다. 개신교가 강하거나 개신교의 전통을 가진 나라들은 예외 없이 성숙한 민주주의를 누리고 있다. 물론 한국의 민주주의 발전도 개신교와 무관하지 않다. 독립운동, 민주화, 시민사회 운동에 개신교가 중요한 역할을 한 것을 부인할 수 없다. 1919년에 개인교인은 한국 인구의 2%에 불과했는데도 3.1운동을 주도한 33인 가운데 16명이 개신교인이었고, YMCA, YWCA, 흥사단, 기독교윤리실천운동, 경제정의실천시민연합 등 시민운동도 주로 개신교인들에 의하여 시작되었다.

역사적으로 개신교가 민주주의 발전에 공헌한 것 가운데는 적어도 다음의 두 가지 — 기본인권 사상, 반독재 사상 — 는 매우 중요하다.

1. 기본인권 사상

인권 사상이 처음으로 가장 구체적으로 표현된 것은 독일의 농민전쟁과 관련해서 1525년 스바비아(Swabia) 농민들이 요구한 〈12개 조항〉이었다고 한다. 그 제3조에 보면 "그리스도는 양치기이든 고위층이든 차별을 두지 않고 모두 그의 고귀한 피로 구속했기 때문에 농부들을 악한이라고 부르는 것은 개탄할 일"이라고 했고 4조에는 "우리의 주인이신 하나님이 사람을 창조하셨을 때 모든 인간에게 짐승, 공중의 새, 물속의 고기들을 지배할 능력을 주셨기 때문에 평민들은 짐승이나 새를 사냥하거나 고기를 잡을 권리가 없다고 하는 것은 성경의 가르침에 맞지 않는다"고 주장했다. 하나님께서 모든 사람에게 동등한 권리를 주셨고 그리스도께서 계급의 구별 없이 모든 사람을 구속하셨기 때문에 모든 사람은 기본 권리를 가지고 있다는 생각이 함축되어 있다.

윤리학자 매킨타이어(A. Macintyre)와 철학자 하버마스(J. Habermas)는 '기본인권' 사상은 유대교와 기독교의 가르침이 세속화된 것에 불과하다고 했고 1982년 이란의 유엔대사 사이드 라자디-코라사니(Said Rajadie-Khorassani)는 국제연합이 1948년 제정 선포한 〈보편인권선언〉은 '유대-기독교적 전통의 세속적 이해(a secular understanding of the Judeo-Christian tradition)'라고 비판했다. 1948년 UN이 보편인권선언을 제정 발표하는 것에 대해서 미국 문화인류학회(American Association of Anthropology)에서 그것은 서구적 사상이기 때문에 거기에 '보편'이란 말을 사용하는 것은 옳지 않다고 강력하게 반대하는 공문을 보낸 것은 특기할 만하다.

적어도 기독교에서는 모든 인간이 하나님의 형상(image of God)으로 지음을 받았다는 성경의 가르침을 인권사상과 평등사상의 근거로 제시한다. 그 형상이란 어떤 것인지에 대해서는 다양한 해석이 있지만, 그것이 인간을 다른 동물과 구별하게 하고 고귀하게 한다는 것에는 의견일치를 보이고 있다.

물론 다른 종교에서도 찾아볼 수 있지만 약자를 보호해야 한다는 정의는 성경이 매우 강조한다. 안식일 제도가 그 하나의 예다. 대부분의 기독교인들은 안식일은 하나님께서 6일간 우주를 창조하시고 일곱 째 되는 날에 쉬셨으므로 안식일에는 쉬어야 한다는 것만 알고 있다. 그러나 출애굽기에 기록된 십계명의 제4계명에는 자신들뿐 아니라 "남종이나 여종이나, 소나 나귀나, 입안에 머무는 이방인"이 모두 노동에서 하루를 쉬어야 한다고 되어 있다. 신명기 5장에는 안식일에 쉬라고 명령하면서 이스라엘 백성들이 이집트에서 종노릇했을 때를 기억하란 말이 첨가되어 있다. 즉 그들이 이집트에서 혹사를 당한 것을 기억하면서 다른 노동자를 혹사하지 말라는 것이다. 곡식, 포도, 올리브 등을 추수할 때 너무 철저히 거두지 말라는 명령도 있다. 나머지를 고아, 과부, 외국인들이 좀 주워갈 수 있도록 배려하란 것이다. 예수께서 잔치를 베풀 때는 가난한 자, 병든 자, 장애인을 초청하라고 명령

했다. 불행하게도 기독교 전통에서 항상 그렇게 철저히 준수되지는 못했더라도 성경이 반복해서 강력하게 명령하는 것은 약자를 보호하라는 것이다.

기독교의 정의는 기계적인 평등도 아니고 일반적인 원칙도 아니다. "고아와 과부"를 돌보는 것과 같이 구체적인 상황에서 약자를 보호하는 것이다. 오늘날 민주주의가 불가결하게 추구해야 하는 복지의 근본정신이라 할 수 있다.

민주주의가 고대 그리스에서 시작되었다는 것이 일반적으로 수용되는 정설이다. 도시국가의 중요한 사항을 통치자가 혼자서 결정하지 않고 시민들이 모여서 같이 논의한 것은 사실이고 그것은 민주주의의 기본적인 형식임에 틀림없다. 그러나 그런 결정에 참여할 수 있었던 사람들은 자유 시민에 국한되었다. 노예, 여자, 상인, 외국인은 배제되었다. 그런 것을 과연 민주주의라 할 수 있는가? 오늘날 그런 정치제도가 있다면 과연 그것을 민주주의라 부를 수 있겠는가? 다수가 모여서 같이 논의하고 결정하는 형식보다 더 기본적인 것은 모든 사람이 동등한 권리를 가지고 있다는 전제다. 그런 점에서 민주주의가 고대 그리스에서 시작되었다는 주장은 부분적으로만 사실이라 해야 할 것이다.

2. 반독재 사상

개신교는 '인간의 전적 부패'를 강조한다. 종교개혁자들은 가톨릭이 어느 정도 개인의 공로(merits)를 강조하는 것에 매우 비판적이었다. 사람이 구원을 받고 복을 받는 것은 그 자신의 공로가 아니라 "오직 은혜(sola gratia)" 때문이라고 가르친다. 모든 인간은 부패할 수 있다는 액튼의 경구, 즉 "모든 힘은 부패할 경향을 가지고 있고 절대적인 힘은 절대적으로 부패한다(All power tends to corrupt, and absolute power corrupts absolutely)"는 오히려 개신교의 정신을 반영한다. 액튼 자신은 가톨릭 신자였지만, 그 발언은 매우 개신교적이고 특히 철저히 칼뱅주의적이다.

16세기의 프랑스 종교개혁자인 칼뱅(Jean Calvin, 1509~64)은 전제군주 제도보다 귀족주의나 민주주의를 선호했는데 그 이유로, "왕들이 가장 정의롭고 옳은 것으로부터 벗어날 만큼 그들의 의지를 절제하는 일은 매우 드물고 어느 정도가 충분한지를 알만한 예민함과 지혜를 타고난 왕이 드물기 때문이다. 그러므로 인간의 약점 때문에 여러 사람이 서로 돕고 서로 권면하면서 정권을 행사하는 것이 더 안전하고 견디기가 쉽다. 그래서 한 사람이 불공정하게 자기 주장을 내세우면 몇 사람의 검열관과 지도자들이 그의 고집을 견제할 수 있는 것이다. 이것은 경험에 의해서도 증명되었고 주님께서 그의 권위로 확인하셨다. 주님은 이스라엘 사람들로 가장 좋은 상황에서 살 수 있게 하시려고 그들에게 민주주의에 근접하는 귀족주의를 제정하신 것이다"고 했다.

신명기의 내용(17:14-18)을 본문으로 한 설교에서 칼뱅은 왜 하나님이 스스로 이스라엘의 왕을 임명하지 않고 백성들로 하여금 왕을 택하게 했는가에 대해서 언급하고 있다. 거기서도 칼뱅은 이스라엘 왕이 될 요건이 첫째, 아브라함의 후손이라야 하고 둘째, 폭군이 되지 말아야 한다는 것이라 했다. 잘 다스리는 것보다 더 중요한 것은 폭정을 하지 않는 것이다. 민주주의가 좋은 것은 다수의 의견이 소수의 의견보다 더 훌륭해서가 아니라 권력분립과 견제를 통하여 독재를 막을 수 있기 때문이다.

"하나님이 자신의 권위로 왕을 세우지 않고 사람들의 선호에 따라 세우도록 하셨다. 만약 그가 왕권통치를 허락하시거나(그런 통치를) 그가 선호하시는 것이었더라면 왕이 명령하는 것은 무엇이든지 백성들이 순종하도록 제정하시지 않았겠는가?"

"군주가 주권을 가지게 되면 그들 자신의 기분과 선호에 따라 판관들을 임명하고 야심이 모든 것을 지배하게 된다. … 아니, 그보다 더 심각하고 부끄러운 부패가 있다. 최근에는 공직이 다른 상품들처럼 팔리고 있다. 우리가 그런 예를 목격하면 하나님께서 한 민족이나 국가로 하여금 그들 자신의 판관이나 지배자를 선택하도록 허락하신 것은 감히 계산할 수 없을 만큼 고귀한 선물이란 것을 알 필요가 있다."

그는 법치주의를 강조했을 뿐 아니라 심지어 시민불복종의 가능성까지 제시하였다.

"법률은 인간 속에 있는 부패를 막는 하나의 치유방법이다", "선택 혹은 선거에 의하여 뽑힌 통치자들을 갖는 것이 군주(a Prince)를 갖는 것보다 훨씬 더 용인될 수 있다. 그래서 그는 그의 임무를 수행함에 있어 그가 법률의 지배를 받아야 함을 알 수 있도록 하는 것이다."

"때대로 그는 자기 종들 중에서 공공연한 보복자를 일으켜서 사악한 정부를 벌하고 불의에 억눌린 자기 백성을 비참한 재난에서 구조하라고 명령하신다." 그런 보복의 행위를 하는 사람들은 "그런 일을 하도록 하나님께서 합법적으로 보냈을 때는 왕들에 대해서 무기를 드는 것이 하나님의 임명을 받은 왕들의 권위에 침해가 되지 않는다."

"나는 왕들의 사나운 방종에 대하여 그들이 의무를 좇아 항거하는 것을 금하지 않으며, 오히려 미천한 일반대중에 대한 군주들의 폭정을 눈감아 준다면 나는 그들의 위선을 극악한 배신행위라고 선포할 것이다", "만일 세상의 군주가 하나님을 거역하여 자신을 높인다면 그는 자신의 권력을 스스로 잃게 되고 그 명예를 상실하게 될 것이다. 만일 그가 하나님을 경멸함으로 하나님의 권리를 가로채고, 그와 같은 왕좌에 앉으려 한다면 사람들은 그들에게 순종하기보다는 얼굴에 침을 뱉어야 할 것이다."

왕권에 반한 민주주의적 혁명과 시민불복종의 가능성까지 제시했다 할 수 있다. 칼뱅의 이런 주장이 홉스(Thomas Hobbes)가 사회계약설을 제시하기 훨씬 이전이었고 왕권신수설이 일반적이었던 때 제시되었다는 사실은 진정 놀랍다 하지 않을 수 없다. 하나님을 절대자로 섬기면 왕과 국가는 상대적이 될 수 있고, 개인은 국가나 왕의 소유가 아니라 절대적인 하나님의 형상을 가진 고귀한 존재란 신념이 있었기 때문에 그런 주장이 가능했다 할 수 있겠다.

　이런 칼뱅의 사상을 이어받아 형성된 개혁교회(Reformed Church), 혹은 장로교회는 교회 제도 자체가 민주적일 수밖에 없다. 교회의 중요한 결정은 어느 지도자도 혼자 할 수 없게 되어 있고, 지도자는 주기적인 선거를 통하여 뽑게 되어 있다. 칼뱅의 영향을 받은 청교도인들이 미국에서 민주주의의 전통을 세워서 민주주의의 모범국으로 만들 수 있었던 것은 결코 우연이 아니었다.

　하나님의 절대주권과 인간의 존엄성에 대한 그들의 신념이 배경에서 작용했겠지만 칼뱅이 민주주의를 선호하는 구체적이고 현실적인 이유는 다수의 의견이 소수의 의견보다 더 훌륭하기 때문이 아니라 민주주의라야 독재를 막을 수 있기 때문이라는 점이었다. 한 사람이나 소수에게 국가 권력이 독점되면 그 권력은 반드시 부패하고 그것은 국민들의 기본권을 침해할 뿐 아니라 사회의 평화롭고 정상적인 발전을 방해할 수밖에 없다는 것이다.

　사실 미국이나 한국을 불문하고 선거를 통하여 당선한 사람들이 반드시 가장 우수한 후보자가 아닌 경우가 대부분이고, 다수가 지지하는 정책에 최선의 것이 아닌 경우가 매우 많다. 오히려 책임의식과 지적 능력을 갖춘 소수가 뽑고 결정하는 것이 전체 사회를 위해서 훨씬 더 유익할 수 있다. 그것은 다수의 결정이 소수의 생각보다 반드시 그리고 항상 더 공정하고 지혜로운 것은 아니라는 것이다. 그런데도 불구하고 우리가 민주주의를 선택해야 하는 것은 권력분립, 주기적인 선거, 언론자유를 통해서 권력을 규제, 감시, 견제해서 부패를 막을 수 있기 때문이다. 과거 구소련이 몰락한 이유가 부패 때문이고 민주주의를 수용하지 않는 중국이나 북한이 부패로 신음하는 것을 보면 민주주의의 이 요소가 얼마나 중요한가를 알 수 있다.

　인간이 절대적이고 선하다는 인본주의가 아니라 인간이 전적으로 부패했다는 칼뱅의 종교적 가르침에서 민주주의가 정당화되고, 그의 신학사상 토양에서 민주주의가 성장하고 발달했다는 것은 역설적인 것 같이 보인다. 그러나 인간이 하나님의 형상으로 지음을 받은 고귀한 존재란 기독교의 핵심적인 교리와, 타락한 인간은 권력이 주어지면 부패할 수 있다는 칼뱅의 신학적 관점이 민주주의란 정치제도를 낳을 수 있다는 사실을 감안하면 그렇게 역설적이지는 않다.

부패는 그 자체로 비도덕적이지만 특히 약자를 가장 큰 피해자로 만든다는 점에서 정의를 파괴하는 원흉이다. 부패는 대부분 권력을 가진 자들이 법과 도덕적 원칙에 어긋나게 행동함으로써 부당한 이익을 얻는 것이다. 그런데 그 결과는 물론 부패한 자 자신을 포함하여 모든 사람에게 해가 되는 것이지만 사회의 약자들이 가장 심각한 피해자가 된다. 부패의 전형이라 할 수 있는 뇌물에 대해서 베일리(H. Bayley)란 사람은 뇌물이란 "가난한 자의 돈이 부자에게 직행하는 것(Direct transfer of money from the poor to the rich)"이라 했다. 구체적으로 뇌물이란 부자의 돈이 권력 있는 자에게 가는 것이다. 그러나 결과적으로는 가난한 자들이 그 피해자가 된다는 것이다. 그것은 뇌물에 국한되지 않는다. 대부분의 불법과 비도덕은 결과적으로 약자에게 가장 큰 해를 끼친다. 교통질서가 무너지면 탱크나 덤프트럭은 오히려 편리하지만 자전거, 손수레, 보행자는 도로에 나설 수도 없다.

민주주의가 부패를 막을 수 있는 것은 권력이 분산되면 부패의 유혹과 가능성이 줄어들고 선거와 법적 제재를 통해서 견제가 가능하기 때문인데, 시민들이 부패를 감시하고 막는 이유는 그것이 자신들에게 해를 가져오기 때문이며 그 기저에는 부정을 싫어하는 인간의 기본적인 정의감이 작동하기 때문이다. 그 정의감은 부패가 특히 사회의 약자들에게 더 큰 해를 끼친다는 감추어진 사실을 통해 더 강해질 수 있고, 따라서 부패에 대한 감시와 견제의 필요성은 더 커질 수 있다.

IV. 종교의 민주화

종교의 가르침이 아무리 훌륭해도 그 가르침이 체계화되지 못하고 제도가 마련되지 못하며 제사장 등 지도자가 없으면 효과적으로 기능할 수 없다.

신도가 조직화되고 운영자금이 마련되어야 오래 유지될 수 있다. 그것은 그 종교 자체를 위해서도 필수적이지만 사회를 위해서도 유익하다. 고등종교가 제대로 조직되어야 사회를 위한 순기능을 수행할 수 있다.

그러나 종교가 효율적으로 기능해서 많은 영향력을 행사하게 되면 종교도 하나의 사회적 세력으로 부상하고 불가피하게 경제적, 사회적, 정치적인 힘과 영향력을 얻게 된다. 액튼(Acton)이 지적한 것처럼 모든 힘은 부패하고 종교적인 힘도 마찬가지다. 종교의 성공도 거의 예외 없이 종단의 부패를 초래한다. 중세의 천주교, 한국의 개신교와 불교가 그것을 잘 보여주고 있다. 한국 개신교는 그 성공 때문에 부패하고 비참하게 실패하고 있다.

종교는 본질적으로 민주적으로 운영될 수 없다. 그러나 현실적으로 기능하는 종교, 그래서 어느 정도 사회적 힘을 행사하게 된 종교는 정치집단 못지않게 민주적이 되어야 부패를 막을 수 있고 그 순기능을 계속 유지할 수 있다. 비록 그 교리는 민주적으로 결정될 수 없지만 현실 사회에서 그 종교기관의 운영은 민주적이라야 한다. 특히 거기에 조금이라도 돈, 권력, 명예 등 세속적인 이익이 개입될 때는 민주주의적인 방식이 적용되지 않으면 거의 필연적으로 부패한다. 그런 점에서 민주주의는 종교를 건전하게 기능하도록 하는데 크게 공헌할 수 있다.

이와 관련해서 이슬람교는 매우 복잡한 양상을 보이고 있다. 사우디아라비아나 이란에서는 종교가 민주주의 발전에 걸림돌이 되고 있지만, 인도네시아 및 말레이시아 같은 나라에서는 민주주의가 종교를 평화롭고 관용적으로 만들고 있다. 전반적으로 이슬람이 사회를 민주적으로 만들기보다는 민주주의가 이슬람을 더 긍정적이고 보편적으로 인정받는 종교로 만들고 있는 것이다.

적어도 최근에는 민주주의가 어느 특정 종교보다 더 많은 사람으로부터 더 높은 신뢰와 평가를 받고 있다. 따라서 비민주적인 종교는 위험하고 후진적인 하급종교로 인식되고 타락할 가능성이 크다.

V. 종교의 민주주의 보완

민주주의는 이제까지 인류가 개발한 정치제도 가운데서는 가장 훌륭하다 할 수 있겠지만 그러나 가장 이상적이라 할 수는 없다. 민주주의도 인간이 만든 것인 만큼 결함이 없을 수 없다. 최근에 점점 더 분명하게 드러난 약점들 가운데 하나는 집단 이기주의가 민주적으로 정당화되고 추진되고 있다는 사실이다. 과거에도 강대국들은 자신들의 식민지 지배를 어느 정도 민주주의적으로 통치하였다고 정당화하였다.

교통·통신수단이 발달되고 거의 모든 분야에서 세계화가 크게 이뤄져 있는 오늘날에는 국가 간의 경쟁이 과거 어느 때보다 더 심각해졌고, 주로 경제 분야에서 일어나고 있는 그 경쟁은 항상 그렇게 공정하지는 않다. 온갖 제도적 장치와 거룩한 궤변에도 불구하고 국가 간의 질서는 아직도 약육강식의 원칙에서 크게 벗어나지 못하고 있다. 그런데 그 강국들은 중국을 제외하고는 모두 민주주의 국가들이다.

니버(Reinhold Niebuhr)는 개인은 도덕적이 될 수 있지만 집단은 도덕적이 되기가 매우 어렵다고 지적했고, 그 이기적인 집단 가운데는 국가가 가장 대표적이다. 그런데 민주적으로 운영되는 국가도 거기에서 예외가 아닐 뿐만 아니라, 민주주의가 그 이기주의를 오히려 정당화하고 합법화하는 역할을 한다. 민주주의가 국가 이기주의를 정당화하는 수단으로 이용된다는 것이다.

이것은 특히 현대인의 가치관이 점점 물질주의적이 되고 국가의 역할이 경제적인 것에 집중되어 있기 때문에 더욱더 심각한 양상을 띤다. 종교의 힘이 약해지고 초월적 가치가 무시됨에 따라 영원불변한 가치는 인정되지 않고 동물적 본능에서 그렇게 멀리 떨어져 있지 않은 경제적 이익에 모든 유권자들의 관심이 몰려 있다. "바보야! 역시 경제야!(Stupid! It's economy!)"라고 외치면서 선거운동에 나선 클린턴은 여러 가지 도덕적 결함에도 불구하고 미국 대통령으로 당선되었었다. 이제는 아무리 도덕적이고 다른 면에서 유능해도 경제적 풍요를 약속하지 못하는 후보자는 민주적 선거에서 결코 이길 수 없다. 불행하게도 오늘날 사회가 아무리 선진화하고 민주주의가 발달했어도 지갑보다 더 강한 양심을 가진 시민들이 다수를 차지하는 국가는 없다. 결과적으로 약한 나라들은 민주주의로 정당화된 강대국들의 집단 이기주의에 의하여 큰 착취를 당할 수밖에 없게 되는 것이다. 풍요로운 북반구와 가난한 남반구의 경제적 격차는 과거 어느 때보다 더 벌어지고 있다.

민주주의로 정당화되고 강화된 집단 이기주의는 국력이 강한 나라가 약한 나라를 부당하게 착취할 뿐 아니라, 지금의 세대가 다음의 후세대를 착취하는 결과로 이어질 것이다. 그것은 자원고갈과 환경오염에서 일어난다. 지금의 세대가 경제적 풍요를 누리고 사치를 누리기 위하여 후손들이 써야 할 자원들을 미리 탕진하고 그런 과소비를 통해서 오염시킨 환경을 후손에기 물려주고 있는 것이다.

이에 대해서 민주 사회의 집단지성은 집단 이기주의를 충분히 비판하고 제재하지 못한다. 지금의 사치와 과소비가 어떤 결과를 가져올 것이며 후세가 얼마나 큰 고통을 당할 것인가에 대해서, 충분한 상상력을 행사하여 지금의 과소비를 절제해야 한다는 지성과 양심을 가진 사람은 소수에 불과하다. 다수의 지지를 받아야 권력을 누릴 수 있는 정치인들은 그런 소수의 목소리를 무시할 수밖에 없다. 민주주의는 집단의 비도덕성을 강화하는 데 공헌하고 있는 것이다.

이미 지난 세기의 전반에 스페인의 사상가 가셋(Ortega y Gasset)은 사회가 확대되고 인간관계가 복잡하게 조직화함에 따라 사람들은 점점 대중(mass)으로 변질되는 것을 경고한 바 있다. 너무 복잡해지고 대형화되는 사회가 어떻게 움직이는지를 개개인이 다 이해할 수 없고, 따라서 그것에 대해서 책임을 질 수도 없게 된다는 것이다. 결과적으로 다수의 시민들은 당장 눈앞의 쾌락과 이익에 몰입하고 감정에 휩쓸리며 소수 엘리트의 인기주의(populism)에 의하여 쉽게 조작되고 이용당하게 된다는 것이다. 민주주의는 바로 이렇게 책임을 질 수 없는 다수의 대중이 국가와 사회의 중요한 결정에 참여하는 것을 허용하는 것이다.

특히 자본주의의 약점을 드러내고 비판해 온 공산주의가 몰락한 이후 자본주의의 폐해를 지적하고 비판하는 거대 세력이 없어졌다. 거침없이 승승장구하는 자본주의는 지금 온갖 폐해를 다 불러일으키고 있다. 자원고갈, 환경오염은 말할 것도 없고 과거 어느 때보다도 빈부의 격차를 심화시키고 있다. 고도로 발달된 현대기술은 그 기술을 개발하고 이용할 수 있는 소수에게는 엄청난 부를 가져다 주지만 대부분의 다른 사람들을 실업자로 만들고 있다. 옥스팜(Oxfam)이 예측한 것처럼 상위 1%가 전체 부의 99%를 차지하는 상황이 현실이 될 수 있다. 과거에는 병이 들면 모두가 죽었지만 지금은 부자는 살고 가난한 사람은 죽게 되어 있다. 새로 개발한 약과 의술은 개발비가 많이 들기 때문에 오직 돈 있는 부유한 자만 이용할 수 있게 되는 것이다. 자본주의를 이대로 두는 것은 인류의 미래를 매우 어둡게 만들고 있다.

이제는 과거 공산주의가 수행해 온 역할을 기독교나 불교 같은 고등종교가 감당하지 않으면 안 될 것이다. 그것은 오히려 자본주의를 건강하게 만드는 데 공헌할 것이다. 종교는 대중의 집단 이기주의를 극복하는 역할을 해야 한다. 모든 고등종교들에 공통되는 특징이 있다면 그것은 이기적인 욕망을 절제하고 희생해서 다른 사람, 특히 약자들의 권익을 보호하는 것이다. 그것이야말로 어떤 종교가 과연 고등종교인지를 판별하는 시금석이라 할 수 있다. 기독교, 불교, 천주교 등 세계적인 고등종교는 바로 그런 특성 때문에 그들의 존재의의를 인정받으며 오늘날까지 생존하고 활동하고 있다.

무속신앙처럼 하급종교는 대부분 기복적이고 다른 사람에 대한 사랑이나 다른 사람의 권리 같은 것에 대해서는 아무 것도 가르치지 않는다. 고등종교가 타락하면 기복적이 되는데 한국의 불교와 기독교가 바로 그렇게 되어가고 있다. 이런 종교는 민주주의에 아무 기여도 할 수 없을 뿐 아니라 민주주의의 약점을 극복하는 데도 전혀 무능하다. 이렇게 타락하여 하급으로 전락한 종교는 전체에 대한 이해결핍으로 항상 불안해하는 대중들에게 일시적인 위로를 제공하는 '아편'의 역할을 할 수는 있겠지만, 종교 본래의 역할은 감당할 수 없고 따라서 오래 존속할 수 없을 것이다.

오늘날 한국의 불교, 기독교는 그런 위기를 과연 어떻게 극복하고 슬기롭게 변화해 나갈 수 있을까?

VI. 맺는 말

종교와 민주주의는 본질적으로 상호배타적이다. 그러나 역사적으로는 오히려 상호 보완적인 면이 더 컸다. 종교적 신념을 가진 사람들이 오히려 민주주의 발전과 유지에 공헌했고, 민주주의가 종교의 부패를 막아 건전하게 유지해 올 수 있었다. 그렇기에 본질에 충실한 종교일수록 민주주의를 건강하게 유지하는 데 큰 공헌을 할 수 있다 하겠다.

그러나 그동안의 역사는 또한 종교와 정치가 너무 가깝지 않고 오히려 어느 정도의 상호 긴장관계를 유지하는 것이 양자에게 모두 이익이 된다는 것을 보여주었다. 그런 경험에서 생겨난 것이 교회와 국가의 분리원칙이다. 그것은 종교와 민주주의의 관계에도 적용된다. 어떤 종교도 민주주의를 절대적인 선으로 신성시할 이유가 없고, 민주주의도 특정 종교를 옹호하거나 배격하면 안 된다. 민주주의 사회에서는 한 특정 종교가 지배적일 수도 있고 여러 종교가 공존할 수 있다. 그러나 역사적 경험은 적어도 고등종교라면 종교가 민주주의에 방해가 되기보다는 오히려 보완적인 역할을 할 수 있음을 보여주었다.

제6장

리더십과 정신건강*

정동철

Ⅰ. 서론

명포정(名庖丁)이라 소문난 백정이 있었다. 한 번 간 칼로 소 잡기 3년 칼날은 처음 버슬에 갈았던 그대로다. 대체 무슨 비법인가 양혜왕(梁惠王)이 묻는다. 본시 소의 살결은 뼈와 살, 살과 살 사이에 틈이 있는 법 그 자리에 칼을 넣으니 칼날 무더질 까닭이 없다 했다. 대저 정치 또한 민심의 흐름을 알면 탈이 없으리라는 얘기다.[1] 나는 이 장자(莊子)의 양생주(養生主)를 즐겨 인용하는 편이다.

리더십, 어떤 유형의 리더가 되든 자신의 사람 된 본성을 알아 용병술을

---

* 정치교육연구원주관 "민주주의와 리더십" 제1기 강좌로 2014년 11월 13일 호암교수회 관에서 발표함(acknowledgment). 본 논고에 대한 연구비는 지성병원 부설 해암뇌의 학연구소 연구비의 지원을 받아 이루어졌음을 밝힌다.
1) 송지영 역해, 『莊子』(서울: 동서문화사, 1975), pp.84-87.

쓰면 인심을 건드리지 않고 자신 또한 다칠 일이 없을 것이다. 민주주의를 전제로 하든 아니든 그것은 무엇보다 선행되는 참이기에 앞선 도리다. 자신을 알고 아는 대로 수행할 때 그것은 가능할 것이다. 위해서 리더의 정신건강은 선택이 아니라 필수다.

시대의 흐름은 정신없을 정도로 바뀐다. 어제가 다르고 내일은 또 다른 신세계를 만날 것이다. 2014년의 화두가 된 사물인터넷이나 공유경제라는 뜻에 한정해서 하는 말이 아니다. 당연히 리더십의 틀 또한 변하지 않을 수 없다. 그러나 그 중심에 굳건히 버티고 있어야 할 정체성에서 변화가 조변석개(朝變夕改)이면 사정은 복잡해진다. 말이 자신을 알아야 함이지 실상은 너무 어렵고 현실은 결코 조용하지 않다. 우왕좌왕 휘둘리거나 독재일변도를 면하기 힘들다.

본고는 리더십에 대한 정신의학적 고찰에 버금가는 목적을 가진다. 이것은 리더의 유형에도 간접적 영향을 주게 될 것이다. 리더십 자체에 대한 고찰은 이미 해당 전문분야에서 제시되었을 것이며 정신과의사의 전문분야도 아니다. 오로지 리더가 필수적으로 갖추어야 할 정신건강을 밝혀 리더가 중심축을 잃지 않기 위한 실존적 존재에 초점을 맞추는 것으로 한정될 것이다.

정신건강의 의미가 핵심이 된다는 뜻이며 그를 보다 적절하게 이해하기 위해 뇌 의학을 바탕에 둔 존재의 의미와 리더가 지켜야 할「연결주의」를 밝혀 당당하게 "나의 선택이 나를 정의 한다"라는 결론에 이르는 과정을 다루려는 것이다. 뇌 곧 정신(마음)의 의미를 보다 심층적으로 밝히려는 데 역점을 두었다. 그래서 리더, 아니 한 인간 존재의 역사적 의미는 물론 그 선택이 어떻게 시·공간적으로 전개되어가고 있는지 엿봄으로써 자신의 소임을 원하는 바에 따라 어긋남이 없도록 보탬이 될 자료가 되길 희망하며 생소한 양자의식(量子意識), 뇌의 지도, 사회문화적 유산 단위 밈(Meme)과 같은 개념이 내포되어 있다. 여기서「정신」이란 용어엔 '마음'을 동시에 지칭하며 때론 동의어로 쓰이고 있음을 미리 밝혀둔다.

II. 정신건강의 개념

WHO가 최근 밝힌 간략한 정신건강에 대한 정의는 이렇다. 한마디로 정신적 웰빙상태 그것이 정신건강개념이다. 그러기 위해 자신의 역량을 있는 그대로 알아차려, 그가 속한 집단에 생산적 역할을 할 수 있으며 이때 불가피하게 공존해야 하는 일반적 스트레스를 소화해야 함을 전제로 한다. 정서적 행복감, 심리적 자부심과 그가 속한 사회에 대한 동질감과 긍정적 관계형성이 가능한 웰빙상태라는 의미다. 보다 정확한 이해를 위해 원문을 소개한다.[2]

Mental health is "a state of well-being in which the individual realizes his or her own abilities, can cope with the normal stresses of life, can work productively and fruitfully, and is able to make a contribution to his or her community." It is estimated that only about 17% of U.S adults are considered to be in a state of optimal mental health.

Emotional well-being   **Emotionally well adjusted Leadership**
such as perceived life satisfaction, happiness, cheerfulness, peacefulness.

Psychological well-being   **Psychologically well adjusted Leadership**
such as self-acceptance, personal growth including openness to new experiences, optimism, hopefulness, purpose in life, control of one's environment, spirituality, self-direction, and positive relationships.

Social well-being   **Socially well adjusted Leadership**
social acceptance, beliefs in the potential of people and society as a whole, personal self-worth and usefulness to society, sense of community.

Mental health: a state of well-being

_참고: 볼드체의 leadership들은 저자가 삽입한 것이다.

---

2) World Health Organization, *Comprehensive Mental Health Action Plan 2013~2020* (Geneva, 2013), the 66th World Health Assembly.

오케스트라 지휘자를 예로 들어보자. 음악의 리듬만을 위한 박자기계가 아니다. 무대 뒤에서 악단을 훈련시킨다. 유일하게 악기가 없는 음악가, 오케스트라가 바로 그의 악기다. 절대 권위, 그래서 연주할 악보를 꼼꼼하게 읽고 작곡가의 정신에 몰입하면서 리허설을 통해 리듬과 악센트, 그리고 밸런스와 함께 그만의 색을 입혀 살아 있는 음악을 내놓는다. 헤르베르트 카라얀의 독재자적(?) 지휘는 이런 점에서 능했고 결과는 그의 명성으로 음반 판매량을 높여 독일의 베를린 필하모니 오케스트라 단원의 주머니를 두둑하게 해 주었다. 말을 바꾸면 지휘자와 단원 간의 일체감에 의한 건강한 정신 상태, 즉 WHO가 위에서 밝힌 내용과 일치하는 결과를 도모했다.

불행하게도 미국의 경우, 위에 소개된 내용처럼 이상적 정신건강 즉, 정신적 웰빙상태는 미국인의 17%에 불과하다고 적시했는데 그것을 뛰어넘는 결과로 평가될 수 있을 것이다. 1989년 카라얀을 이어받은 이탈리아 출신 클라우디오 아바도는 지극히 민주적이었다. 그러나 시간이 지나면서 단원들은 불만이었다. 단원의 다양한 의견들이 반영될 수 있다는 장점과 동시에 일사불란함이 흔들리는 문제가 생겨났다. 그럼에도 이러한 상태가 한동안 이어졌다. 주장하기를 "자기가 틀렸음에도 그것을 고집하고 이어가는 지도자 그보다 어리석은 지도자는 없다"라고.

과연 그럴까? 운영체제상의 문제가 전부일까? 그 저변엔 그들의 정신 즉, 뇌가 어떻게 생겨먹었는지 바로 그에 달려 있음을 간과할 수 없다. 독재적 지도자는 정신에 문제가 있고 민주적 지도자는 정신적으로 건강하다는 이분법은 너무 비논리적이다. 아바도는 결국 그가 원하는 끝을 보지 못했다.

당연히 지도자의 운영체계엔 그만의 고유한 정신세계가 깃들어 있다. 굳이 각종 산업과 관련된 외국의 총수들을 끌어들일 필요는 없다. 우리의 재벌총수의 직, 방계 후손에 정신병자가 적지 않다는 것, 거기엔 유전인자도 그렇지만 사회 문화유산 단위로 불리는 밈(Meme)이 복제 강화된다는 사실을 무시할 수 없을 것이다. 그에 대한 분석은 우리의 리더십에 산 증언이 될 것이기에 그렇다. 조직의 흥망뿐 아니라 사회적 파급효과는 물론 후손에 미칠 영향은 매우 클 것이다.

필자는 일부 정치적, 사업적, 학문적 지도자 후손들 중 정신병질자를 직접 치료를 담당했거나 그 실상을 옆에서 본 체험자다. 거목 아래 나무가 자랄 수 없다는 일종의 희생양(scapegoat)이라는 표현으로 지도자의 문제점이 미화된다. 마치 봉당의 구정물은 늘 한 곳으로 몰릴 수밖에 없다는 현상 그 때문에 부득이하다라고 설명된다. 그 지도자의 뇌를 정밀하게 분석해 볼 수 있다면, 거듭 강조하지만 정신건강과 리더십에 보다 결정적 자료를 제공하여 리더를 지향하는 인적 자원에 실감나는 도움을 줄 수 있을 것이다. 그렇지만 그것은 아직 현실적으로 불가능하다. 지도자 자신이 스스로 자신의 정신건강에 의문을 가진 적이 없으며 오히려 막강한 권위와 절대적 힘(금력, 권력, 명예력 등)으로 포장됨은 물론 병식(病識, 병에 대한 의식)을 어떤 각도에서든 지켜볼 여지가 없음에서다. 이런 경우 사생활에 대한 개인정보보호에 정면으로 위반되는 문제로 감추어진다. 그러나 알 수 있는 길이 완전히 차단된 것은 아니다. 그들의 상황을 굳이 드러내지 않고도 정신건강의 중요성을 해명할 길은 있다. 이 글의 목적은 정신병을 지니고 있는 특정 리더에 대한 분석이 목적은 아니다. 그러나 학문적 조명을 통해 엿볼 길은 열려 있을 것이다.

지난 세기부터 미국의 대기업 내 심리학자 활용은 그만한 이유가 있었다. 직장 내 문제점을 포함 기업 간 연결고리에서 파생되는 여러 정신적 문제 또는 개개인의 정신적 건강상태를 사전 사후 검증하여 건강하게 기업을 유기적으로 이끌어가려는 목적이 있었다.[3] 가령 CEO에 정신분열형 인격장애가 있다고 가정해 보자. 통상 그런 인격장애자가 CEO가 될 수 없다고 예단할지 모르지만 그것은 착오다. 성공에 이르는 정신적 동력에 정신장애는 놀랍게도 창의적 도전성에서 출발되는 경우가 허다하다.

익히 알려진 반 고흐의 정신병은 물론 영화 「뷰티풀 마인드」의 실제 주인공 존 내쉬(John Nash, 내쉬 균형 게임이론을 창안한 수학자로 노벨상 수

---

3) http://www.referenceforbusiness.com/encyclopedia/Inc-Int/Industrial-OrganizatIonal-Psychology.html

상)는 정신분열병자였다.[4] 정신병 자체가 창의성을 유도한다는 오해는 금물이다. 다만 매우 복잡한 뇌의 분자생물학과 관계된 신경전달물질의 하나인 도파민이 정신분열병과 창의성에 관여된다고 거론되는 식이다. 가령 약물유전학의 해석을 빌린다면 이런 기전들은 가상적 추리소설을 거부한다. 실상 자체다. 스티브 잡스의 청년기는 히피의 전형적 삶의 유형을 이미 가지고 있는 독단적 풍운아였다.[5] 창업에서 아이폰(iPhone)으로 대성공하기까지 애플의 흥망성쇠는 그의 정신상태와 직결된다. 리더나 과학자가 된 후의 발병이 아니라 이미 정신적 문제점과 함께한 창의력을 예상할 수 있다.

리더가 정신건강을 이해해야 한다는 주지의 현실에서 이제 '정신(마음)'의 정체가 무엇인지 그 점을 주시해야 할 것이다. '정신'은 육체의 대칭되는 단순한 의미 이상의 뜻을 가지고 있어서다.

III. 정신의 정체성, 무엇으로 정의할 것인가?

정신이 뇌와 불가분의 관계를 가지고 있다는 것은 상식이다. 뇌가 있어 정신이 있다는 결론은 타당한가?

정신 즉, 마음이 심장(心臟)에 있는 것이 아니라 뇌에 있다는 것이다. 마음 즉, 정신이 곧 뇌라고 주장하는 신경과학자들에게 종교는 의아스런 영역이다. 영(靈)의 세계는 뇌가 아니라는 것, 논란은 지속된다. 대한신경정신의학회 2014년 화두는 "Mind, Brain & Society"이다. 2013년의 "Mind, Body &

---

4) The Real Link Between Creativity and Mental Illness, By Scott Barry Kaufman, October 3, 2013(http://blogs.scientificamerican.com/beautiful-minds/2013/10/03/the-real-link-between-creativity-and-mental-illness/).

5) 신완선, 『CEO 27인의 리더십을 배우자』(경기도 안양: 도서출판 풀무래, 1999), pp. 26-37.

Sprit"으로부터 진화됐다. 왜일까?

정당성 여부를 떠나 그 해답에 앞서 생명탄생의 역사를 잠시 일별할 필요가 있다. 138억 년 전 빅뱅으로 우주탄생, 40억 년 전 지구의 출현, 38억 년 전 지구의 생명이 꿈틀거리게 된다.[6) 오랜 세월을 두고 탄생한 생명 그것은 무엇으로 이루어진 것인가?

인간의 출현은 언제일까? 숫자놀음에 계속 연연할 필요는 없다. 인간은 다른 영장류의 연속선상에 진화된 존재인가 아니면 유일성을 자부할 수 있는 특별난 생명체인가. 그것이 궁금한 주요 과제다. 종교 특히 서양종교의 유일신을 염두에 둘 때 인간탄생은 다른 생명탄생과 달라야 하는데 사실인가? 신(神)의 작품일까?

유전자 프로젝트(Genome Project)가 끝나면서(유전자 지도만 끝났다는 의미) 혹자는 인간의 유일성을 강조하기도 했다. 하지만 이제 근대물리학 양자역학으로 이어지면서 그런 해석 자체가 무의미함을 암시하는 현상들을 만나게 된다.

마음, 정신의 존재는 양자의식(量子意識, Quantum Consciousness)이란 새로운 개념에 직면한다. 미시세계에서 가령 전자의 성질은 파동과 입자라는 불확정성 원리로 이해되고 있다. 물론 뇌를 중심으로 한다. 무슨 뜻인가? 입자의 진동수가 커지면 커질수록 그 성질은 파동에서 입자로 바뀐다. 입자는 다시 진동수의 증가로 빛이 된다. 더욱 빨라지면 인간의 가시광선에서 X선을 거쳐 우주선으로 이어지고⋯⋯

"당신이 달을 보지 않을 때 달은 어디에 있는가?"

아이슈타인의 질문에 우리는 당연히 달은 바로 전에 봤던 그 자리에 보이든 안 보이든 있다고 대답한다. 그러나 양자물리학자 중 코펜하겐학파들은 거기에 없다는 것이다. 관찰자에 따라 달라진다는 것이다. 볼 때는 입자(달)로 거기에 있지만 보지 않을 때는 파동의 성질로 그 자리에 있지 않게 된다는 것, 이해할 수 있을까? 착각이 아니라 사실이 그렇다는 것이다. 정신 즉

---

6) http://www.nocutnews.co.kr/news/4338005

마음과 닮은 점이 엿보이지 않나? 태양이 기체덩어리라는 것을 생각해 보자. 입자는 우주 어디로든 튈 수 있다는 것이다.

뉴턴의 운동법칙 세 가지—관성법칙, 가속운동법칙, 그리고 작용 반작용의 법칙, 정신 역시 같은 법칙에 따르고 있을까? 양자물리학은 미시세계에서 거시적 뉴턴법칙을 고전물리학으로 퇴출시키듯 바꿔버렸다. 본시 양자의 의미는 에너지 알갱이로서 '작은 덩어리' 또는 '불연속'이란 뜻이다. 양자물리학엔 뉴턴의 힘이 존재하지 않으므로 관성법칙 즉 힘이 주어지지 않으면 계속 그 자리에, 힘이 가해지면 같은 방향으로 계속 움직인다는 법칙이 없다. 양자역학에서 입자 덩어리들에 가해지는 힘은 없다. 그럼에도 한시도 가만히 있지 않고 요동친다. 우리의 정신은 어떤가? 과연 가만히 있을까? 한시도 쉬지 않고 움직인다. 태양처럼 … 무엇이? 의식이 그렇다. 인지(認知)에 의해 '사색과 추리'가 진행되는 것을 의식이라 한다면 양자의식의 의미가 어렴풋이 연상될 것이다. 소립자가 입자이면서 파동, 또는 그 반대로 동시에 정확한 측정이 불가능하다는 이른바 하이젠베르크(Werner Heisenberg)의 불확정성원리[7]는 우리가 이해할 수 없는 상황이나 우리의 정신·의식과 왠지 유사한 느낌이 든다. 입자 그것은 순식간에 어디로든 이동할 수 있다. 다른 은하계로도 가능하다. 놀라운 것은 동시에 두 곳에도 존재할 수 있다. 이해할 수 없는 현상, 상상의 정신 역시 어디든 간다. 이해될 수 있을까?

불교의 유식사상(唯識思想)에선 물질인 뇌와 비물질인 정신을 유에서 무가 출발될 수 없는 것처럼 의견을 달리하지만 의식의 현상은 양자역학적 해석이 그를 닮아가고 있다. 그 반대일 수도 있다. 진검승부는 끝난 것일까? 사정은 그렇지 않다.

유전자 프로젝트가 2003년에 인간의 유전자지도를 끝내면서 인간의 존재를 보다 명확히 해체하는 데 일조했음은 주지의 사실이다. 또 하나의 프로젝트가 이어 2009년 정식으로 발진(發進)됐다. 뇌의 미래상은 보다 선명한

---

7) Aya Furuta, "One Thing Is Certain: Heisenberg's Uncertainty Principle Is Not Dead," *Scientific American* (2012).

방향성을 찾는다. 뇌의 지도 프로젝트(Connectome Project)가 그것이다.[8] 결론은 아직 이르다. 인간 뇌 안의 뉴런 — 신경세포가 천억 개를 넘고 세포 사이에 연결망에 접속부위 — 시냅스는 100조에 이르는 형편이라 양자물리학 이전의 방법으론 그 연결망 지도를 얻는 데 수백 년이 걸릴 것이라 엄두를 내지 못했다. 양자물리학의 등장으로 사정은 달라졌다. 여기엔 연결망 자체에 의식이 존재함을 전제하게 된다. 저자는 1985년 한 학술논문에서 정신과의사의 3%가 미래의 정신과학은 뇌신경회로의 연결망을 밝힘으로써 치료방법에 새로운 지평이 열리게 될 것이라 예측하고 있음을 밝혔다.[9] 저자 자신이 일찍이 예상했었기에 조사한 결과다. 이것은 바로 뇌의 지도(Connectome)의 다른 말이기도 하다. 갈 길은 그러나 멀다. 분명해진 것은 정신의 리셋, 리부팅을 통해 업로드(up load)가 가능할 것이라 연구가 발빠르게 진행되고 있는 상황에 이르렀다는 점이다.

뇌를 이해하기 위해 적어도 두 권의 저서, 캔들의 『뇌 과학원리(*Kandel 의 Principles of Neuroscience*)』[10] 그리고 마이클 가자니가(Michael Gazzaniga)의 『인지신경과학(*Cognitive Neuroscience*)』[11]이 기본적으로 권장된다. 앞에서 밝힌대로 인간의 뇌의 지도 프로젝트가 미국의 경우 2010년 5개년 계획으로 착수되었음은 바로 인간의 정신, 마음은 뇌에 있다는 전제를 둔다. 상식적으로 알려진 정신과 뇌가 구체적으로 부호화된 기억에 의해 설명될 수 있다는 점에서 신경세포 상호간의 연접부(Synapse)에 에너지 활성(acting potential)으로 이해되어 인지력으로 연결된 신경망은 부동의 방향성을 설정하고 있는 것이다. 낙관적일 수만은 없다. 그러나 인간사의 연결망 거기에 정신이 있음은 분명하다.

8) 승현준 저, 신상규 역, 『커넥톰, 뇌의 지도』(서울: 김영사, 2014).
9) 정동철·정수경, 『정신과의사의 임상과 생활태도 (I)』, 서울의대 정신의학(1985), 10:7-23.
10) ER Kandel et al., *Principles of Neural Science* 5th ed. (New York, McGraw-Hill, 2013).
11) M. Gazzaniga 저, 박인균 역, 『왜 인간인가?(*Human*)』(서울: 추수밭, 2009).

복잡해졌다. 과연 리더가 이같이 복잡한 자료들에 접근해야 할 필요가 있는 것일까?

뇌 과학자가 아닌 이상 그것은 무리다. 다만 이 같은 일련의 상황을 이해함으로써 자신이 발휘해야 할 리더십에서 자신의 인생에 주인공이 자신이 되기 위한 정신을 정확하게 파악하기 위한 사잇'길(道)'을 찾는 자료가 되리라는 것이다. 바로 그것을 소개하려는 것이 이 글의 목적이다. 정신의 정체 과연 이해된 것일까? 이해가 아니라 엉켜버릴 것이다. 그러나 인간을 이해하지 못하는 리더는 의미가 없다. 3D프린터의 효과가 바로 진행되듯 양자의식은 바로 코앞에 얼씬거리기 시작하고 있다. 최소한 그 흐름만 알아둔다는 것은 이 장황한 글의 의미가 무엇인지를 이해하는 것으로 족하리라 본다.

〈그림 1〉과 〈그림 2〉를 보자. 점(입자)과 누나 손을 간지럽히는 물결무늬 즉, 파동 거기서 여러분은 무엇을 보고 있을까? 입자인 듯 파동이고 파동인 듯 입자를 본다. 당구공이 굴러가는 것을 볼 때 그것은 분명 입자다. 잠시 시간을 보려고 눈을 돌리는 순간 당구공은 파동으로 사라진다. 아예 달은 거기에 없다고 생각할지도 모른다. 있으나 없어질 때 그것이 바로 마음 즉, 정신이라는 얘기다. 그래서 말한다. "뇌가 사물을 보고 뇌에 점이나 물결무늬를 그려놓고선 있지도 않은 것을 있다고 상상하는 것," 그것이 마음이라는 것, 보고 있는 그림은 정지된 것이다. 그러나 보면 볼수록 흔들린다. 왜일까? 상상하고 있는 마음이 거기에 있기 때문일지 모른다. 반대일 수도 있다.

양자물리학강좌가 아니다. 그럴 능력도 없거니와 솔직히 모른다. 뉴턴역학이 고전물리학으로 된 오늘날의 양자물리학 그 결론만 알아두면 족할 것이다. 마음과 직결되는 문제가 있기에 … 물론 지금까지 역사상 많은 과학적 결론들이 지금에 이른 것은 거의 없다. 가령 톰슨(J. J. Thomson)은 1899년 전자(電子)를 발견하여 노벨상을 받았다(1901년). 중요한 것은 전자는 특정한 값의 질량과 전하(電荷)를 갖는 미세한 입자라 했다. 그의 아들 조지 패짓 톰슨(G. P. Thomson)은 정확한 전하나 질량을 갖고 있지 않으며 우리가 관측할 때만 작은 점(입자)처럼 보인다고 아버지의 믿음을 저버

〈그림 1〉 목계: 마음비우기

출처: http://lmb543.blog.me/10146657292

〈그림 2〉 신(神)을 깨우다. 양자(Quantum), 입자와 파동

출처: http://wakinggod1.blogspot.kr/2010/07/quantum-god.html

리고 40년 후 노벨상을 받았다.[12] 우리가 갖는 관심사 정신과 어딘가 닮은 꼴이 아닌지? 현재로선 양자물리학은 변할 가능성이 없다 한다. 양자물리학을 이용한 암호가 해독 불가능해진다는 것처럼 ……

극단적으로 쉽게 말해 정신의 정체는 입자로써 어떤 외부적 힘(자극)이 없어도 시간의 흐름에 따라 우주 어디로든 확산된다는 양자의 정체, 인간의 상상이란 정신과 꼭 닮은 꼴을 반복한다는 것이다. 하지만 이는 저자의 생각일 뿐이다. 물론 더 복잡한 의미 역시 직감에 의존한 것이다. 입자가 순식간에 다른 은하계별로 갈 수 있고, 동시에 두 곳 어디든 존재할 수 있다 했다. 마치 망상사고가 어디로든 튀듯, 수학적으로 설명이 가능하니 망상과는 다르다.

IV. 자신의 마음과 정체성의 이해

'너 자신을 알라!'

소크라테스만 주장한 것이 아니다. 정신건강 개념에서 자신의 정체를 자각(自覺)하는 가운데 일상의 스트레스를 이겨낼 수 있어야 하고, 스스로 사회적 규범에서 건설적이라 인정될 수 있는 일을 하는 가운데, 가족에 그리고 자신이 속한 사회에 기여할 수 있음을 정신건강(mental wellbeing)이라 했다. 쉽지만 어려운 말이다. '너 자신을 알라'라는 말처럼 … 더 쉬운 말이 없는 것은 아니다.

"즐거운 마음으로 일하며 살아가는 사람, 일하며 즐기는 사람"이 곧 정신적으로 건강한 사람이다. 이해는 쉽지만 역시 자신의 몸에 배어 '행동적 마음의 언어'로는 쉬운 뜻이 아니다. 왕왕 정상(正常)과 성숙도(成熟度)라는

---

12) B. Cox & J. Forshaw 저, 박병철 역, 『퀀텀 유니버스』(서울: 승산, 2014), pp.74-75.

용어를 빌어 의학적, 문화사회적, 이상적 개념으로 또는 하나의 과정이란 측면에서 규명할 수도 있겠으나13) 역시 쉽지 않기는 마찬가지다.

그러나 자신의 정체를 알아야 한다. 그렇지 않으면 리더가 될 수 없다. 앞에서 소개한 최근 양자의식(Quantum Consciousness)에 유식사상과 관계를 맺어가며 심과학(心科學)이란 관점에서 의식(마음)을 어떻게 이해하느냐 하는 것은 실타래처럼 얽혀 있다.14) 마음은 느낌과 생각, 상상을 전제로 한다. 더 정확히 말해 다른 사람의 마음에 저마다 다른 다양한 욕구, 의도, 신념, 정신이 있음을 알아낼 수 있는 것이 마음이다. 이를 지금까지의 상용 용어를 빌리면 무의식적 내용을 생각으로 표현할 수 있는 마음의 정체를 의미할 것이다. 융이 말하고 있는 집단무의식이 우리들 일상생활에서 자유롭게 연상되어 사고(思考) 즉, 생각으로 전환되는 것이 그것이다. 이러한 과정들을 통할 때에 비로소 자신을 알 수 있을 것이다. 자신의 무의식을 단편적이나마 이해할 수 있기 때문이다.

무의식을 파헤칠 생각은 없다. 무의식이 정말 있는 것인가 의문이 있어서다. 다만 인간은 기본적으로 이기적이란 전제를 이해할 필요가 있다. 무의식의 출발은 바로 거기에 기반을 두고 있다. 지방 이곳저곳에 "달래나 고개" 같은 전설 ― 비에 젖은 여동생의 나신을 보며 스스로 욕정을 이기지 못해 자살한 오빠에 대해, 여동생 왈 "달래나 보지 왜 죽어!" ― 은 누구도 자신의 현재를 그렇게 인정하지 않겠지만 근친상간적 욕구, 다른 말로 종족보존의 이기적 원천에 근거할 것이다. 무조건 생존의 목적은 약육강식의 승자독식이란 패러다임, 이기적 유전자에 의한 인간의 원본15)이 그렇다는 것을 외면할 수 없다.

결국 진화라는 명분에 적합하든 아니든 사회적 규범과 충돌을 피할 수 없는 무의식적 생존본능은, 주어진 환경에서 특히 리더가 된다는 것은 심각

13) B. J. Sadock et al., *Kaplan's & Sadock's Synopsis of Psychiatry* (Philadelphia: Wolters Kluwer, 2014).
14) 요코야마 코이츠 저, 김영우 역, 『마음의 비밀』(서울: 민족사, 2013).
15) 최상수, 『한국민간전설집』(서울: 통문관, 1958).

한 충돌을 피할 길이 없음을 암시한다. 도하(都下) 정치권의 현주소를 보고 듣고 실망하는 이유가 바로 대소(大小)기업 학식고하를 막론하고 맞닥뜨리고 있는 현실에서 증명되고 있다.

어떻게 인간의 의식을 이 같은 본질적 욕구와 사회적 충돌 사이에서 유연하게 헤쳐갈 수 있는 사잇길(道)을 찾을 수 있을까? 인위적 가공으론 한계가 지척에 있다. 양자역학적 이해가 뇌의 지도란 연구와 더불어 새로운 대안을 제시할 수 있을 것이라는 점을 저자가 연구 프로젝트로 선택한 것은 그래서 우연이 아니다.

양자의식, 대체 그 정체가 무엇이라 이해할 수 있을 것이냐는 것은 숙제다. 이미 밝힌 대로 하이젠베르크로 하여금 불확정성원리를 주장할 수밖에 없도록 한 양자역학의 미시세계, 우주상의 모든 것은 원자로 구성되었다는 사실을 전제로 소립자의 정체는 시사하는 바가 크다. 세상에 확실한 것은 하나도 없다며 입자의 에너지 위치를 정확히 알아내는 그 순간 입자의 운동(파동)은 알 수가 없다 했다. 그 반대 역시 같아 결국 동시에 입자의 위치와 운동은 알 수가 없다는 것이다. 빛은 입자이자 파동이기 때문이라는 것이다.[16] 입자는 동시에 여러 장소에 존재할 수 있으며 입자가 이동할 때 동시에 다양한 경로를 통과한다. 대체 무엇을 의미하는 것일까?

양자역학 이전에, 수학적으로 A=A가 우리의 마음에선 A≠A가 된다는 점을 먼저 생각해 보자. 수학과 마음에서 왜 이런 모순이 정당화될 수 있는지 어렵지 않게 알 수 있다. 그것은 현상학적(phenomenology) 입장에서도 완연하다. "A 즉비(卽非) A 시명(是名) A"라는 동양사상과 일치된다는 점에서 이해할 수는 있다.[17]

사랑하는 연인이 책상 위에 향 그윽하고 아름다운 장미를 꽂아놓곤 했다. 어느 날 비극적―또는 오해에 의한, 연인의 배신이 확인된 이후 그때, 같은 장미꽃을 보면 해석은 달라진다. 향기와 현란한 꽃잎은 추하고 고약한 독가

16) R. Feyhnman 저, 박병철 역, 『파인만의 여섯 가지 물리이야기』(서울: 승산, 2003).
17) T. Crilly 저, 김성훈 역, 『반드시 알아야 할 위대한 수학』(서울: 지식 갤러리, 2011).

스로 바뀔 것이다. 뿐인가 꽃을 보는 것이 아니라 줄기의 날카로운 가시를 보며 아픔을 투사한다. 잔인한 연인, 추악하고 독살기를 가진 연인으로 말이다. 연인이 변한 것은 사실이라 치고 장미, 그것은 배신 이전이나 이후나 같은 장미다.(A=A) 그러나 배신 후의 장미는 A≠A가 되고 만다. 결코 이전의 장미가 아니다. 울분과 증오가 확대되면 장미꽃을 든 연인이나 장미꽃이 있는 꽃집 자체를 거부할 것이다. 유사한 예는 우리의 일상 곳곳에 산재해 있으며 누구나 경험하고 있는 현재형이다. 오해와 증오심 거기서 야기되는 공격성은 잔인한 동물적 본성을 그대로 드러낸다. 장미는 같은데 인지(認知)는 전연 다르게 한다. 뫼비우스띠에서 한 바퀴 돌면 반대방향이 두 바퀴 돌 때 같은 자리로 오는 이치에서 한 바퀴만 돈 그 자리 반대해석이 되는 것이다. 우리들의 마음이다. 헷갈리지만 …

다시 양자역학으로 가 보자.

실내 경기장 복판에 내가 있다. 연인과 만나기로 약속되어 있다. a, b, c 어떤 입구를 통해 들어올지는 모른다. 그것은 확률이다. 3개의 문 중 어디론가 들어서기까지는 그녀의 정체를 알(볼) 수가 없다. 드디어 입구 a로 들어섰다. 순간 그녀의 모습 전부를 볼 수 있다. 바로 양자역학에서 말하는 입자다. 그 이전엔 파동이었기에 볼 수가 없다. 그렇다고 그 연인이 없었을까? 벽에 가려서가 아니라 가상적 예를 들었을 뿐 입구를 통과하는 순간만 볼 수 있다는 것이다. 여기에 그녀가 어떤 입구를 통해 들어오게 될지는 확률적 문제다. 가능성에서 a=50%, b=30%,그리고 c=20%로 가정해 본다. 경우의 수는 얼마든지 바꿀 수 있으나 중요한 것은 하여간 확률이라는 사실이다. 동시에 여러 곳에 입자가 있다든가 파동은 동시에 여러 경로를 이용한다. 이때 입구에 들어서기 이전의 경우를 파동이라 하고, 그 정체를 입자로 확인하지 못한 상태가 양자의식이라는 것이다. 곧 마음이라 말할 수 있다. 무의식에서가 아니라 존재하나 알 수 없었던 곳(마음)에서 확률적으로 어떤 입구를 통해 들어와 실물을 확인하는 순간 그 정체(입자)가 들어난다는 것, 거기에 관찰자의 입장이 대두된다. 마음말이다.

이해할 수 있겠는가? 달이라는 얘기를 통해서 아마도 가능할 것이다. 그러나 그것이 마음과 무슨 관계가 있으며 설사 그렇더라도 그 정체가 무엇을 의미한단 말인가?

우리들 인간은 가상세계에 흠뻑 빠져 있다. 아니 그러길 좋아한다. 뇌의 지도를 통해 확인된 바에 의하면 신경세포와 신경세포 사이에 있는 연접부(synapse)에 활성포텐셜에 의해 기억된 자료들이 연결되어 생각으로 이어진다는 것은 앞에서 이미 설명했다. 결국 뇌에 입력 저장된 기억들에 의해 활성화된 사고엔 확률적 전제에 의했음에도 불구하고 100%라는 자기만의 결론을 내려놓고 연상(연산)이 진행된다. 그 마음은 곧 오류에 빠진다.

앞의 예에서 만나기로 한 연인이 입구 a를 통과했다면 a는 100%의 확률이 된다. 나머지는 그 이전에 예상됐던 확률이 아니라 0%가 된다. 사물에 대한 인지(認知), 연상 판단에 이르는 과정이 확률적임에도 불구하고 단정적으로 추리가 지속된다면 그 결과는 뻔하다. 거기에 장미와 연인의 배신을 삽입하면 기억에 묻어있는 현상학적 정감이 더해져 사실과 다르게 판단된다. 편견(偏見) 또는 선입관(先入觀)에 의해 왜곡된 정신, 마음이 그렇게 생겨 먹게 된다는 것이다. 아니 뇌가 생겨먹은 대로 우리는 그렇게 생각하고 있는 것이다. 뇌에 기억저장된 것은 이미 감정이란 긍정과 부정, 호불호에 의해 여러 개의 길이 나 있었다.

여기에 매우 중요한 역할을 하는 매개체가 바로 눈, 신경학적으로 시신경회로와 시각중추에 저장되도록 하는 연결망을 뺄 수 없다. 장미가 보일 때 분명히 눈은 그것을 본다. 원자에 의한 분자덩어리 장미가 산란된 빛을 전기신호로 바꿔 뇌에 전달하겠지만 그것이 시각중추에 입력될 때 이전의 장미에 대한 해석상의 편견으로 장미에 대한 생각이 A든 A가 아니든 오판, 게다가 그 마음은 자신도 볼 수가 없다. 입자와 파동이 뒤엉켜 우리를 혼란스럽게 하는 이유다. 정신이 입자의 덩어리란 말인가?(〈그림 3〉)

우리는 누구나 나와 똑같은 존재를 만날 수 없다. 분명히 같은 유전자를 가지고 있는 일란성 쌍생아에서도 그렇다. 어찌된 일인가? 단순 수학적 논리에 따르면 이해할 수 없다.

집단무의식을 강조하고 있는 칼 융은 동시성이론 ─ 정신을 시공간 안에

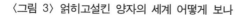

〈그림 3〉 얽히고설킨 양자의 세계 어떻게 보나

출처: http://www.redicecreations.com/ul_img/11163quantumsight_inner.jpg

존재하면서 동시에 시공간을 초월하는 존재―을 제창했다고 소개했었다. 아인슈타인은 그의 특수상대성이론에서 시간지연, 길이수축, 동시 상대성, 질량 증가, 물질과 에너지 동등성 등을 제시한 바 있다. 따지고 보면 같은 울타리 안에 있는 얘기들이다. 그러나 더 이상 전문적으로 몰아가는 길은 위험할 것 같다. 혼란스럽기 때문이다.

유식사상의 8식(識) 개념의 「아뢰야식」에 이르면 이들은 모두가 유유상종 같은 듯 그러나 같지 않은 얘기들이지만 뇌지도(connectcome)를 통한 인지, 기억, 정감, 판단에 관한 뇌 신경학적 입장과 양자의식의 불확정성원리는 서로 어딘가 통하는 맥을 가지고 있다. 그래서 경로적분(經路積分)이라는 파인만의 이론[18]을 마음의 입자이동에 적용해야 할 필요성을 저자는 가설적으로 감지하고 있다. 여기서 우리가 '본다'라는 현상 즉, 팔식 가운데 안식(眼識)이 갖는 의미는 양자의식이든 뇌지도든 매우 중요한 위치를 갖는

---

18) R. Feyhnman 저, 박병철 역, 『파인만의 여섯 가지 물리이야기』(서울: 승산, 2003).

다. 〈그림 3〉을 통해 직관적으로 느껴지는 정도로 그치겠다.

〈그림 4〉는 뇌의 지도가 기능성 자기공명영상(fMRI)에 의해 얻어진 자료로 함께 뇌 안의 신경회로의 연결망을 보며 앞의 밝힌 사실들을 역시 상상을 통해 겹쳐 생각할 자료로 삽입됐다.

운동은 진동을 말한다. 진동수가 증가할수록 입자는 빛으로 볼 수 있게 된다. 그 진동수가 커지면서 빨간색에서 자주색으로 가고 더 커지만 우리 시야에서 볼 수 없는 자외선이 된다. 그러나 실존하는 존재들이다. 만일 빈도수가 더욱 커진다면 방송 중에 해당하는 단파가 될 것이고 더 늘면 X선, 감마선, 그리고 상상할 수 없는 우주선(宇宙線)으로 바뀌어 정신세계와 내통하는 경지에 이를 것이다. 이해의 폭을 넘는 과학적 얘기들이다. 정신, 마음의 정체가 정말 그럴까?

여기서 원자의 속성을 살필 필요가 있다. 그것은 거시적 인간관계에서 다시 확인된다는 점 때문이다. 원자는 1) 가까워지려고 한다, 2) 너무 가까우면 반대로 밀치려 한다, 3) 원자는 결코 가만히 있지 않는다. 끝으로─ 실제론 4와 3이 우선하는 순서지만, 4) 모든 사물은 원자로 이루어져 있다.

〈그림 4〉 인간 뇌의 지도 프로젝트

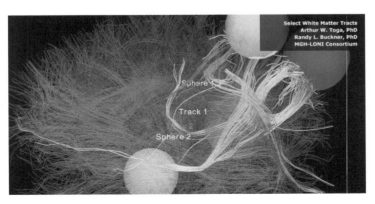

출처: http://www.neuroscienceblueprint.nih.gov/connectome/Select_White_Matter_Tracts_
Slideshow_full.jpg

미시세계나 인간사는 같을 수밖에 없는 증거다. 그것이 자연의 법칙이다. 다른 말로 이 네 가지 원자의 세계가 인간사의 정신현상 그대로가 아닐까 한다.

한데 우리는 저마다 자신만의 생각, 그 마음이 곧고 올바르다 믿고 있다. 그 바탕엔 당연히 나름의 논리는 가지고 있다. 기계론적 결정론을 바탕에 두고 동서 간의 갈림길 즉 차이점을 들어내고 있다. 존재론(存在論)과 동양의 관계론(關係論)이 동서로 구분되는 형편에 어렵다는 양자역학이나 뇌지도는 모두 존재론편에 있지 않다는 점을 강조하고 있기에 참고하면 족할 것 같다. 중요한 핵심은 자신의 존재를 상대적으로 볼 수 있는 안목이 필요하다는 것이다.

이들은 리더에게 매우 중요한 단서를 제공한다. 양자가 이동할 때 무한개념으로 확산되나 자기가 갈 길을 미리 알고 있는 듯 행동한다. 무슨 말일까? 우리가 흔히 강조하곤 하는 소통의 방식을 묵시적으로 시사한다. 양자역학이 사전에 인과관계를 전제하지는 않지만 앞에서 밝힌 파인만의 경로적분은 소통의 방식을 연상시킨다. 리더에게 소통이 없다면 그것은 이미 리더가 아니다. 방법상의 문제일 뿐이다. 리더십의 핵심이 연계되는 가정이다. 참으로 벅차다. 스트레스가 밀려온다.

V. 스트레스, 어떻게 대처해야 하나?

자신을 나름의 실존적 입장에서 이해할 수 있었다면 이제 일상에서 피할 수 없는 '투쟁이냐 도주'인가를 놓고 벌어지는 스트레스는 피할 길이 없다. 스트레스가 없는 사람은 유일하게 사자(死者)에 해당될 뿐이니 말이다. 놀랍다. 사자로 가는 임종심리[19]의 부정, 분노, 흥정, 우울의 과정을 통해 수용에 이르는 해법을 말해주고 있으니 …

리더의 스트레스는 유난히 엄청날 것이다. 피할 수 없다. 스트레스 유무에 '왜'라는 의문을 제기하는 것은 어리석다. 대처하는 방법을 알아야 하는 것이 현실적이다.

스트레스는 원래 물리학에서 나온 개념이다. 고무풍선을 누르면 누르는 힘만큼 들어간다. 하지만 풍선이 일방적으로 눌리거나 찌그러지는 것일까? 아니다. 내부의 압력이 밖에서 가해지는 힘과 같은 힘으로 뉴턴의 반작용처럼 저항한다. 밖의 힘이 크면 찌그러질 수밖에 없다. 밖에서 오는 힘에 대항하려는 내부의 힘 전체의 합을 스트레스라고 이해하면 된다. 내부의 상태가 어떤가에 따라 스트레스 평가도(評價度)가 달라질 것이다.

우린 지금 사람에 대해 말하고 있는 중이다. 마치 임종환자를 보고 있듯. 스트레스, 외부로부터 오는 압력이 워낙 커지면 급기야 극단적 방법을 쓸 수밖에 없다. 폭발하는 것이다. 고통, 흥정의 과정이 무용지물이 되고, 풍선은 터지고 만다. 내부의 압력이 한꺼번에 밖으로 쏟아진다. 그 방향은 가해자에 대한 방향으로만 가는 것이 아니다. 주변 어딘가 물리적 저기압상태를 향해 힘을 내지르며 자폭하게 된다. 종로에서 뺨 맞고 한강에서 어떻게 한다고? 미생들 '을'이 갑질을 하면 '갑'의 갑질보다 잔인하다.

물론 그런 사태로까지 발전하기 전에 외부 압력에 대해 대항할까 아니면 피해버릴까라는 흥정이 선행된다. 대항은 고사하고 피할 형편도 안 되면 자폭하는 것이다. 안팎이 다른 인간, 단세포 아메바와 같아 스트레스에 대한 반응은 그래서 내공(內空)이 강조된다. 내공이란 그런 내부적 압력을 자체적 성숙도 여하에 따라 중화 흡수 소멸시킬 능력을 가지게 되는 탓이다. 임종이란 현실을 수용하듯, 어려운 일이다. 그래서 흔히 RED라는 방법이 제시 된다.

최대한 느긋하게(Relax) 운동(Excercise)하고 절식(Diet)을 일상에서 권하는 것이다. 자극에 대한 내부 대항력을 내공으로 풀어내고, 운동으로 그 기운을 희석할 뿐 아니라 커피(Caffeine), 담배(Nicotine), 그리고 술(Alcohol)

---

19) 정동철, "임종환자의 치료," 『精神醫學報』 2:12(1979), pp.2-7.

을 자제함으로써 내부적 압력이 민감하게 흥분 폭발하는 것을 최대한 줄이려는 것이다. 담배, 술, 커피는 내공을 강화시키는 것이 아니라 흥분상태를 높여 정신 신체적 반응을 과민하게 한다. 필요할 때도 있다. 그러나 내공을 강화하는 길과 정반대로 가기에 절제해야 한다는 것이다.

이해를 돕기 위해 고사 한마디를 예로 들겠다.

중국에 선사가 있었다. 어려서 출가한 후, 돌고 돌아 한 스승을 만났는데 3년이 되도록 한마디 이렇다 저렇다 말이 없다. 불만이었다. 제자에게 도움이 되는 화두 하나도 없었으니 … 어느 날 불당에서 좌선을 하고 있는데 스승 느닷없이 기왓장 하나를 들고 옆에 앉아 갈기 시작했다. 상상해 보라, 그 소리, 소름이 일 정도로 신경이 곤두선다. 하지만 스승이 하는 것이라 뭐라 할 수 없었다. 이것이 하루가 아니라 이틀 나흘 열흘이 지나간다. 도저히 참을 수 없어 볼멘소리로 묻는다.

"스승이시여, 대체 왜 기왓장을 갈고 계신건가요?"
계속 갈으며,
"자네 모르고 있었나? 이렇게 갈면 여기서 금이 나오지, 몰랐군!"
어이가 없었다.
"삼척동자도 아는 일백 년을 갈은들 금이 나오겠습니까? 제발 그만두시죠?"
그제서야 혼자소리로 중얼거리며 나갔다.
"그런가? 듣고 보니 그렇군 … 공연히 갈았군 … 한데 거기 말(馬)이란 놈이 소(牛)처럼 소가 되겠거니 면벽좌선 10년을 앉아 있다고 말이 될까 …?"

순간이다. 청천벽력 정신이 화들짝 번쩍거렸다. 깨달은 것이다.
자신의 속성은 본시 말이다. 한데 그것을 무시하고 도를 닦겠다 소처럼 앉아 좌선을 한다 하니 그렇다고 소가 될 리 없음에 자신의 본성을 알아차린 것이다. 그길로 스승의 가르침에 감사하고 바로 나섰다. 말처럼 중생을 위한 설법을 하며 뛰어다녔다. 달마로부터 이어온 선사 바로 마대사(馬大師)의 얘기다.[20]

20) 안동림 역주, 『碧巖錄』(서울: 현암사, 1978), pp.338-342.

내공 정도가 아니라 그쯤되면 스트레스라는 것 자체가 없다. 본성대로 사는데 부닥칠 일이 있겠는가?

내공의 힘이다. 그러나 속세의 얘기가 아니다. 자신을 알라 하지만 이 같은 경지에 이르지 못한다. 내공이 양에 차기는커녕 철없이 날뛰는 망아지에 그칠 것이다. 그래서 스트레스를 감당하는 데는 사전에 알아 대처방법을 익혀야 한다. RED가 한 예다.

이유가 있다. 스트레스 증가는 스트레스 호르몬의 분비증가로 혈중 카테콜아민 농도가 높아진다. 결과 에피네프린과 도파민 증가로 심장과 뇌에 직접적 흥분성 영향을 준다. 심장이 콩닥거리고 뇌가 바쁘게 돌아간다. 뿐인가 스트레스 호르몬 증가는 정신신경면역체계(psycho-neuro-immune system)에 영향을 주어 면역력을 약화시킨다. 결과 암발생률까지 증가될 가능성이 높아진다. 암세포의 증식을 감시 통제하고 있던 P53이 약화되는 까닭이다. 때를 만난 암세포가 모처럼의 자기세상에서 암세포의 증식을 활성화하여 암의 발생률을 높이게 된다는 것이다.[21]

구체적으로 카테콜아민은 교감신경을 흥분시키는 아드레날린의 전신이다. 심장박동에 불을 지피고 혈관내경을 축소시킨다. 결과 뇌가 필요로 하는 혈액공급량이 줄어든다. 전신에서 필요로 하는 혈액요구량의 20%를 전체 몸무게의 2%에 불과한 뇌가 쓴다. 뇌의 흥분까지 겹쳐 혈액요구량은 더욱 늘어난다. 심장에 과부하가 걸리고 결국 심장마비에 의한 돌연사로 이어질 가능성이 높아진다. 동시에 뇌 자체의 영양공급부족으로 뇌졸중이 발생할 수 있다. 중장년 생의 전성기에 스트레스가 개입하는 중대한 건강상의 문제가 바로 이 같은 심장마비와 뇌졸중에 있음을 참고할 일이다.

끔찍한 스트레스 흔히 만병의 근원이라 하나 사실 무언의 살인자가 더 적절한 표현이다. 이 중차대한 상황은 리더를 더욱 잔인하게 위협할 것이다. 스트레스를 극복한다는 것은 스트레스와 더불어 공존할 수 있는 내공이 없고선 불가능하다. 그래서 정신건강의 한 요소인 스트레스와 더불어 살 수

---

21) http://en.wikipedia.org/wiki/Stress_(biology).

있는 여력이 요구되는 것은 지극히 당연한 결론이다.

자, 이제 이쯤 되면 여기서 모든 것이 해결된 것 좀, 쉬어가자. 한데?

건강개념에 가족과 이웃 더 나아가 그가 속한 사회에 기여할 수 있는 건설적 창출이 필요로 한 의미가 포함되어 있다면 적어도 리더로선 더욱 심각한 스트레스에 대한 압박을 피할 길이 없어진다. 시급한 당면 문제다.

타자와의 공존, 아픔을 공유하면서 사회에 기여하는 리더, 동반자나 이웃을 이해할 수 있는 능력을 준비하면 이제 정말 한숨돌려도 됨직하다. 그러나 잠깐, 이것이 현실에선 마음대로 진행되질 않는다. 어떻게 해야 할까?

VI. 나의 선택이 나를 정의한다

자신의 선택은 그만의 특권이다. 그만큼 책임이 뒤따른다. 결과 자신의 현재가 단순한 말이 아니라 광범위한 활동 진동계수의 증가와 함께 정체성이 들어난다. 타자에 대한 이해를 통한 공존 공유가 이루어지지 않고선 리더가 될 수 없다는 중차대한 상식 공유경제시대라고 하지 않았던가. 과연 무엇을 뜻할까?

여기에 밈(Meme)이라는 문화유산에 대한 이해[22]와 더불어 그것을 익히 수용할 수 있으며, 스스로 구축할 수 있는 능력이 있어야 한다. 그것은 장차 자신의 주변은 물론 후세에 물려줄 문화유산이 될 것이기에 그렇다. 유전자와 밈(meme)의 의미를 염두에 두어야 한다는 뜻이다. 백년가업이 가능할 수 있는 자질이 준비되어야 한다는 뜻이기도 하다.

주변에 우리는 크고 작은 숱한 리더들을 보고 있다. 그 유형도 다양하지

---

22) R. Dawkins 저, 홍영남·이상임 역, 『이기적 유전자』(서울: 을유문화사, 2010), pp. 318-335.

만 성격적 성향과 특성 또한 너무 많다. 꼭「롤 모델」을 찾기 위해서가 아니더라도 선험적 유형의 리더들의 결과는 충분히 참고자료가 될 것이다. 전통(傳統)을 음미하는 것은 그래서 의미가 더 크다.

「자신의 선택이 자신의 현재를 정의함」을 보기에 앞서 여러 유형을 엿볼 필요가 있다. 모방이나 이중성을 위해서가 아니라 정의될 자신에 참 모습을 쌓아가는 길목에 중요한 버팀목이 될 수 있기에 그렇다.

> 역사 속에 많은 유형들, 그중에서 대표적인 세 가지 유형과
> 또 다른 모습들.
> - 권위적이고 독재적 유형의 리더
> - 참여와 민주적 유형의 리더
> - 대의의견을 통한 자유방임(Laissez-faire)형 리더
>
> 그리고 기타
> - 휘어잡는 카리스마형 리더
> - 시종드는 봉사형 리더
>
> 등이 그것이다.

이미 리더십에 대한 전문적 항목에서 다루어졌을 것이라 생각되어 나열한 것이나, 여기에 어떤 인물이 예시될 수 있을 것인지를 감안하면 자신의 리더십은 과연 어떤 유형에 속하게 되는지 가늠하는 데 도움이 클 것이다. 이 뜻의 전제는 앞에서 거론한 자신에 대한 자각을 통한 자신의 참 모습을 뚜렷한 정체성과 객관적 모습 사이의 오차를 최소화하는 데 진면목이 그려지므로 그것을 바탕에 두고 각 유형에서 특성들을 끌어올 수 있어야 함을 뜻한다. 유형에 맞추는 것이 아니라 자신의 참 모습에 각 유형의 장단점을 맞추어 본다는 것은 매우 유용할 것이다. 앞으로 수행해야 할 리더십에서 의미 깊은 결과를 도출해 낼 수 있어서다.

일견 이들 유형과 정신건강의 개념에 걸 맞는 이상형을 그려내는 것은 별개의 것으로 생각하기 쉽다. 그러나 정신건강개념에서 1) 생산성, 2) 책임성, 3) 현실성, 4) 사회가치 규범이해, 5) 자부심, 6) 융통성, 그리고 7) 사랑이 어우러져 구사될 수 있는 사람을 건강한 정신의 소유자로 요약할 때,23) 마지막 "사랑"이란 단어에 해당한 의미가 정신건강개념의 중요한 가치라는 것이 적시된다. 직시해야 할 부분이다.

사랑이란 단어는 남녀의 열정적 사랑에 준하는 협의의 뜻이 아니다. 여기서 말하려는 사랑은 헌신과 존경이란 사전적 의미는 물론 인간적 정감을 베풀고 공유할 수 있는지 여부와 관계된다. 울어야 할 때 웃고 웃을 때 묵묵한 진국, 그런 사랑 차라리 인간적 정과 원칙이 그윽해야 함을 말할 수 있을 것이다. 소통과 이해 그리고 관용이 배어 있는 인간적 정 말이다. 소통과 이해는 인간관계에서 핵심적 과제라는 것은 하이데거의 주장이기도 하지만 그것이 기계적일 때 오히려 그 폐해는 리더가 장차 감당하기 어려운 문제로 이어질 것이다. "사랑이 없는 정의는 살인 면허"란 말이 있다. 얼마나 어려운 과제인가? 넘어야 할 '통과제의(通過祭儀, rites de passage)' 바로 그것이다. 실존적 존재의 의미 그것이 빠지고선 불가능한 것이기도 하다.

수박을 겉모습만 보고 수박이라 한다면 초등학생, 잘라 속을 보고 빨간 냄새를 더하면 중학생이 될 것이다. 맛을 보고 비로소 수박의 진의를 알 때 대학생, 이른바 상근기(上根機)가 된다. 타자를 이해할 수 있게 될 것이다. 어렵다.

> 먹어야 할 때 먹을 수 없고
> 자야 할 때 잠들지 못 하며
> 의관 남루하다 비켜가나
> 너의
> 의식주(衣食住)

---

23) B. J. Sadock et al., *Kaplan's & Sadock's Synopsis of Psychiatry* (Philadelphia: Wolters Kluwer, 2014).

> 그것이 더 급하거늘
> 인내천(仁乃天) 내 참기로
> 냉수 마시고
> 마시며 또 마시리라

이런 것을 아는가?

다른 사람보다 자신을 보고 더욱 흐뭇해한다는 나르시스, 강물속의 자신의 미려한 모습을 보고 흠뻑 빠져 그만 강물에 뛰어들어 죽었다는 신화, 그것은 서양에만 있는 얘기는 아닐 것이다.

거울이 없던 시절로 가보자.

> 한양에 과거시험을 보러왔다 거울을 처음 본 선비, 너무 신기해 집으로 와 장롱에 감춰두고 보고 또 보며 혼자 웃는다. 젊은 아내 수상해 남편 없을 때 뒤져 찾아보니 이게 웬일인가? 거기 젊은 여자가 있지 않은가!
> 시어미에 달려간다. 큰일 났다며 흥분해 하는 말;
> 한양에 다녀오더니 바람이 나 젊은 여자를 대리고 왔어요, 어쩌면 좋죠…
> 시어머니 그럴 리 있냐며 거울 보더니 하는 말;
> 그럼 그렇지 그럴 리가 없지, 아랫마을 할망구가 놀러 왔구먼…
> 옥신각신 시끄러울 때 시아버지 왠 소란이냐 거울을 보자, 의관을 다듬고 엎드려 절하며 하는 말;
> 아버님, 어연일로 이렇게 오셨나이까? 소자 무슨 잘못으로 저승에 변고가 있는지요?[24]

우리의 뇌엔 거울신경세포(mirror neurone)가 실제 있다. 이탈리아 신경생리학자 리촐라티(G. Rizzolatti)가 1990년대에 처음 원숭이의 이마엽에서 발견했는데 사람은 더욱 발달하여 타인의 행동을 보고 있기만 해도 자신이 그 행동을 하는 것처럼 뇌의 신경세포가 작동되도록 하는 신경세포다.[25]

---

24) 임동권 편저, "거울을 모르는 사람들," 『한국민담』(서울: 서문당, 1972), pp.24-25.

25) Giacomo Rizzolatti, Laila Craighero(2004), "The mirror-neuron system," Annual Review of Neuroscience 27:169-192. doi: 10.1146/annurev.neuro.27.070203.14

영화를 보고 가상현실을 즐기는 이유다.

나르시스나 선비, 그 아내며 시어머니와 시아버지는 거울 속의 자신의 모습을 타자로 본다.

「나의 선택이 나를 정의한다」, 바로 그것을 의미하는 것이 아닐까? 시사하는 바 매우 큰 얘기다.

속과 겉을 아무리 달리 해도 자신의 근성은 바뀌지 않는다. 그러나 근기(根機)가 높은 사람은 거울(타자)을 통해 자신의 문제를 다듬어갈 수 있다. 이처럼 리더가 되기 위해선 뭔가 달라야 한다. 주변에 세 사람이 있으면 그중 한 명은 선생이라 한다. 마음, 즉 정신활동의 진화된 모습을 선점할 수 있는 계기들이다. 자신에 도취되어 타인을 우습게 여기려는 리더들이 빠지기 쉬운 함정, 「우연은 준비된 마음을 선호한다」라는 의미를 알아차릴 일이다. 타자를 정말로 이해하기 위해 …

레밍현상(lemming phenomena)이란 것이 있다. 툰드라지역의 레밍이란 작은 쥐는 주기적 번식기에 그 속도가 폭발적이다. 어느 날 한 마리의 쥐가 달린다. 다른 쥐가 보고 뒤를 따른다. 그것을 본 쥐들은 너도나도 함께 달린다. 그들은 직선운동을 선호한다. 결국 낭떠러지에서 수천 마리가 한꺼번에 떨어져 죽고 만다. 동물행태학자들은 적은 먹이로 기성세대의 쥐들이 개체조절을 통해 후손을 살리려 집단 자살하는 것으로 봤다. 그러나 아니다. 군중심리에 휩싸이는 단세포 현상에 불과한 것이다.[26] 우리사회의 일면이다. 우리나라 안전의식 수준은 100점 만점에 17점이라 한다. 2007년 30.3에 비해 세월호가 일어난 현재는 후퇴된 상태다.[27] 리더의 윤리의식이 필요로 하다는 것은 여기서 또한 호되게 심판을 받고 있는 중이다. 그만큼 윤리의식이 정착되지 않으면 안 된다는 것을 의미한다.

따라서 리더의 황금비율이 무엇인지 그것을 찾는 작업은 리더 자신의 몫

4230.PMID15217330

26) Lemming Suicide Myth Disney Film Faked Bogus Behavior.

27) 『매일경제』 인터넷 판, 2014/10/21.

이다.

수학적 입장에서 아름다운 황금비는 1:1.618의 직사각형이다. 정사각형과 자코메티의 직사각형 사이의 이 직사각형은 다빈치를 포함하여 많은 예술가, 수학자가 아긴 것이다. A4용지는 1:1.424, 리더의 황금비는 무엇일까?

「우연은 준비된 마음을 선호한다」. 그것이 아닐까? 아니면 「선택이 자신을 정의한다」고 해야 하나? 중요한 것은 자신을 알아 더불어 상생할 수 있는 정신에 있을 것이다. 그렇다면 왜 거울속의 타자와 레밍현상은 지속되고 있을까? 바로 우리가 살고 있는 비정상의 정상화 그 속에서 봐야 할 타자를 보지 못하고 있음을 암시하고 있다. 그것이 사회문화적 유산이 아닐까?

VII. 밈(Meme), 사회문화적 유산

리처드 도킨스의 딸 다오킨사나(R. Dawkinsana)는 밝히고 있다. 사회문화적 유산의 단위 밈의 전달 또는 닮아가는 단위도 유전자처럼 복제 진화한다고 한다.[28] 다른 말로 삶의 정보유형이 개체마다 기억저장되고, 그것이 다른 개체의 뇌로 복제 기억되어간다는 것(F. Heylighen)이다. 그것은 〈그림 5〉처럼 유전자와는 다소 다르나 의미있는 탁견이다.[29] 그렇다면 리더가 고민해야 할 사회문화적 유산, 밈 거기엔 어떤 것이 들어 있음을 알아차려야 할까. 역사적 사명감을 말하려는 것이 아니다. 새로운 내일의 밈이 될 함축성을 시대가 요구하는 리더로서의 사명감을 찾아 자신의 리더십에 녹여야 한다.

---

28) R. Dawkins, "11. Memes: the new replicators," *The Selfish Gene* (2nd ed., new ed.)(Oxford: Oxford University Press, 1989), p.368.

29) Francis Heylighen, *The World Economic Forum*, Retrieved Nov. 16, 2012.

〈그림 5〉 문화적 진화, 밈(Meme)

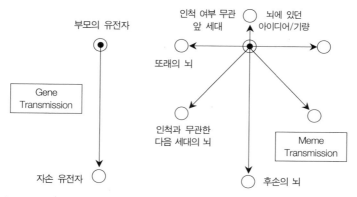

출처: http://www.google.co.kr/url?sa=t&rct=j&q=&esrc=s&source=web&cd=1&ved=0CB4QF
jAA&

결코 쉬운 일은 아니다. 그것은 마치 일국의 통치자와 같은 리더십에 해
당하는 사명감과 내일의 세대가 요구할 아이콘을 찾아 여러 가지 난국을
풀어나가는 것과 같다. 혁신과 도전이 화두로 등장하고 있다. 리더라면 당
연히 그런 마음을 갖는 것, 이제 그것은 평범 이상이 결코 아니다. 소비의
흐름을 바꿀 수 있는 태풍과 같은 것, 예상을 불허하나 바로 그랬기에 살아
남을 수 있는 특징적 밈이 무엇일까? 용광로에 집어던져 후세가 바라는 금
형에 쇳물을 부어야 하는 것과 비견될 수 있을 것이다.

정신건강이란 개념에서 정석 그대로 충실하면 바라는 결과가 나올 수 있
을까? 역설적이나 모범적 평범은 리더가 바라는 목표가 아닐 것이다. 남다
른 그것도 엄청난 이질성에 공감대를 이끌 수 있는 것, 입자인 동시에 파동
과 같은 돌풍이어야 할 것이다.

체제와 보편적 사회규범을 벗어난 그런 창의력? 그것이 함성으로 받아들
여질 수 있는 것이라면 사정은 달라지겠지만 뾰족한 창으로 돌출적 단회(單
會)에 머물 시선집중몰이로는 한계가 빤하기에 분명 있으나 우리의 손이나
시선이 닿지 않는 곳에 있음이 분명하다. 시야를 넓혀 포용할 수 있는 능력

이 엄청나야 가능할 것이다.

지극히 어려운 과제다.

가령 학업을 마다하고 떠돌다 밥버거를 만들었다든가, 껄끄런 목 뒤 상표를 모아 어떤 포털의 지극히 평범한 아이콘을 만들어 그 회사의 상징이 됐다든가, 아니면 고향이 무번지(無番地)인 한국계 일본인이 집적회로에 감동한 나머지 밤마다 끼고 살다 드디어 야후재팬의 CEO가 됐다는 것은 결코 우연히 이루어진 결과가 아니다. 동대문 디자인 프라자에 퍼져 있는 디자이너 리더를 꿈꾸는 그들에게 어떤 밈이 있는지 볼 일이다.

나는 1991년 갈림길에 있었다. 천리안에 상담코너 수익 5위 안에 있었으나 새로운 벽에 부닥쳤다. 인터넷이 바로 그것이다. 나의 창업(개원)은 1974년, 빌 게이츠나 스티브 잡스는 바로 그 1~2년 후에 창업을 했다. 나는 인터넷이 시기상조라 여겼다. 결과 흐름을 읽지 못했고 기회는 대중적 전문가의 인기(?)를 얻는 것으로 만족해야 했다.

무엇이 중요한가를 말하려는 것이다. 대중으로부터 인정받는 소통은 필요하다. 바로 밈이다. 그러나 오늘날 우리가 경험하고 있는 세계 속의 한국, 한국 속의 세계를 놓친 것이다. 지금의 한국은 세계를 상대로 하는 밈 속의 한국이란 점을 간직하면서 그 특성을 찾아내는 눈물나는 창의성, 거기엔 칠전팔기의 독특한 밈이 있다. 실패의 경험을 위한 실패가 아니라 오뚝이 같은 정신력이 깊은 한(恨)에 함축되고 발동해야 가능하다는 의미다.

양자역학을 통한 의식의 변화, 유전자를 통한 인간특유의 유일성, 바야흐로 사물인터넷과 직결되는 뇌지도의 공유경제를 통해 저력을 키워가고 있다. 한국만의 울타리를 벗어나 세기적 문화유산 단위의 밈을 통해 새로운 의미의 정신건강을 강조하는 것이다. 통계적 단순비교 그것이 지독하게 팽배해있는 우리사회는 매우 위험한 현상 속에 스스로 매몰되려 하고 있다. 과학자들이 말하는 3가지 거짓말이 있다.

첫째, 거짓말이라고 하는 거짓말.

둘째, 진짜 거짓말.

셋째, 바로 통계다.

세계인의 대략 50%가 삼성 TV를 본다(점유율이 아니라 시청률). 2015년 CES(국제전자제품 박람회)주제는 사물인터넷을 화두의 중심에 두고 "파괴할 것인가, 파괴당할 것인가"이다(이 글의 강연은 2014년 11월이었지만 원고를 마친 것은 2015년 1월 15일임을 감안). 양자 닷 TV, 거기에 OLED가 있었다. Quantum.TV with the OLED? 아마 그런 뜻이 들어 있을 것이다.

이미 소개한 양자역학은 1평방미터의 뇌 지도를 만드는 데 몇백 년이 걸릴 것을 몇 주로 줄일 수 있다. 암호해독은 불가능해진다. '정신 업 로드'가 컴퓨터 공학에 이미 올라가려고 고군분투하고 있다. 사물인터넷, 거기에 공유경제라는 의미는 무서운 밈을 통해서 이웃과 후손들에게 복제 진화될 것이다.

어느 기업 총수가 10년 후를 생각하면 등골이 오싹해진다는 것 해본 말이 아니다. 그 10년 앞에 지금 무릎을 꿇고 있다. 리더가 만나야 할 현장이다.

VIII. 결론: 나의 뇌는 어느 쪽인가?

오른쪽인가 왼쪽인가?

전광석화처럼 연상되는 생각, 바로 보수인가 진보 좌파인가가, 마치 모 아니면 도처럼 떠오를 것이다. 개나 걸 또는 윷은 아예 없다. 한국사회를 지배하고 있는 사고방식이다. 개나 걸, 윷이었던 사람들도 언제부터인가 모 아니면 도가 되었다. 자신의 의지와 관계없이 …

만일 결론의 어느 쪽인가가 그렇게 된다면 그야말로 나이와 관계없이 모두가 꼴통 그 자체. 한 가지 단어, 한 가지 현상에 반사적으로 반응하는 아메바 같은 단세포 사고(思考), 그것은 심각한 문제다. 같은 것을 양쪽에서 서로 다르게 보는 것은 이해할 수 있다. 아니 있어야 인간답다. 자신의 주장을 상대방의 생각에 덮어쓰려 발악을 하느냐는 것이 문제다. 대한민국의 현재 실상이니 예삿일이 아니다.

나는 바야흐로 자신의 뇌가 오른쪽인가 왼쪽인가를 말하려고 하는 중이다. 이념도, 체제도, 그리고 틀에 메인 진보나 보수 따위는 전연 관계가 없는 좌우 뇌를 소개하면서 결론을 내릴 참인데 대체 무슨 얘기들이 끼어들겠다는 것인가?

〈그림 6〉을 보자. 분명 좌우가 같은 뇌다. 들여다보면 부위에 따라 또는 전체적으로 좌우의 기능적 역할이 다름을 알 수 있다.

왼쪽으로 가보자. 논리적이고 과학적이다. 사리가 분명하고 적절한 분석을 통해 수리적으로 전략을 세우며 조율하는 기능이 눈에 띈다.

오른쪽은 어떤가? 사랑, 자유, 열정, 창의성, 생생한 창의력과 자유를 갈망하는 기능이 돋보인다. 뇌가 우리 몸무게의 2%밖에 되지 않지만 천 억개 이상의 신경세포와 세포를 잇는 연접부(synapse)는 100조에 이르는 어마어마한 기관이라 했다. 그것이 부족해 좌우 뇌의 기능이 갈려 있음을 말

〈그림 6〉 당신의 뇌는 어느 쪽인가?

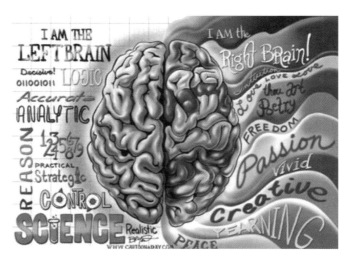

출처: http://psychosocialdaily.com/what-side-of-your-brain/

해주고 있다. 좋다 나쁘다가 아니다. 그렇다고 방금 설명한 대로 왼쪽 뇌에 해당한 사람은 무조건 논리적이고 과학적이라는 뜻도 아니다. 오른쪽의 사랑과 열정이 없다는 뜻 또한 아니다. 그런 쪽으로 우세함을 말하고 있을 뿐이다. 한쪽이 손상된다고 그쪽의 기능이 완전히 없어지는 것도 아니다. 반대편에서 지원을 받는다.

아무리 신경세포가 많아도 인간이 수행해야 할 일은 그보다 또 다른 의미에서 많다는 것을 말한다. 여기에 보수니 진보니 싸우고 있는 우리의 현실, 뇌는 너무 황당해 한참 웃고 있을 것이다. 우리의 뇌는 도, 개, 걸, 윷, 모를 모두 다 지니고 있다. 어느 것이 어느 쪽에 역할분담일 뿐이다. 보수나 진보는 없다. 애써 말한다면 똑똑한 왼쪽 뇌가 바른 쪽 뇌로 더 돋보일 수 있다. 그 반대도 같다.

여러분이 리더를 꿈꾸고 있다면 이 그림을 보면서 무엇을 떠올려야 할까? 자유다. 그러나 웃기지 않나? 이념과 적대적 파벌을 중심으로 자신의 좌우 뇌가 투닥거리는 현상 솔직히 뇌가 보면 웃기는 일이다.

자신만이 가지고 있는 특징적 장점을 보다 활성화하기도 바쁜 형편에, 자신의 특성과 반대쪽이라 깨부신다면 자중지란치고는 너무 괴이하다. 서로 보완하거나 좌우 뇌의 장점을 발전 개발하여 두루 써먹어도 신통치 못할 형편이 아닌가 … 명심할 일이다. 좌우 뇌는 서로 싸우는 것이 아니라 협연하고 있다는 사실을 …

그것으로 충분히 물리현상의 과학적 사건들은 시간을 매개로 진화하고 있는 중이다. 시간의 앞과 뒤를 당신은 알고 있는가? 엔트로피(entropy)[30]의 방향으로 간다는 것을. 에너지 보존법칙에 따라 공간상의 에너지 불변의 법칙은 인간의 입장에서 쓸모 있는 에너지가 쓸모없는 에너지로 바뀌고 있을 뿐 에너지 총화는 결코 변하지 않는 사실, 시간은 쓸모없는 에너지 곧 엔트로피를 향하고 있을 따름이다. 거기에 좌우 뇌가 존재하고 있다.

무엇을 말하려는지 알 것이다. 아니 알 수 있어야 한다. 리더의 정신건강

---

30) Jeremy Rifkin 저, 이창희 역, 『엔트로피』(서울: 세종연구원, 2015).

은 누구나 준비되어 있어야 할 WHO의 정신적인 웰빙(mental well-being)
이다. 표기된 정서적·심리적, 그리고 사회적 웰빙(well-being)을 이해하기
위해 양자의식, 뇌의 지도가 지향하는 선(先) 개념을 소개했다. 아울러 유전
자와 더불어 문화적 유산 단위라 할 수 있는 밈(meme)에 대한 의미를 강조
했다. 특히 리더가 정신건강을 유지하기 위한 불가피한 스트레스를 어떻게
극복해야 할 것인지도 요점을 정리했다.

그렇다고 장담할 수 있을까? 리더의 정신건강은 그것으로 충분하다고? 그
렇다. 본문에서 소개된 내용을 심층적으로 이해하고 그것이 자신의 것으로
정착되었다면 정신건강이란 측면에서 비로소 바람직한 리더가 될 자격을 갖
게 되는 셈이다.

부언한다. 진정한 리더가 되기 위해선 적어도 정신적 문제의 심각성이
사회적 법률로 어떤 형편에 해당하게 되느냐는 점을 또한 알고 있어야 한다.
근로기준법이라든가 성희롱에 대한 법률이나 안전을 위한 각종 법적 정보를
갖추고 있어야 하듯 적어도 정신적 문제로 인한 사회적 책임과 관계되는
민·형사상의 문제와 인권법은 정면으로 충돌하고 있기에 그 미묘함을 인지
하고 있어야 한다는 것이다.

형법 제10조는 죄에 관한 법률이다. 정신병의 경우 정신감정을 통해 심신
미약(心神微弱)에 해당되는 경우 책임을 질 수 없다고 판단한다. 그런 상태
로 비롯된 행위의 결과는 법적으로 죄를 물을 수 없다는 것이다.

가령 망상적 정신분열병 환자가 타인을 살해했다 해도 죄를 물을 수 없
다. 중대한 문제다. 같은 경우 민법상 금치산이 가능해진다. 정신보건법이
있다. 선의의 피해를 막기 위해 응급 또는 보호자에 의한 강제입원이 가능
해진다. 이것은 인권법과 정면으로 충돌될 미묘함을 갖는다. 인권을 존중하
는 인신보호법과 선의의 피해자를 예방보호하기 위해 법적 보호자에 의한
입원(강제)을 허락하고 있는 정신보건법 사이에 있는 정신과의사는 양측으
로부터 압박을 피할 수 없다. 어려운 처지에서 소신진료를 한다는 것은 간
단한 문제가 아니다. 미국의 경우 전체 병원 베드의 37%를 정신과 환자가
차지하고 있다. 막대한 비용이 국민의 세금으로 충당되고 있다.

　리더의 현실은 정신과 의사와 유사한 틈새에서 서로 다른 법에 의한 규제로부터 자유롭지 못한 것 또한 사실이다. 역시 법률적 이해가 없으면 리더의 역할을 원만하게 수행할 수 없다. 법은 양심을 심판할 수 없지만 현실은 다르다.

　결론의 구독점을 찍기로 한다.

　리더의 황금비율, 그것은 이런 저런 어려움 가운데「선택이 자신을 정의하고 있다」는 사실을 가슴에 담고 타자를 이해할 수 있어야 함을 강조한다. 리더는 선택이 우선하는 창업과 사명에 위치해 있기 때문이다. 선(線)이 점의 연속이듯 인생은 문제해결의 연속 즉 선택의 연속이다. 전직 대통령 중재야시절 극열하게 반대한 현장에 예상을 깨고 달려가 남긴 말, "대통령이란 그날 그날의 선택이 요구되는 상황에서 좌우를 떠나 선택을 바로 결정해야 하는 자리다." 좌우 뇌의 협연을 두고 한 말인지 그것은 알 수 없다. 그러나 그것이 리더인 것이며 정신적으로 건강한 리더가 되어야 함을 말해주고 있는 것은 참일 것이다.

가정과 민주주의

송지혜

I. 국가와 다른 구조를 가진 가정

"우리 가정은 민주적이죠. 저는 아이들과 아내의 의견을 존중하거든요"라고 말하는 아버지가 생각하는 민주주의란 무엇일까? 이 아버지가 생각하는 민주주의란 본인 주장만이 아닌 가족 구성원의 생각을 수렴하는 것이다. 틀린 말은 아니다. 필자도 민주주의란 나와 다른 생각과 가치를 인정하며 서로 공존하는 사회를 말하는 것이라고 생각한다. 그렇다면 가정에서 가족들의 생각만 수렴되면 민주주의가 이루어지고 있는 거라고 할 수 있을까?

물론 아버지가 본인의 의견만 주장하고 왕처럼 군림하던 시절에 비교해 본다면 요즘은 적어도 아버지가 아내와 자녀의 의견을 묻고 가족회의를 하는 가정이 점점 늘어 가고 있다. 때문에 가정 내에서도 민주주의적 영향을 받고 있다는 것이 느껴진다. 하지만 의견을 존중하는 것만으로 가정 안에 민주주의의 구성요건이 만족되었다고 할 수 있을까?

아버지가 아무리 민주적이라고 주장하더라도 그 가정이 정말로 민주적인지의 여부는 모를 일이다. 결국 가정을 구성하는 가족 구성원들 모두 고개를 끄덕이며 "우리 가정은 민주적이다"라고 말할 수 있어야 진실되게 민주적일 수 있기 때문이다.

한 가정이 "민주적이다, 아니다"라고 말하기 위해서는 각 가정에서 일어나는 의사 결정, 생활습관, 드러난 행동의 결과 등을 통해 실상을 살펴보아야 한다.

민주주의와 연결해서 생각해 볼 때 가정은 국가와는 근본적으로 전혀 다른 특별한 구조를 가지고 있다. 민주주의로 통치되고 있는 나라의 국민은 공평하고 동등한 권리를 갖게 된다는 것을 전제로 하고 가정과 비교해 보자. 가정을 구성하는 가족들은 공평하고 동등한 권리를 갖지 못한다. 부모 자식 간은 계층적인 관계로 형성되어 있기 때문이다. 따라서 가족 구성원들은 전혀 동등하지 않다. 아버지와 아들이 같은 권리를 가지는 것은 무례해 보인다. 아내가 자녀가 집안의 중대한 문제에 마지막 결정을 내리면 어딘가 어색해 보인다. 가정에는 분명한 상하 권위가 존재한다.

또한 가정은 거짓이 허락되지 않는 철저한 진실의 현장이다. 생각과 행동을 숨길 수 없다. 거짓이 통하지 않기에 진실이 가장 적나라하게 드러난다. 가정에서 민주주의를 이루어가는 것은 다른 사회 조직과는 근본부터 다르다. 어쩌면 가정이야말로 순도 높은 민주주의를 이루어 내는 유일한 사회일 수도 있다.

가정의 민주주의를 논하기 전에 한 가지 더 짚고 넘어가야 할 부분은 오랫동안 가정에서 일어나 온 관행에 대한 것이다. 한국 가정에는 과거 오랫동안 사회의 기본적 윤리로 존중되어 왔으며, 지금도 일상생활에 깊이 뿌리박혀 있는 유교적 전통의 생활태도가 있다. 이는 수백 년 아니 더 오랫동안 지배하던 한국사회에 뿌리박혀온 습관적인 생활태도이기도 하다. 현재까지도 존속하는 부부유별, 남존여비 등 삼강오륜에 기초한 옛 지배층의 통치 이념은 각 가정의 문화나 지역 또는 가치에 따라 그 강도가 다르게 남아 있다.

우리 주변에서 보편적으로 아직까지도 남아 있는 관행을 몇 가지 적어 본다면, 남편은 돈을 벌어야 가장 노릇을 하는 것이며, 애는 엄마가 키워야 하고, 남편 밥상은 부인이 차려야 하며, 경조사에서는 시댁부터 가야 되고, 시집을 갔으면 그 집안의 대를 잇기 위해 아들을 낳아야 책임을 다하는 것이라는 등의 사고이다. 한국인의 사고 체계에 아직도 깊게 깔려 있는 이러한 사상들은 현대 사회에서 가족 간, 세대 간에 많은 갈등을 일으키는 사고 차이이기도 하다.

이러한 사상에 대해 "옳다, 그르다"라고 하기 이전에 앞으로 우리가 살아가야 할 미래에 가족을 더욱 행복하고 건강하게 만들기 위해서 진정한 민주주의가 무엇이며, 가정 안에서의 민주주의적 사고에는 어떤 것이 있을지 살펴볼 의미는 충분하다. 의식과 인식의 변화는 올바른 지식의 깨달음에서 온다고 믿기 때문에 더욱 그러하다.

II. 가정에서 민주주의란 어떤 형태로 일어날까?

다수결로 정하는 가족 여행, 분담하는 가사일, 자녀들의 진학과 직업에 대한 의견 존중, 및 중요한 가정 대소사에서의 최종결정 등 가정의 수많은 문제들이 어떻게 해결되어 가는지 보는 것은 그 가정에서의 민주주의가 어떻게 행하여지는지에 대한 중요한 잣대가 된다.

가정의 민주화란 어떻게 이뤄질까?

계층도 권위도 이미 성립되어 있는 특수 조직인 가정에서 민주주의가 실현되어지기 위해서는 모든 개별 가족 구성의 '역할과 기질'에 따라 분담의 가치가 같다는 데서 출발해야 한다. 가정에서 실현되어가야 할 실생활의 원칙(De facto Rule)은 돈을 버는 것이나 가사일 또는 의견제시에 있어서 가족 구성원들은 모두 동등한 의무와 권리를 가지되, 서로를 배려하고 사랑한다는 것이다. 그러나 이러한 배려와 사랑에도 여전히 생활태도는 관행에 따르는 경우가 많다. 예를 들자면, 다음과 같은 생각들은 고정관념 또는 개인의 신념에 기초한 생각들로 결과적으로 민주적인 결과를 내지 못하게 된다.

1. 회사의 어려운 일을 아내에게 이야기하면 아내의 걱정만 많아진다.
2. 초등학교에서 중학교 과정을 다 마쳐야 일류 학교에 입학할 수 있고, 그래야 자녀가 나중에 성공한다.
3. 상대방이 바뀌기만 하면 나는 행복할 것이다.
4. 내가 최선을 다하면 상대방의 성격을 바꿀 수 있다.
5. 상대방이 기분이 좀 상하더라도 정확하게 지적을 해주어야만 가족이다. 가족이 아니면 누가 해주겠는가?
6. 부모 말 들어야만 후회하지 않는다.

이러한 신념들은 적절한 관행일까? 요즘 세대에서는 관념 자체가 변하고 전혀 다른 결과로 나타나는 경우도 많다. 오히려 이러한 신념들이 가정을 불화하게 하는 원인이 되기도 한다. 위의 글을 반박할 수 있는 예들을 조목조목 들어 보겠다.

1. 회사의 어려운 일을 혼자만 고민하며 괴로워하다가 어느 날 투신 자살한 남편이 있었다. 아내는 남편이 자기와 함께 의논하고 또 주변의 도움을 청했더라면 불행한 일이 일어나지 않았을 거라며 애통해 했다. 가족 내의 어려운 일을 공개하면 오히려 가족이 하나로 뭉쳐지는 결과가 나오기도 한다.
2. 요즘 가장 성공했다고 하는 세계적인 마이크로 소프트, 페이스 북 같은 회사의 창업자들이 정규과정을 졸업하지 않았던 예가 늘어나고 있다. 과연 정규과정이라는 교육을 꼭 끝마쳐야만 할까? 정규과정이란 누가 만든 제도인가?
3. 상대방이 자기 말을 절대 복종하고 들으면 진정 행복한가? 꼭두각시

와 사는 느낌일 수도 있다.

4. 내가 최선을 다한다는 것은 어떤 의미인가? 무조건 참는 것인가? 아니면 상대방을 돕겠다고 한 나의 최선이 상대방을 더 힘들게 했을 수도 있다. 진정한 최선이란 무엇인가?

5. 대체로 부모들은 "내가 아니면 누가 해주랴?" 하면서 자식들의 약점을 지적하며 고쳐 주려고 한다. 배우자들도 서로 잘되라는 뜻에서 일부러 반대편의 입장에 서서 공정한 평가를 내려주려고 한다. 그러나 결과적으로 서로에게 상처만 입히고 결과적으로도 열등감으로 괴로워하고 자신감 없는 자녀들로 키워지기도 하며 의기소침해진 부부관계가 되어 점점 애정이 식어갈 수도 있다.

6. 부모 말 들어야만 후회하지 않는다는 것도 사실은 아니다. 필자도 부모가 되어봐서 안다. 내가 늘 옳지 않다는 것을. 진정한 가정 민주화를 이루기 위해서는 먼저 자신의 경험이나 고정관념으로 확고해진 의식을 새롭게 하는 것이 필요하다.

III. 진정한 가정 민주화를 이루기 위한 가족 구성원의 기질과 역할

신념으로 확고해진 의식을 어떻게 새롭게 할 것인가? 가족 구성원 안에서 부모의 권위를 지키면서, 자녀를 존중하면서 부모 자신 사이의 민주적 대화를 할 수 있을까? 현실은 무척 어렵다. 오히려 가장 친밀해야 할 가정이 오히려 갈등의 본산이 되고 진정한 민주적 대화를 시작하기도 전에 부부간, 부모·자녀 간 갈등으로 피투성이가 된다. 자신의 기질적 성향에 갇힌 대화방법의 미숙함과 서로의 기질과 성격이 다르다는 것을 이해하지 못하는 편협한 사고를 가진 가족 구성원들은 서로 '대화' 좀 하자고 하다가도 그

말이 '대놓고 화내는'의 약자가 되어 버리게 되는 경우도 비일비재하다.

오해와 불신으로 수렁에 빠져 회복될 수 없는 지경에 이르면 파탄이다. 민주화는커녕 가정 자체가 부도가 나버리게 되는 실정이다. 가정 안에서 가족 구성원 간의 기질의 차이를 아는 것으로 시작해 서로 다름을 존중해야 한다는 것은 민주적 대화를 이끌어 내기 위해 필요 충분 조건이다.

1. '기질' 차이로 인한 갈등

우리 가정은 바로 이런 기질의 차이를 몰라 민주화는커녕 깨질 뻔했다. 남편과 필자는 성격이 아주 다르다. 보통 사람들은 다른 성격에 매력을 느낀다고 하지 않는가? 하지만 다른 것을 알고 결혼한 것은 아니다. 찬찬하고 성실해 보이는 남편이 좋아 보였고 남편은 명랑하고 밝은 나의 성격이 좋다고 했다. 사실이었다. 태어날 때부터 웃고 나왔다는 이야기를 들으며 자랐다. 그래서인지 평생 스스로 성격이 명랑하고 밝은 성격이라는 생각을 하고 살았다. 초등학교 성적표에도 "밝고 명랑하며 상냥하다"는 평가가 늘 따라붙었으니 믿을 만했다. 그런데 그 이면에는 새로운 것에 대한 호기심이 함께 있다는 것은 몰랐다.

새 것을 좋아한다는 뜻은 올드(old) 즉, 옛날 것들, 오래 가지고 다니던 열쇠, 안경, 몇 달 전 잘 보관해 두었던 서류 등이 어디 있는지 이와 같은 것들이 잘 기억이 안 난다는 뜻이기도 하다. 호기심이 많음으로 인한 것은 예측불허를 즐기기에 위태한 상황이 생기는 경우가 많다. 그런데 남편은 반대였다. 남편은 차분하고 정확하고 전통적인데 그 뜻은 오래된 쪽의 일들을 잘한다는 것이다. 늘 하던 습관적인 일을 좋아하고 옛날 방식을 고수 한다. 새 것에는 익숙하지 않기 때문에 좀 거부감을 갖는다. 그래서 메뉴도 항상 시키던 것만 시킨다.

늘 새 물건이 나오면 일단 호기심이 생기므로 후회하더라도 한번 먹어보고 싶고 충동적으로 물건을 사기도 하는 필자와는 전혀 반대이다. 남편은 수많은 조사와 연구를 한 뒤 신중하게 계획적으로 구입한다. 따라서 자주 부딪혔다. 그러나 이러한 사실을 객관적으로 분석하게 된 것은 결혼 후 13년이 지나서였다. 그것도 더 이상 둘이서 해결할 수 없는 심각한 상태가 된 후, 성격에 대한 강의를 수십 시간 듣고 나서야 비로소 지각하게 되었다.

쇼핑센터는 우리가 참 많이 싸우던 장소 중 하나였다. 나는 세일 50%라고 붙어 있으면 일단 궁금해진다. 안사더라도 뭐가 있는지 가서 구경이라도 하고 싶은데, 남편은 일단 못 가게 막는다. 궁금해서 슬쩍 보려고 기웃거리면, 옆에서 끌어당긴다. 집에 넘치는 게 물건이라며 못 가게 한다. 그런데 가만히 보니 남편은 정작 자기가 사고 싶은 것은 사야 한다고 노래를 부르고 비싸도 사고야 만다. 그런데 내가 비싸지도 않은 세일 물건을 고르면 촌스럽다고 한다. 비싼걸 사라고 한다 해도 가정 경제가 뻔한데 내가 사겠는가? 늘 절약한다고 자부심을 가졌다.

몇 번의 제지를 받고서는 기분이 나빴지만, 갈등이 일어나는 게 싫어 세일하는 가게에 가고 싶어도 참고 있는데, 그때 마침 남편이 화장실 갔다 오겠다고 했다. 화장실 바로 앞에 70% 세일을 하고 있었다. 옳다구나 하고 매대 앞에 있는 물건을 골랐다. 얼른 지불하고 뒤를 돌아보니 남편이 없다. "아무렴 벌써 나왔을까?" 하면서 기다려도 나타나지 않는다. 한참 후 남편은 상점에 들어간 나를 못 보고 나를 찾아 다녔다고 한다. 나는 일부러 멀리 가지도 않고 바로 화장실 앞에서 물건을 고르고 있었는데 어떻게 나를 못 찾을 수 있느냐고 했다. 그날도 결국 둘 다 화를 내고야 말았다.

서로 즐겁게 좋은 물건을 사는 것이 얼마나 행복한 일인가? 이렇게 행복할 수 있는 행사를 이렇게 불행한 사건으로 만들어 버린 우리 부부의 문제는 무엇이었을까? 만약 내가 신중하고 계획적인 남편의 성격을 미리 파악해서 신중하게 계획해서 앞으로 추석이 다가오니 아이들 선생님의 선물을 사야겠다고 계획을 이야기 하고, 시장조사를 해서 예산을 세워 사러 간다고 했다면 나를 무조건 못 가게 막지는 않았을 것이다. 하지만 나의 성격은 그렇게 치밀하지 못하기 때문에 대강 선물이 필요할 거라는 생각만 가지고 있다가 지나가는 길에 물건이 보이면 사려고 하니 나의 행동이 아무 생각이나 계획도 없이 충동적으로 저지르는 구매처럼 보인 것이다.

하긴 어릴 때 아버지께 용돈을 받으려고 하면 아버지는 꼭 용돈 계획서를 가지고 와서 받아가라고 했다. 계획을 정확하게 세우지 못한 자식들은 용돈을 받지 못했기 때문에 부족하더라도 나는 열심히 사야 할 항목들을 채워서 받아내곤 했는데 내 동생은 아예 안 받고 말겠다고 했다. 이해할 수 없었다. 지금 와서 생각해 보면 현실적인 나의 성격과 이상적인 동생의 성격의 차이였다는 것을 기질을 공부해 보고 나서야 이해하게 되었다. 이처럼 성격의 차이는 많은 행동의 차이를 만들어 낸다. 성격을 이해하지 못하면 행동에 대해 비판만 나오게 된다.

자녀들은 어떨까? 자녀들의 성격은 부모를 닮아 태어날까? 부모와 모습이 닮았다고 해서 성격이 그대로 닮지는 않는다. 첫 아이 모습은 내 모습 같았지만 성격은 오히려 아빠를 닮았다. 어찌나 답답한지 완전 모범생이었다. 둘째는 달랐다. 모습은 친가 쪽인데 성격은 누구도 닮지 않았다. "저 아이는 누굴 닮았길래 저런 행동을 할까?" 하는 아이였다. 그나마 엄마인 나는 그래도 말이 통하는데 자라면서 아빠하고는 전혀 소통이 안 될 정도였다. 심지어 통역이 필요한 경우도 생겼다.

"여보 얘가 말하려는 것은 그게 아니고요. 사실은 이런 뜻이라고요."

"그게 아니라니까 … 아빠가 말씀하시는 것은 이렇다는 거야. 아빠가 너한테 그러시겠니?"

아이와 아빠 사이에 생긴 오해를 풀기 위해 둘 사이를 왔다갔다했던 적이 한두 번이 아니다. 똑같은 말을 해도 어떤 애는 알아듣고 다른 애는 못 알아듣는다. 말은 둘째 아이와 더 잘 통한다. 둘째 아이의 바이올린 연습을 시키면서 음악적으로 깊이 있는 말을 해도 말귀를 척척 알아듣는 게 신기했는데 오히려 큰 아이의 피아노 연습 봐주다가는 내가 늘 화를 내며 나오는 것이다. 셋째가 가장 심했다. 우리 부부 둘 다 그 아이하고는 말이 통하지 않았다. 4살 때 부활절 계란을 찾는 게임을 하다가 자기가 금 달걀을 못 찾았다고 계속 우는데 도무지 아무도 말릴 수가 없었다. 모노폴리 게임을 하면 자기가 이길 때까지 게임을 끝내지 못하게 한다. 막내를 임신하고 이번에는

최소한 나하고도 비슷한 아이가 나왔으면 좋겠다는 바람이 있었다. 놀랍게
도 모습도 성격도 나와 비슷한 아들이 나왔다. 그런데 예상 밖으로 오히려
감당이 안 되었다. 말은 잘 통한다. 하지만 여전히 말을 듣는 것은 아니었
다. 사실 내 스스로도 내가 감당이 안 되는데 아이까지 같은 문제를 일으키
니 대책이 안 섰다. 도대체 아이들의 성격은 왜 이렇게 다 다른지, 한 뱃속
에서 나왔는데 모두 다른 기질이었다. 같은 부모 밑에서도 이렇게 다르다면
남남들은 어떻게 소통하는 걸까?

2. 가정 민주화를 위한 가족 간의 '기질' 분석

진정한 가정 민주화를 이루기 위해 알아야 할 내용을, 상하가 분명한 가
족 구성원의 역할을 잠시 배제하고 동등한 가족 구성원으로서 '기질'의 차이
를 보기로 했다. '기질'에는 우열이 없다. 기질은 서로 다른 것이다. 즉, 더
좋은 성격과 더 나쁜 성격이 아니라, 태어날 때부터 다른 성향이라는 것이
다. 필자는 기질이나 입 맛 같은 성향은 환경의 지배를 받는 것처럼 보이지
만 근본적으로 선천적이라고 보는 쪽이다. 같은 가족 안에서 같은 음식을
먹고 자랐는데도 좋아하는 음식이 다른 것을 보아도 알 수 있다. 부모와는
전혀 다른 성격의 아이들이 태어나며, 필자 자신도 나의 부모님과 전혀 다른
기질이기도 하다.

인간의 행동은 다음과 같은 과정을 겪으면서 나타나게 된다.[1] 먼저 행동
은 외향적일 때 더 잘 드러난다. 내향적인 사람도 행동이 일어나고 있지만,
속으로 일어나기 때문에 외부적으로 잘 보여지는 외향형들의 행동이 더 눈
에 띄게 된다. 행동을 결정짓는 또 하나의 태도는 인식형(Perceiving)인가
판단형(Judging)인가의 차이이다. 판단형은 자신의 기준으로 주변을 조절
하고 싶은 유형으로 매사에 자기만의 방법으로 결정하고 판단하는 태도를

---

1) 〈그림 1〉은 Myer Briggs와 Kersey의 '기질'론에 근거한 것이다.

〈그림 1〉 브리그즈와 커시의 기질론

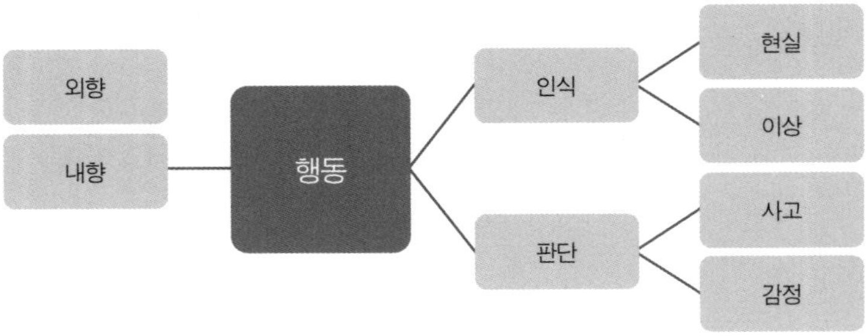

가진 사람이고, 인식형은 있는 그대로 받아들이는 개방적인 유형이다.
　그런데 이를 받아들일 때는 눈으로 보여지는 인식의 과정을 거친다. 이때 현실적으로 오감(Five Senses)을 사용해서 보는 사람을 현실형(감각형, Sensing)이라고 하고 육감(Six Senses)이나 직관(Intuition)을 써서 인식하는 이상형이라고 한다. 이렇게 인식을 하고 난 사람은 자기가 인식한 정보를 토대로 결정한다. 이때 사고(Thinking)형들은 논리적이고 개관적인 사실에 입각한 판단 기능을 사용해서 행동을 결정하지만 감정(Feeling)형들은 주관적인 자기의 가치에 따라 관계중심적으로 판단해서 행동을 결정한다. 복잡해 보이는 유형들의 이해를 돕기 위해 예를 들어 보겠다.

　어느 봄날에 해변에 나가보니 새들이 무리 지어 날아가고 있었다.

　외향적인 사람이 외친다.
　－"저 새들 좀 봐. 멋지다!"

　내향적인 사람은 생각한다.
　－"음 … 새들이 날아가는군."

　외향적이고 현실적이고 사고유형의 사람이 말한다.
　－"새들이 무리지어 날아가네요. 어머 새들도 가지런히 줄 맞추어 날아가

네. 기특해라. 짐승들도 줄을 맞출 줄 아네"

내향적이고 이상적이면서 감정적인 사람이 중얼거린다.
　－"저 새들은 시베리아에서 오는 철새들이 분명해. 따뜻한 남쪽나라를
　　찾아 날아가고 있는 거야. 나도 남쪽으로 가고 싶다!"

한 인간의 어떤 행동이 나타나는 데는 이처럼 위와 같은 여러 가지 요소들이 내면에서 역동적으로 일어난다. 한 상황을 보고도 전혀 다른 생각을 하기 때문에 다른 행동이 나오는 것이다. 인격이나 나이의 차이로 오는 반응이 아니다. 기질이 다르기 때문에 일어나는 행동의 차이이다. 생각이 다르면 당연히 다른 행동이 나온다. 따라서 서로 다른 기질의 행동을 이해하려면 서로 다른 기질에 대한 지식과 연구가 있어야 한다.

가정의 민주화는 개별 가족의 역할과 기질에 따라 분담의 가치가 같다는 데서 출발하기 때문에 먼저 평등한 기질의 차이를 알기 위해 기질을 분석할 수 있어야 한다.

3. 민주적인 대화로 이끌어 가는 기질의 이해

기질을 모르는 채 대화를 하면, 대화에 임하는 태도나 표정이 먼저 드러나기 때문에 대화를 시작하기도 전에 벌써 기분이 상한다. 외향형들은 궁금하면 못 참기 때문에 깊은 생각을 하기보다 일단 행동에 옮긴다. 외향형들은 거침없이 질문하고 속에 있는 말을 남김없이 다 한다. 이런 외향형들이 내향형들에게는 버겁다.

내향형들은 한 번에 한 질문을 해야 하고 한 질문에도 답을 하기 위해 생각할 시간이 필요하다. 첫 질문의 답을 심사숙고하는 중에 다음 질문이 들어오면 정신이 없다. "말이면 다 해도 되는가?" 내향형들에게는 해야 할 말과, 하면 안 될 말이 있는데 감히 할 수도 없는 말들을 필터 없이 쏟아

내는 외향의 인격이 의심스럽기조차 하다. 외향형과 내향형! 이 둘은 대화가 제대로 시작하기도 전에 나타난 태도들로 인해 서로 기분이 이미 상한다. 두 성향은 이미 대화를 이어갈 기분이 나지 않는다.

며칠 전에 음악을 전공하는 두 딸 아이가 함께 미주판 신문에 실렸다. 좋은 일이라 얼른 페이스북에 공개를 했다. 나는 딸들이 자랑스러운 외향적인 엄마니까… 그런데 몇 분도 안 되어 내향적인 딸의 문자가 도착했다. 평소에는 답을 하기 위해 한참 걸리는 내향이 이런 경우에는 제일 신속하다.

"내 이럴줄 알았어 … 그래서 엄마한테 안 보내려다가 보내는 거야. 이 기사 내일 나가는 건데 또 오바하지마 제발 좀 한 번만 더 생각하고 활동하셔요 어머니 … ㅠ"

나도 이럴 줄 알았다. 그래도 이건 공개적인 기사라 마음 놓고 페북에 올렸는데 역시 또 그냥 넘어가지 않는다. 내향들은 주변부터 살피고 여러 번 생각한 후에 신중히 결정한다. 외향들은 일단 생각 없이 목적을 향해 주변도 보지 않고 밀어붙인다. 내향들은 외향들의 행동 때문에 힘들다. 외향은 별것도 아닌 일에 기겁을 하는 내향 때문에 짜증이 난다. 하나의 행동 뒤에는 이런 기질의 차이가 존재한다. 아이들이 신문에 실린다고 신문기사를 미리 보내 주자마자 정보를 수집한다. 정보의 수집은 눈에 보이는 대로 들리는 대로 하는 오감을 쓰는 현실형과, 육감이나 직감을 쓰는 이상형으로 나뉜다. 현실형 엄마인 나는 눈에 보이는 정보를 인식하고 사고형 성격을 가지고 있어서 논리적인 판단을 하면서 행동한다.

"이번 기사는 좋은 일이고, 뽑힌 거니까 이런 것은 홍보를 해야 돼." 하며 눈으로 보이는 정보를 인식한다. 그러고 나면 인식한 내용을 가지고 판단한다. 사고형인 나의 결정은 논리적이다.

"이렇게라도 홍보를 해야 아이들의 미래에 도움이 될 테니 얼른 홍보차원에서라도 올려야겠다. 그래야 나중에 또 연주가 연결되겠지?" 하면서. 그런데 감정형인 딸은 엄마와 성격이 다르다. 일단 내향형이라서 자신의 사진이 공개되는 게 불편하다. 혹시 엄마의 말에 과대포장은 안 되어 있는지, 엄마가 댓글을 유난스럽게 달지는 않을지 신경이 쓰인다. 게다가 감정형이라서

일 자체보다는 주변에 미치는 영향, 즉 주변에서 느끼는 감정을 더 살핀다. 그런 딸의 행동이 엄마 보기에 너무 소심해 보인다. 신문에 실린 일은 좋은 일이었는데도 불구하고 이 때문에 일어난 일련의 사건에서는 이미 갈등이 시작되었다. 이것이 기질의 차이이다. 모든 사람의 행동과 생각 그리고 반응은 기질에 따라 판이하게 나타난다. 서로 좋게 해주려고 시작한 일이라도 일의 처리 과정에서 갈등이 생긴다. 행동을 결정하는 요인인 기질의 차이 때문에 행동이 다르게 나타나기 때문이다.

누가 옳을까? 정답은 없다. 한 가족 안에서도 사랑으로 뭉친 가족인데도 갈등은 존재한다. "어차피 신문에 나올 건데, 그리고 연주는 많이 알려져야 좋은 거 아니니? 그러니까 홍보를 하자는 거야"라고 설득했다. 그러자마자 당연히 반대 의견이 나온다.

"기사가 하루만 있으면 곧, 나올 건데 혹시 한두 명이라도 미리 기사를 보는 게 기사 쓴 사람에게 알려지면 곤란해 질 수 있으니 먼저 올리면 안 되는거라구. 또 엄마가 너무 자랑을 많이 하면 우리가 민망해" 딸도 지지 않는다.

"엄마가 다 좋게 하려고 하니 자꾸 성화 좀 내지 마!"라고 기분 나빠하며 화낼 게 아니라, 딸의 내향 감정적인 성향을 이해해야 한다. 쉽지 않다. 제일 바람직한 것은 일단 딸에게 물어보고 기다려 주어야 한다.

민주적인 가정이 되려면, 상대방의 의견을 존중하고 내 의견을 맞추어 서로 조정하는 것이 필요하다.

결국 의견을 수렴하여 그 다음날까지 기다렸다가 올리기로 했다. 자기들이 컸다고 무슨 일을 하면 일일이 참견을 하는 게 쾌씸하기도 하고 마음 편한 일은 아니지만 어쩌랴? 그게 가정의 화평을 위한 길이기에, 또 기질이 다른 딸을 위해, 있는 모습 그대로를 존중해 주기로 한 것이다. 결론적으로 마음은 서로 좀 불편했다. 내가 편하면 상대방이 불편하고 상대를 맞추어 주려니 내가 불편하다. 하지만 이래야 가정에 민주주의가 실현될 것만 같았다.

IV. 개인의 선호경향인 '기질'의 특징

여기서 말하는 기질은 심리학자 칼 융이 창안한 심리유형 이론에서 시작 되었다. 융에 따르면 사람마다 선호하는 경향이 있는데 이것이 바로 기질이 다. 기질이 다르면 마치 '화성에서 온 남자, 금성에서 온 여자'처럼 다른 나 라 말을 하게 되기 때문에 서로 융화가 안 되는 대화를 하게 된다는 것이다. 기질은 유형으로 나뉜다. 성격유형은 먼저 두 가지 반대 되는 개념을 한 쌍으로 네 가지 선호 경향으로 나뉜다.

> 외향/내향(Extravert/Introvert)
> 정리/개방(판단 judging/인식 Perceiving)[2]
> 이상/현실(직관 Intuition/감각 Sensing)[3]
> 사고/감정(Thinking/Feeling)형

이들을 각각 하나씩 고르면 자기 유형이 나오게 된다. 총 16가지의 성격 유형으로 나뉘는 것이다.

먼저 밖으로 드러나는 태도는 외향과 내향이다. 외향형과 내향형을 가르 는 가장 큰 차이는 에너지가 어떻게 충전되는 가이다. 내향형은 에너지가 소모되면 혼자 조용히 있을 때 충전 되는 데 비해 외향형은 오히려 사람들과 같이 있거나 외부에 나갔을 때 충전된다. 내향형 남편이 실컷 밖에서 일하고 에너지가 다 소모되어 기진맥진 집에 들어오면 말할 힘도 없어 오로지 빨리

---

[2] 우리나라에 번역된 일반적인 성격이론책에는 괄호 안의 단어로 번역되어 있으나 『남편 성격만 알아도 행복해진다』(2006, 이백용·송지혜 공저) 이후 빈번한 언론매체를 통한 성격이해 강좌를 통해 국민과 독자의 이해를 돕기 위해 공개적으로 용어를 바꾸어 쓰 기 시작함.

[3] 『아이 성격만 알아도 행복해진다』(2010, 이백용·송지혜 공저)부터 공식적으로 용어를 바꾸어 사용하게 됨.

집에 가서 쉴 생각만 하고 집에 오면, 집에는 하루 온종일 집에서 에너지가 다 빠진 외향형 부인이 기다렸다는 듯이 들어오는 남편을 붙잡고 말을 시키고 반가워한다. 그런데 이 내향형 남편의 얼굴 표정은 굳어 있다. 물어 보는 말에 대꾸도 안하고 방으로 들어가 버린다. 그런 남편을 보고 부인은 멍해진다. 회사에서 무슨 일이 있었던 거 아닌가 걱정스럽다. 무슨 일이냐고, 식사는 했냐고 물어도 대답이 없는 남편이 불편하다. 남편은 남편대로 좀 쉬고 싶은데 계속 말을 걸고 들어오자마자 애를 안겨주는 게 힘들다.

하루 종일 남편을 기다린 부인은 남편이 들어와서 함께 놀며 에너지를 충전해줄 줄 알았는데 오히려 굳어진 표정의 남편이 말도 안 하는 걸 보며 두 사람은 서먹해진다. 심지어 부인은 "내가 뭐 잘못한 일이 있었나?" 싶기도 하다.

내향적인 남편의 에너지가 다 소모되어서 더 쓸 게 없어서 충전을 하고 싶은데 들어오자마자 부인이 여러 가지 질문을 쏟아내면 남편은 정신이 없다. 게다가 아직 에너지가 충전이 안 되어 기진맥진한 남편에게 "지금부턴 당신이 아기를 보세요"라며 아기까지 남편 품안에 안겨 주면 남편은 더 힘들어진다. 저녁 식사 중에도 한 마디 말도 없이 밥만 먹는 남편을 보며 외향적인 부인은 사는 게 뭔가 싶어지고, 이러한 날들이 반복되면 점점 두 사람의 관계는 서먹해지면서 결혼 자체에 대한 회의가 들기도 하는 것이다.

결국 성격의 차이로 인한 에너지의 문제였을 뿐인데 … 만약 남편이 내향적이라서 에너지 충전이 혼자 조용히 있어야 충전된다는 사실을 알았더라면 이런 갈등은 일어나지 않았을 것이다. 아니 갈등이 일어나지만 이유를 알고 있기 때문에 더 심한 갈등의 상황으로 치닫게 되지 않을 것이다. 기질의 차이를 알고 하는 행동은 어떻게 달라질 수 있을까? 내향적인 남편이 오면 말을 시키기 전에 먼저 목욕탕으로 보내거나 침대에 30분이라도 누워 있다가 나오도록 하는 것도 좋다. 이 모두 먼저 에너지를 조금이라도 충전하게 하려는 것이다. 외향적인 부인의 경우도 마찬가지다. 만약 부인이 외향적이라면 에너지 충전이 외부에서 해야 하므로 차라리 낮에 밖에서 활동을 실컷 하고 들어오게 해주는 것이 바람직하다. 그러면 저녁때쯤 이 부부의 에너지

레벨이 맞추어져서 갈등이 생기지 않는 것이다.

내향적 딸이 자신의 이야기를 공개석상에서 하거나 소셜네트워크에 공개하는 것은 힘들어 하지만 가족 카톡에서는 가장 먼저 답을 다는 것 또한 재미있는 사실이다. 내향들은 의견을 먼저 발표한다든지 말로 하는 것은 유보하지만 글로 쓰는 것이나 문자수신은 상당히 빠르다. 따라서 내향들은 말보다는 글로 소통하는 것이 더 빠른 경우도 있다는 걸 알면 놀라지 않는다.

내향과 외향의 차이는 자신을 노출하는 경계선에서 많은 차이가 있다. 내향들은 아는 사람들이나 친한 사람들하고만 이야기하지만, 외향은 아무하고나 아무런 제약 없이 말한다. 오히려 처음 보는 사람들과 별의별 이야기를 다하기도 한다. 이처럼 속에 있는 이야기를 아무한테나 말하는 외향을 보고 내향은 기겁을 한다. 비행기 옆자리에 앉은 처음 보는 여행객과 절친처럼 실컷 얘기하는 외향 엄마를 보고 내향성 아들이 "아는 사람이야?"라고 묻는다.

모르는 사람하고 그렇게 깊은 속 얘기까지 아무렇지 않게 하는 외향의 성향을 내향은 절대로 이해할 수 없다. 내향·외향의 가족 갈등은 대부분 외향성의 가족이 가족 이야기를 처음 보는 사람한테 이야기할 때 일어난다. 심지어 내향들은 공개적으로 알려진 사실조차도 페이스북이나 단체 카톡에 올려 놓는 것을 꺼려한다. 따라서 외향적인 가족은 내향성의 가족의 이야기를 공개하기 위해서는 반드시 허락을 받고 공개해야 갈등이 없다. 가정의 민주화가 화목하게 이루어지기 위해 외향들은 내향의 수줍음을 배려하고 내향들은 외향들을 속터지지 않게 대응해 주는 것이 필요하다.

태도에 있어서 두 번째 갈등은 정리형과 개방형 사이에서 일어난다. 정리형은 매사에 자기방식을 가지고 관리하는 유형이다. 반면에 개방형은 이럴 수도 있고 저럴 수도 있다. 상황을 이해하는 폭이 넓어 유연하게 반응한다. 정리형의 책상은 대체로 잘 정돈되어 있다. 늘 정리하는 습관 때문에 물건은 언제나 자기만의 자리가 있어서 무엇이 어디에 있는지 잘 찾는다. 그런데 개방형은 여기 났다가 저기 났다가 한다. 그때 처한 상황에 따라 중요한 것에 몰입하다 보니, 꼭 그 자리에 놓으란 법이 없다. 그러다 보니 책상에 물건이 수북하다. 자꾸 쌓이기 때문이다. 정리를 하라고 하면 일단 서랍을 꺼내 뒤집는다. 그러다가 시간이 없으면 중도에 정리를 멈추고 다시 서랍에 쓸어 넣는다. 더 바쁜 일이 생겼기 때문이다. 정리하다 멈춘 개방형 방에 들어오려던 정리형들은 기겁을 한다. 어지럽다는 것이다. 그런데 그런 어지러운 방에서 개방형은 필요한 물건을 잘 찾아낸다. 물론 오랫동안 잊었던 물건이 나오기도 하고 똑같은 물건이 몇 개씩 나오기도 한다. 서랍도 가방도 하루 일정도 정리가 안 되는 개방형 때문에 판단형은 속상하다. 이렇게 똑같은 물건이 두 개, 세 개 나오는 걸 보고 돈을 낭비한다고 핀잔한다. 개방형이 돈을 낭비할까? 꼭 그렇지는 않다. 개방형은 필요한 것도 사기보다는 오히려 빌려 쓰면서 절약하는 자기를 낭비한다고 말하는 정리형이 못마땅하다. 개방형이 보기에 정리형은 한 번 쓸 거 빌려서 쓰면 될 거 같은데 필요하다며 비싸더라도 사는 정리형이 이해가 가지 않는다. 정리형의 지갑은 단출하다. 여행갈 때도 짐이 가볍다. 왜냐하면 자기가 필요한 것만 챙겨서 작은 지갑에 넣어가지고 가기 때문에. 개방형은 필요할 거 같은 물건까지 일단 다 넣는다. 언제 필요할지 모르기 때문이다. 그러다 보니 또 가방에도 물건이 쌓인다. 그래서 개방형의 가방은 항상 사이즈가 크다. 이것 저것 다 넣어가지고 다니기에 가방이 메어 터진다.

시간을 보는 방식도 다르다. 정리형이 시간을 관리하는 사람이라면 개방형은 시간을 기회로 본다. 약속시간에 10분 전에 가 있어야 시간을 지키는 거라고 생각하는 정리형과 약속시간에 딱 맞추는 것이 시간을 지키는 것이라는 개방형은 싸우다 따로 간다. 남의 집 이야기가 아니다. 우리집 이야기다. 며칠 전 가족처럼 지내는 친구 부부가 우리 어머니를 저녁 대접하겠다고 해서 우리 부부와 만나기로 했다. 정리형이 심한 남편은 같은 정리형 어머님과 연류된 약속에 늘 긴장하고 있는 편이라, 개방형인 내가 혹시라도 약속시간을 잘못 알고 실수할까봐 며칠 전부터 약속 시간을 확인했었다.

6시 반. 당일 각자 일을 마치고 약속장소 옆에 있는 헬스클럽에서 6시 20분에 만나기로 했다. "약속 장소가 바로 옆 건물이니까 10분 전에 만나는 군"이라고 생각한 나는 시간에 맞추어 운동을 마치고 락카에서 옷을 입고

나갈 준비를 했다. 6시 7분에 전화가 왔다 "왜 안 나오냐?"고 … 6시 20분 약속 아니냐고 했더니 그런 적이 없단다. 6시 30분까지 가는데 어떻게 6시 20분이라고 했겠냐는 것이다. 바로 옆 건물이니까. 6시 20분이라고 생각했다고 했더니 어른이랑 만나는데 시간에 딱 맞추어 가겠느냐고 되묻는다. 6시 30분 약속으로 알고 20분까지 나가려다 좀 일찍 준비하면서 여유를 부리다가 황당해졌다. 남편은 늦을까봐 먼저 가 버렸다. 보란 듯이 약속 시간에 맞추어 가서 5분도 안 기다리고 먼저 가버린 남편이 야박해서 눈을 흘기며 속상한 감정을 표현했다.

그날 밤 약속시간에 대한 언쟁을 벌어졌다. 개방형인 나는 어차피 늦지 않을 거 같은 약속에 남편이 먼저 가버린 것이 서운했고 정리형 남편은 6시 30분 약속이라도 어른이랑 하는 약속은 당연히 먼저 가야 하므로 6시 20분 약속일 리가 없다는 주장을 했다. 언쟁이 이해되었을까? 아니 우리는 결국 서로의 의견을 좁히기 어려웠다. 자기의 생각과 입장이 달랐다.

가정에 민주주의가 실행되는지 구별하려면 결정이 다수결이거나 가장 돈이 적게 드는 것인가 등이 기준이 아니다. 가정의 민주주의는 결정의 과정이 민주적이었는가, 서로의 의견이 존중되었는가 하는 편에 더 가깝다. 민주주의에서는 자신의 의견을 말하는 것이 중요하다. 적어도 의견을 말할 권리를 갖는 것이 가정 민주주의의 인권일 수 있다. 의견을 말하면 이견이 생기고 이견이 생기면 언쟁이 발생한다. "말도 안 돼. 미친 거 아냐? 인간의 탈을 쓰고 … 무식하긴, 이해가 안 돼" 같은 심한 말들은 자신의 논리와 의견에 확신을 가지고 있는 개인이 전혀 다른 의견을 주장하는 다른 개인에 대해 할 수 있는 말이다. 이런 경우 어떻게 민주적인 결정을 내리고 민주적으로 일을 진행할 것인가?

언쟁이 생기면 갈등이 일어나고 분위기가 험악해지면 불안해지면서 이때쯤 아버지의 큰소리가 나오고 모든 가족은 조용해진다. 독재를 행사할 상황은 시국이 불안할 때 발생한다. 우리집도 자주 그랬다. 그렇지만 서로의 기질을 파악한 뒤로 달라져 가고 있다. 서로 다른 유형은 사물을 보는 시각부터 다르니 관점이 다를 수밖에 없다. 관점이 다르면 생각의 방향도 다르기에 전혀 다른 결정을 내리고는 자신의 논리에 확신을 가지게 되므로 심각한 갈등상황이 초래된다. 이때 서로의 기질을 아는 것은 타인의 의견이 자신과 다를 수 있다는 것을 인정하는 데 필요충분조건이다.

이견은 꼭 틀린 것이 아니며 이견도 일리가 있을 수 있다는 걸 인정을 하려면 상대방이 어떤 생각으로 결정을 내리는지 알아야 한다. 남편이 5분도 못 기다리고 간 것은 나름 논리가 있었다. 남편은 심한 정리형이다. 정리형은 시간을 관리의 대상으로 본다. 남편은 어머님을 기다리게 할 수 없다면서 미리 가 있어야 한다는 생각이 강했기에 먼저 가는 게 시간계산 안에 있었다. 나는 대상보다는 남편과 만나는 시간이 6시 20분이라는 데에 초점이 맞추어져 있었다. 남편과 약속한 시간만 맞추면 그 다음부터는 남편이 운전하는 차를 타고 가면 되는 것이기 때문에 다른 생각을 할 필요는 없었다. 개방형과 정리형의 갈등은 시간에 대한 기대치도 다르다.

개방형은 시간을 기회로 보기 때문에 틈만 나면 무언가 하려 하다가 약속 시간을 종종 어기게 되고, 정리형이 자기 시간뿐 아니라 다른 사람의 시간까지도 관리하려 든다. 정리형은 중간에 길이 막힐지도 모르는 시간까지 계산해서 시간을 잡는다면, 개방형은 가장 효율적으로 갈수 있는 시간을 잡다가 종종 늦기도 한다. 전혀 다른 유형의 남편과 살면서 좌절하게 되는 것은 기대치부터 다르기 때문에 각자 옳은 대로 행했더라도 갈등이 끊이지 않는다는 것이다.

관리가 강한 전통주의자 성향의 남편은 왜 논리적으로 그 다음 일어날 일을 생각하지 않느냐고 묻는다. 나는 순간에 집중하고 현재를 살고 있는 경험주의자적 성향이기 때문에 그렇다고 해명할 수 있는 것이다. 그날 갈등의 포인트는 남편이 나를 5분도 안 기다려주고 가버린 야박함 때문에 서운하고 속상했던 것이다. 남편과의 시간갈등은 이해할 수 있지만 그 갈등 때문에 남편이 기다려주지 않는 부분이 이해되지 않았다. 남편은 심한 사고형 (thinker)이다. 물론 필자도 검사하면 사고형으로 나온다. 하지만 남편만큼 심한 사고형은 아니다. 사고형 심한 남편과 살아 내려니 사고형으로 생각하지 않고는 허구한날 상처만 받을 거 같아서 사고형 지수가 높아졌다고 너스

레를 떨기도 하지만 원래 사고형 맞다. 그러나 남편보다 감정점수가 훨씬 높아서인지 대부분 남편의 냉정한 결정에 서운해 하는 편은 나다. 오랜 기질 강의를 한 우리 부부가 달라진 것은 갈등이 생겼을 때 상대방이 이해하기 힘든 자신의 기질적 특징을 다시 한번 강조해 주는 것이며(사람은 남의 기질은 절대로 암기되어지지도 이해되지도 않는 경향이 있다) 최대한 서로의 기질 입장에서 생각해보려 하는 것이다.

"내가 화가 났던 것은 당신이 5분도 안 기다려 주고 상황도 참작하지 않고 먼저 가버렸을 때 느꼈던 서운함이라구요"라고 남편에게 나의 감정을 표현했더니 내 말을 듣고 한참 동안 고민하는듯 몇 시간 동안 말이 없었다. 한참 만에 내린 남편의 결론은 무엇이었을까? "아무리 생각을 해 보아도 나는 다음에 이와 같은 일이 생겨도 여전히 같은 행동을 할 수밖에 없다"는 것이었다. 그러면서 "어른과의 약속을 기다리게 할 수 없고, 부인도 타고 올 차가 있었으니, 자신은 먼저 갈 수밖에 없다"고 했다. 결국 자기 기질을 반영한 행동의 정당화였다.

실망스러웠다. 감정을 개입하지 않은 채 논리적인 사고로 생각하는 남편의 성격으로는 앞으로 똑같은 상황이 생겨도 그런 결정을 할 게 뻔하다. 서운하지만 어쩔 수 없다. 남편의 행동을 감정과 분리해서 생각하면 그다지 서운할 일도 아니었다. 남편의 행동이 냉정하고 철저한 것이 부인에 대한 무시나 배려 없음이라기보다는 자신의 성향을 벗어나지 못하는 기질에 있기 때문이다. 이처럼 논리적으로는 이해하지만 아직도 감정적으로는 여전히 남편의 행동에 계속해서 서운한 마음이 든다. 이런 상황을 다시 재현하는 것은 가정 민주화에 도움이 되지 않는다. 민주화는 연합을 위한 것이지 분리가 아니기 때문이다. 다음에 이런 경우가 생기더라도 마음이 분열되지 않는 가정 민주화를 위한 대책이 필요했다.

"여보, 당신이 앞으로도 같은 행동을 하리라는 것은 알겠는데 앞으로 약속 시간에 10분 먼저 가야 하는 경우가 또 생기면 그때는 분명히 10분 전에 가야 한다는 것을 정확하게 애기하고 또 좀 더 친절한 설명을 해주었으면 좋겠어요"라고 했다. 어차피 기질이 다른 남편의 생각은 읽기 어렵다. 그나마 남편의 싸늘한 결정을 비개인적 관점으로 용납할 수 있었던 것은 남편은 의사 결정할 때 사고형이라 논리적인 의사결정을 한다는 것을 알고 이로 인해 나의 개인적인 감정을 다치지 않기로 결정했기 때문이다. 같은 사고형이지만 남편보다 감정형의 점수가 높은 나는, 남편이 그 순간 나를 생각했는지 아닌지가 중요하다. 그날도 남편이 나를 기다려주지 않은 행동이 자기의 기질 때문인지 아니면 화가 나서 나를 무시하고 한 행동인지가 중요했다. 사고형들은 사물을 비개인적인 시각에서 바로 보고 판단한다. 그러나 감정형은 문제를 자신과 연결해서 판단하고 결정하는 성향이기 때문에 감정에 민감하다.

사고형들에게 훌륭한 영화는 평가에서 별을 많이 받은 영화이다. 하지만 감정형들에게 훌륭한 영화는 내가 좋아하는 감독이 만든 영화이다. 정답은 없다. 다른 유형은 서로 다른 판단을 하고 나름대로의 결정을 내리며 살아가는 것이다. 가족이라도 같지 않다. 입맛이 서로 다르듯이 결정도 다르다. 한 가족 안에 오히려 더 다양한 성격이 존재한다.

현실형과 이상형은 가장 타협이 어렵다. 왜냐하면 보는 순간 인식의 차이가 달라지기 때문이다. 사물을 볼 때부터 눈에 보이는 귀에 들리는 맛보고 냄새맡고 촉각으로 사용하는 현실형과, 사물의 인식이 오감을 넘어서 육감적으로 직감적으로까지 넓혀지는 이상형들은 서로의 대화가 정말 어렵다. 현실형들은 사실과 숫자와 현실을 직시하는 반면 이상형들은 꿈과 비전과 미래를 보려는 경향이 짙기 때문이다. 아예 바라보는 인식부터 다른 이 두 유형의 차이는 정말 대화가 어렵다. 이상형 남편과 현실형 부인이 좋은 카페에 갔다 와서 친구들이 모인 자리에서 카페자랑을 했다.

- 이상형 남편 : "지난주 금요일 저녁 너무 근사한 카페를 갔었어"
- 현실형 부인 : "지난주가 아니라 2주 전이었답니다."
- 이상형 남편 : "난 생맥주 먹고 안사람은 칵테일 시켰는데 맛도 좋더라구"
- 현실형 부인 : "저는 칵테일이 아니라 진저엘 시켰어요"

남편이 우리한테 좋은 카페를 소개해 주려는데 자꾸 부인이 끼어들어서 분위기가 이상해지길래 물었다. "저어 … 궁금해서 그러는데 남편께서는 그냥 저희한테 좋은 카페 소개해 주시려는 거 같은데 왜 자꾸 그러세요?"

– 현실형 부인 : "이이가 자꾸 거짓말을 하잖아요?

현실형 부인은 아무리 의도가 좋아도 사실이 아닌 것을 그냥 넘어갈 수는 없었다. 대화를 할 때 아무리 의도나 목적이 중요하더라도 사실이 아니거나 과장할 경우는 절대로 용납될 수 없다고 믿는 사람들이 현실형 기질들이다. 그래서 이상형과 현실형이 대화하면 이상형들은 답답해서 속 터지는 현실형과 대화를 할 수 없다고 한다. 그런 이상형을 보고 현실형들은 "이상형들은 황당무계하고 자꾸 거짓말을 한다"고 반색한다. 앞에서 예를 들었던, 신문기사 사건도 글에서 조금이라도 과장되거나 약간의 홍보성의 과장된 문구가 들어갈 경우, 현실형들은 마음이 계속 불편하다.

현실적인 정리형 부모는 개방적인 이상형 자녀가 어른이 되어 대책 없이 사고칠 것 같아 앞날이 걱정된다. 개방적인 이상형 부모는 현실적인 정리형 자녀가 저렇게 꽉 막혀서야 어찌 창조적인 미래를 살아갈 수 있을지가 걱정된다. 대화가 되기도 전에 서로 믿지 못할 사람이라고 여기면 가정 안에 민주주의 대화는 일어날 방법이 없다.

V. 기질의 차이를 알고 소통하는 가정 민주주의

가족이기 때문에 서로를 당연히 이해해 줄 거라고 생각하면 오해다. 오히려 가족 안에서 공감을 얻지 못하는 경우도 많다. 6명의 가족들의 의견이 일치하는 경우는 드물다. 행동도 맘에 안 든다. 가족 간에도 서로의 기질을 이해하지 못하면 대화가 어렵다. 가족 간의 기질을 아는 것은 가정 안에서 민주주의적 대화의 소통을 끌어내는 데 필수적이다. 개별 가족들이 서로 다른 기질에 따라 서로 다른 반응과 다른 행동을 한다.

우리 가정은 이를 이용한다. 각자 기질의 장점들을 살려 각자의 역할이 맡겨진다. 약점은 돕고 장점은 강화해서 역할을 분담하는 가정은 타고난 기질을 살려 가장 완벽하게 운영하는 가족 공동체가 이루어진다. 어차피 태어날 때부터 다른 기질을 가지고 있다는 것을 인정하고 격려하면서 다양성 안에서 연합을 이루어 나가는 것이다.

4명이 모두 학생신분인 우리 자녀들은 기질에 따라 역할을 분담한다. 현실적 정리형인 살림과 경제를 맡은 큰애는 왜 부엌이 엉망이냐고 하고, 가족 관계와 행사, 미래 직업에 대한 정보는 이상적 개방형인 둘째가 가져오고, 내향적이고 이상적 사고형인 셋째는 워낙 독립적이라 신경 안 쓰이게 자기 길을 가고, 감정적 개방형인 막내는 정리는 안 되지만 미워할 수 없는 집안의 햇살역할을 한다. 정리형이라 꼼꼼하고 철저한 아빠는 나이가 들수록 요리에 관심을 가지더니, 가족 모임마다 정확한 계량으로 딱 떨어지는 맛의 요리를 제공한다. 현실적 사고형인 아버지는 집안의 체계를 잡으며 점검한다. 현실적 개방형인 나는 실수가 많아 늘 남편의 지적을 받지만 가족들이 문제가 생기면 나한테 온다. 우리는 각자 잘하는 것을 하면서 공평하게 가족에 기여한다.

미술과 민주주의:
한국미술계의 비민주성과 검열 및 통제의 미학*

홍경한

I. 들어가는 글

정치권력은 강제성을 근간으로, 영향력을 잠재하면서도 그것이 정당하다는 이데올로기를 덧씌워 가치판단을 무력화한다. 대개는 조직적인 네트워크를 통해 포괄성을 염원하고 독점적 위치에서 지속성을 추구한다. 이는 '어떤 사회관계 내부에서 저항을 무릅쓰면서까지 자기의 의사를 관철하여야 하는 모든 기회'이거나 '개인 또는 집단이 다른 개인 또는 집단의 행동을

---

* 이 책의 머리말에서 언급한대로 정치교육연구원은 정치적 중립과 이념적 중도를 표방한다. 그러나 그것이 우리 연구원의 모든 회원들이 다 같은 성향이나 이념을 가지고 있다는 말은 아니다(그런 단체를 한번 상상해 보라. 아마도 전체주의 폭력집단일 가능성이 클 것이다). 연구원의 회원들이 각기 다른 성향과 이념을 가지고 있기 때문에, 이 책에 포함된 각 장의 느낌이 조금씩 다를 수 있다. 그래서 첨언하는데, 이 책에 포함된 챕터 하나 하나가 다 연구원의 공통된 입장을 반영하지 않을 수도 있다.

〈그림 1〉 대동세상-1

▶ 홍성담
〈대동세상-1〉
42×55.5cm,
목판, 1983

이 판화 작품은 홍성담 작가가 어째서 격렬한 풍자언어로 사회를 향해, 정치권력을 향해
저항하는지 알 수 있도록 한다. 그는 1980년 광주 오월에 그 10일간의 항쟁을 온몸으로
겪었다. 시민군 문화선전대의 일원으로서 10일간의 항쟁을 직접 체험했다. 그렇게 완성
된 것이 오월항쟁연작판화 〈새벽〉이다. 〈새벽〉은 총 50여 점의 오월광주판화로 이루어
져 있다. 그중에 〈대동세상-1〉은 광주가 좌절과 죽음의 상징이 아니라 해방과 승리의
거점이라는 것을 알린 이미지가 되었다. 이를 간략하게 정리하면 시민군의 문화선전대의
일원으로서 10일간의 항쟁을 직접 체험한 결과이자 삶은 언제나 말보다 치열하다이다.

자기의 뜻대로 하게 만드는 방법'으로써, 일종의 '통제하는 힘'이자 현실에서
의 갈등을 봉합하거나 상위의 지위를 이용해 대상을 지배하려는 행태권력
(behavioral power)을 가리킨다.

　그러나 동시대에서, 아니 민주주의 국가에서 행태권력은 그 자체만으로
는 성취에 부족함을 느끼고, 이에 나머지 구성원들(비권력층)의 인지적 차
원을 통제하기 위한 구성적 권력(constitutive power)을 첨가-도모하며, 어
떤 거시적 사안의 선택과 아젠다(agenda)의 성립 및 배제를 자신의 구미에
맞도록 안배 혹은 취합될 수 있도록 구조적 권력(structural power)마저 활
용한다. 권력이란 본질적으로 소수에 머무르는 어떤 특정한 계층(혹은 특정

인)이 인간을 유무형의 폭력으로 조작하는 사악한 행위와 연관되어 있다는 사실만으로도 이미 강한 비판을 동반하며, 권력은 이처럼 비권력층(또는 비권력자)이 무감각할 수 있도록 다원화된 간교함을 통해 집단저항을 무력하게 한다.

흥미로운 건, 이러한 정치권력의 회활(獪猾)이 한 시대, 한 순간의 괴물로서 성장을 멈추거나 촉수를 들이미는 건 아니라는 점이다. 어떤 시대, 어떤 상황에서든 유무형의 권력은 우리가 상상하는 것 이상의 다양하고 놀라운 방식으로 심신을 옭아매거나 표현의 자유를 저해해 왔으며 권력의 비수가 어떻게 피지배층의 가슴에 깊은 생채기를 남겨왔는지 알 수 있는 폭력적인 사례들을 충분히 목격하도록 했다. 그리고 그러한 권력 혹은 폭력의 연대(年代)는 지금도 변함없이 진행-가속 중이다. 그야말로 권력은 스스로 존속하고 확대하려는 전술·전략의 문제에 있어 한치의 머뭇거림도 없이 자발적으로 의존해 왔고, 장래의 어떤 것을 획득하기 위해 현재 가지고 있는 방법의 전부를 동원한 채 가장 빠른 시간 내, 가장 적절한 효과를 일궈내 왔으며, 그러한 양태는 지금도 이어지고 있다는 것이다.

이와 관련해 프랑스의 철학자 미셸 푸코(Michel Foucault)는 전술과 전략의 연장선상에서 "전투는 계속된다."는 말로 당대 권력의 일상적 작동과 폭력적 본질을 확인했다. 미국의 사회학자인 찰스 라이트 밀스(Charles Wright Mills) 역시 "권력의 궁극적 본성은 폭력"이라는 직설화법으로 권력의 가장 극악한 발현을 폭력으로 지정했다. 이뿐이랴. 이와 유사한 주장은 우리의 역사가 말해주고, 굴곡진 삶을 살아온 자들이 증언한다. 굳이 유신정권을 떠올리지 않아도, 군부독재라는 단어를 꺼내들지 않아도 동시대에서조차 우린 그 이면의 적나라함을 충분히 인지-목도하고도 남는다.

II. 표현의 자유 통제하는 검열의 정치학

'예술계는 순수하고 세상 물정 모르는 이들의 군집(群集)이니 누가 누군가를 복종시키거나 지배할 수 있는 공인된 권리와 힘은 용인받지 못할 것'이라는 시각은 그릇되다. 재미있게도 권력이 생성(生成)한 명암이 반드시 정치에서만 나타나는 고약한 현상, 잠재적 사회 현상으로만 국한되는 것은 아니다. 경제적-사회적으로 권력의 그림자가 길게 드리워져 있듯, 예술이라는 우산 아래 제4의 권력인 문화권력 역시 그 위세 면에서 예사롭지 않다.

사실 문화권력의 다른 말은 곧 정치권력을 문화권력 속에 녹여내는 사람들, 문화적 배경 아래 늘 전투적으로 움직이는 사람들이 존재한다는 것을 의미한다. 통제와 수용의 선별을 관리하며 예술의 적합성을 감시하는, 또한 정당함을 가장한 부당함을 강제하는 구성적 권력과 구조적 권력, 그리고 그 상위에서 모든 걸 조종하는 행태적 권력이 자리하고 있음을 뜻하기도 한다.

〈그림 2〉 가르강튀아

▶ 도미에
 〈가르강튀아〉,
 1831

물론 여기엔 그 행태적 권력에 빌붙어 기생하려는 이들이 없지 않고, 선행하여 포복하는 무리도 곧잘 예술 권력 혹은 문화권력의 조연으로 등장하곤 한다. 그리고 멀리 볼 것도 없이 미술 분야에서도 그 실제 사례는 종종 목도할 수 있다.

일례로 지난 2012년 11월, 작가 홍성담은 '평화박물관'과 '아트 스페이스 풀'이 유신 40년을 맞아 공동기획한 6부작 전시 ≪유체이탈(維體離脫)≫ 중 3부 〈유신의 초상〉에 〈골든타임 – 닥터 최인혁, 갓 태어난 각하에게 거수경례하다〉는 유화를 출품했다가 된서리를 맞았다. 그림은 당시 박근혜 새누리당 후보가 병원의 출산 수술대에 올라 갓난아이를 출산하는 장면을 묘사한 것으로, 선글라스를 끼고 있는 아기는 누가 봐도 박정희 전 대통령을 연상케 하는 것이었다. 하지만 이 작품은(시각적 충격이 가해졌을지는 몰라도) 어디까지나 과거 유신독재에 대해 환기하고 그로부터 비롯된 다양한 역사의식에 관한 질문을 풍자와 해학을 통해 던지려는 것이었을 뿐, 여성성이라든가 출산의 숭고함을 비난하려는 의도는 아니었다. 즉, 넓게 보면 억압적인 정치로 지탄의 대상이었던 왕 '루이 필립'을 전횡과 착취를 일삼는 바보스러운 거인왕 '가르강튀아(Gargantua)'와 같은 등선에 놓았던 19세기 중반의 프랑스 화가 도미에(Victorin Daumier)의 시선과 크게 다를 바 없었던 셈이다.

하지만 이 그림이 알려지자 당시 새누리당은 모든 법적 수단을 동원해 제재하겠다고 엄포를 놓았고 작가와 대립하는 촌극을 빚었다. 그리고 〈골든타임 – 닥터 최인혁, 갓 태어난 각하에게 거수경례하다〉가 낳은 파장은 엉뚱하게도 이후 정부비판에 관한 예술 생산물의 행태와 내용에 대한 자기검열이라는 부작용을 낳았다. 나아가 표현의 자유를 봉쇄했다는 비판에서도 자유롭지 못하도록 했다. 이는 정당성을 일시적으로 부여받은 정치권력의 힘이 자발적 통제를 가시화하도록 유도한 것과 다름 아니었다.

정치권력이 예술의 자유로운 표현에 직간접적 검열자로 등장한 사례도 많다. 대표적으로 지난 2009년 12월, 당시 이명박 대통령의 중점 국책사업이었던 4대강 사업을 우회적으로 풍자–비판한 김병택 작가의 〈삽질공화국〉이라는 작품이 광주광역시 서구 치평동 5.18기념문화관 전시실에서 선보일

〈그림 3〉삽질공화국

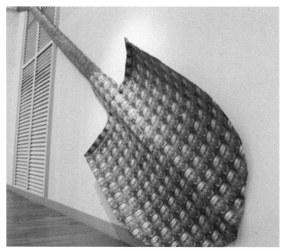

▶ 김병택
〈삽질공화국〉, 2009

예정이었으나, 대통령을 풍자했다는 이유로 철거압력을 받고 이명박 대통령
이 호남고속철 기공식 참석차 방문한 날에는 아예 전시관이 폐쇄되는 우여
곡절을 겪어야 했다. 당시 국정원은 작품을 전시장에서 빼도록 광주시에 압
력을 행사했다는 의혹을 받았다.

III. 권력 눈치 보기의 절정 '알아서 엎드리기'

20세기 초 오스트리아 작가 클림트는 〈철학〉, 〈의학〉, 〈법학〉을 주제로
빈 대학강당 벽화를 그렸다. 스핑크스와 누드상이 묘사된 〈철학〉에서는 철
학의 의미를 되묻고, 모호한 표정의 인물을 통해 지식의 위대함에 대해 의문
을 제기했다. 〈의학〉에서는 최초의 의사인 '아스클레피오스'의 딸이자 건강

의 여신인 '히게이아'와 사람들로 이루어진 원주에 해골을 그려 넣어 이성의
죽음, 인류 삶과 죽음을 상징했다. 그렇기에 이 그림은 의술의 무력함과 당
시 지배적이던 이성의 나약함이었지 질병의 예방과 치료에 대한 계몽은 아
니었다. 더불어 그는 〈법학〉에서 또한 문어(文魚)가 죄수를 칭칭 감고 있는
장면을 통해 정의의 화신이 아닌 법의 소외적 특징과 위선을 담았다.

이 연작 탓에 빈 지식사회는 발칵 뒤집혔다. 클림트는 쏟아지는 비난을
감내해야 했다. 그러자 클림트는 '검열'에 대해 완곡히 저항하며 더 이상 정
부가 발주하는 그림을 그리지 않겠다고 선언, 제도권 미술계를 박차고 나왔
다. 하지만 이 그림들은 2차 세계 대전 중 소실되었음에도 클림트의 정신세

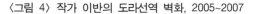
〈그림 4〉 작가 이반의 도라선역 벽화, 2005~2007

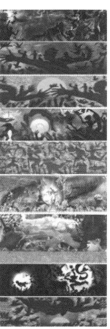

작가 이반 씨는 통일부 의뢰로 2005년부터 2007년까지 2년
동안 작업한 도라산역 통일문화광장에 벽화를 설치했다. 만
해 한용운의 생명사상 등을 담은 14점의 벽화가 100여m 벽
에 설치됐다. 하지만 정부는 이 벽화를 2010년 '외설스러운
부분이 있는데다, 역의 분위기와 맞지 않다'는 이유로 작가와
의 협의 없이 일방적으로 철거-소각해 논란을 자초했다. 작
가는 이를 저작권 침해 사건이자 '권력'이 검열로 예술가의
창작의지를 꺾은 것으로 받아들였고, 천주교인권위원회 등을
포함한 미술계 인사들과 함께 대책위원회를 구성하는 한편
소송을 벌였다. 결국 이반 작가는 승소했다. 고등법원은 "작
품을 정부 잣대로 평가하는 것은 예술의 자유를 침해할 수
있다"고 판결했다.

계를 구현한 현재까지 위대한 작품으로 칭송받고 있다.

파급력은 작았지만 이와 유사한 '벽화 스캔들'이 우리나라에서도 벌어졌다. 비무장지대 문화예술운동을 펼쳐온 작가 이반 씨는 통일부 의뢰로 2005년부터 2007년까지 2년 동안 작업해 도라산역 통일문화광장에 벽화를 설치했다. 만해 한용운의 생명사상 등을 담은 14점의 벽화가 100여m 벽에 설치됐다. 하지만 정부는 이 벽화를 2010년 '외설스러운 부분이 있는데다, 역의 분위기와 맞지 않다'는 이유로 작가와의 협의 없이 일방적으로 철거-소각해 작가가 거세게 반발하는 등 논란을 자초했다. 작가는 이를 저작권 침해 사건이자 '권력'이 검열로 예술가의 창작의지를 꺾은 것으로 받아들였고, 천주교인권위원회 등을 포함한 미술계 인사들과 함께 대책위원회를 구성하는 한편 정부를 상대로 3억 원의 손해배상 소송을 냈다. 결국 이반 작가는 일부 승소했다. 서울고법 민사5부는 "작품을 정부 잣대로 평가하는 것은 예술의 자유를 침해할 수 있다"고 판결했다. 손해배상 금액은 1천만 원으로 결정됐다. 2015년 대법원 판결 역시 원심과 동일했다.

정치권력이 비등해지면 알아서 검열에 동참하는 현상도 나타나게 된다. 자신들의 가치에 의해 수용과 통제의 잣대를 달리하는 지배자들의 입맛에, 다시 말해 문화적 배경 아래 늘 고개를 주억거리는 사람들이 그들이다. 그 한 예가 지난 2012년 9월 경남도립미술관에서 준비 중이던 〈현대미술전—폐허프로젝트〉 전시였다. 당시 미술관은 몇몇 작품에 대해 철거 또는 수정 지시한 것으로 드러나 논란을 야기했는데, 그 대상은 당시 새누리당 박근혜 대선 후보와 밀양 송전탑, 4대강 사업 등, 정부 비판적인 작품들이었다. 이에 미술계 관계자들은 특정 잣대로 작품을 사전 검열하고 철거·수정한 것은 표현의 자유에 대한 중대한 침해라며 미술관을 성토했다. 특히 지역 정론지로 꼽히는 경남도민일보는 "자기검열로 국공립 미술관의 한계를 드러내고야 말았다."며 지나칠 만큼 제풀에 단속하는 행태를 강하게 지적했다. 하지만 도립미술관 측은 "특정인이 아닌 많은 사람이 누리고 공익(?)에 맞아야 하는데 그렇지 못했다"는 아리송한 이유를 내세웠다. 그리곤 거액의 예산을 들여 전시를 치러놓고도 아직까지 그 결과물(도록)은 만들지 않는 소심한

〈그림 5〉 현대미술전 — 폐허프로젝트

▶ 〈현대미술전 —
폐허프로젝트〉
경남도립미술관,
2012

방식으로 편편찮은 마음을 대신했다.

　이런 유사한 예는 광주시립미술관에서 지난 2012년 6월 개관 20돌을 맞아 개최한 〈진(進).통(通). — 1990년대 이후 한국 현대미술〉이라는 주제의 기획 특별전에서도 나타났다. 당시 미술관은 이명박 대통령이 삽을 악기 삼아 연주하고 박근혜 당시 새누리당 대선 후보 등이 허수아비 모습으로 등장하는 홍성담 작가의 〈4대강 레퀴엠(진혼곡) — 첼로 소나타〉를 다른 작품으로 교체해 물의를 빚었다. 정부를 비판한 작품에 대한 외압 의혹에서 자유롭지 못했던 이 사건은 결국 표현의 자유를 헌납한 채 권력의 눈치보기라는 시선에서 자유로울 수 없는 슬픈 현실을 입증했다.

　(참고로 홍성담 작가의 작품은 최근에도 논란 끝에 결국 선보이지 못하는 일이 있었다. 지난 2014년 8월 광주비엔날레 창설 20주년을 기념하기 위해 본행사 개막에 앞서 준비했던 특별 전시회에 세월호 참사를 모티브로 한 그의 걸개그림 〈세월오월〉이 내걸릴 예정이었으나, 광주비엔날레재단은 이 그림에 대한 전시를 유보토록 조치했다. 5.18 당시 시민군과 주먹밥을 나눠

〈그림 6〉 세월오월

▸ 홍성담, 〈세월오월〉, 2014

주던 오월 어머니가 세월호를 들어 올려 아이들을 구조하는 장면을 내용으로 하고 있는데다, 이 작품 속에 등장한 박 대통령을 박정희 전 대통령과 김기춘 비서실장의 조종을 받는 허수아비로 묘사한 부분이 논란이 됐기 때문이다. 이후 작가는 반발했고 책임 큐레이터가 사퇴하는 등 잇달아 파행을 맞았다. 여기에 지난 2015년 9월 4일부터 열흘간 서울시립미술관 북서울관에서 진행된 〈예술가 길드 아트페어 — 공허한 제국〉에 출품된 홍성담 작가의 작품 〈김기종의 칼질〉 또한 논란의 중심에 섰다. 2015년 3월 발생한 리퍼트 주한 미 대사에게 흉기를 휘두른 김기종 사건을 주제로 한 이 그림으로 인해 서로의 자리에서 대립하지 않고서는 생존이 보장되지 못하는 한국 사회구조의 민낯이 공개되었고, 이데올로기에 파묻혀 무의미한 좌우와 색깔을 따지는 현실이 드러나기도 했다. 그야말로 전시 제목처럼 한국은 여전히 '공허한 제국'임을 여실히 보여주었다.)

　2010년 11월 1일 서울시설관리공단 측은 전태일 열사 40주기 행사위원회와 파견미술인과 전국시사만화협회 회원들이 함께 준비한 〈전태일 열사 40주기 문화예술제〉에 전시한 작품들을 강제 철거해 논란을 자초했다. 주최 측은 "정부비판내용이 있어서, 문안내용을 바꿔 달라(공문으로는 알려

달라), 설치허가지역이 아니다"라며 거듭 말바꾸기를 하는 시설관리공단 측에 "시설관리라는 이름으로 월권을 행사하고 있으며 표현의 자유와 언론의 비판정신을 검열하는 행위"라 간주 및 항의한 후 작품들을 재설치했다.

그러나 하루가 지나 또 강제철거되자 주최 측은 "이리저리 말을 바꾸는 권력의 눈치 보기에 급급한 공단 측도 참 괘씸하지만, 곤란해 하며 말을 바꿔온 공단 측의 복지부동과 권력눈치보기는 결국 서울시와 조례를 만든 서울시의회가, 그리고 G20 완장차고 국민을 통제하려는 정부가 근본적인 문제라는 결론에 도달할 수밖에 없게 한다"고 비난했다.

이 밖에도 권력에 아부적하는 모습, 그 추한 현장을 우리 미술계에서 목도할 수 있는 예는 드물지 않다. 지난 2007년 개막한 한 블록버스터 전시 오픈식에 당시 대권주자였던 한 거물급 인사가 들어서자 그 뒤로 미술관장을 비롯해 수많은 미술계 인사들이 그의 꽁무니를 졸졸 따라다니는 코미디를 연출했다. 국회의원이나 장관, 하다못해 구청장만 나타나도 호들갑스럽기 짝이 없는 판에 대통령을 하겠다는 사람이 등장했으니 의전상 그게 어디 예삿일이었겠는가 싶지만 그렇다고 속 편하게 박수칠 일도 아니었다. 예전엔 어땠을지 몰라도 그들은 한없는 욕망을 지니거나 그 자리를 지속하려는 속성을 지닌 정치권력자에 가까웠기 때문이다. 하지만 그날 그 행사장에 있던 한 원로 화가의 아들은 "참으로 한심해 보였고, 우리 미술계 어른들도 상당수 참석했음에도 어딘가 모를 소외감마저 들게 해 씁쓸했다"고 말했다.

IV. 한국 '미술권력' 그 구조와 부류

그렇다면 지금은 어떠할까. 달라진 것은 없다. 애써 연도를 나열할 필요 없이 언제나 보이지 않는 검열은 행해졌고 곧잘 언로는 막혔으며 법적 처벌 앞에 놓여야 하는 경우 역시 드물지 않았다. 정치적 입장에 의해 전시자체를 불용하거나 강제 퇴거시키는 표현의 자유와 전시권에 반하는 만행도 자주 있어 왔다. 이러한 과정을 두고 예술의 민주화가 이뤄졌다고는 말할 수는 없다. 진정한 예술 민주화란 어떤 경로로 통제권을 부여받았는지 알 수 없는 예술 권력자원으로부터 '예술평등'이 우선적으로 자리해야만 꽃을 피우는 것이기 때문이다. 실제로 미술계 권력자들은 예나 지금이나 동종세력의 비호를 받으며 그들과 철저한 공생관계를 형성하고 이데올로기를 창출하며 질서를 부여하는 데 여념이 없다.

미술권력은 권력자원에서 비롯된다. 물론 미술계에도 그 권력자원이 존재한다. 단순한 분류이지만 우리나라 미술권력은 비평가, 미술관장, 화랑대표, 각종 언론매체와 그 소속 기자들, 그리고 학교에서만큼은 무소불위의 힘을 지닌 교수작가들을 포함한 단체장 등 일부 힘 있는 정치작가들과 전시기획자들에게서 나온다. 미술계에도 거시적 정치권력, 혹은 어느 집단에서나 흔히 볼 수 있는 권력구조가 존재하고 있으며 그것의 중심에는 일부 힘있는 개인 혹은 단체들이 거미줄처럼 연결된 피라미드형 권력지형도가 놓여 있다. 이들은 각자의 영역에서 고유의 권력을 행사하며 학연 지연 계보 등을 적재적소에서 발현시키는 특유의 방식으로 그것을 가속화, 고착화한다.

그들은 권력의 획득이야말로 이 척박한 미술계에서, 변변한 완장하나 없는 현실에서 살아갈 수 있는 유일한 희망이라는 분위기를 수용한 채 예술에 대한 동기부여는 스스로 거세한 후 순수한 창작행위보다는 기존 정치권력과의 거리를 단축시키기 위한 노력을 게을리하지 않는다. 미술계에서 인정받기 위해, 힘을 얻기 위해 개별적 혹은 연합·공모하여 형성되는 힘의 논리를 적용하고 일부는 소수가 만든 일종의 이 무형제도에 편입·안착되려 한다.

여기엔 당연히 편입과 안착은 적당한 야합과 공모를 수반한다. 작가들도 예외는 아니다. 불행히도 오늘날 많은 작가들 또한 원하던 원하지 않던 자연스럽게 권력에로의 편입을 꿈꾸며 그 꿈을 실현시키기 위한 다양한 방법들을 가속화한다. 경력을 쌓기 위해 공모전에 출품하고 개인전이나 그룹전에 참여하는 일련의 행동들은 자신의 작품을 정당하게 평가 받고 대중과의 소통을 원하며 작품판매를 위한 아주 기초적인 과정일 따름이지만 동시에 한국 미술권력구조로 입성하기 위한 베이스가 된다는 사실은 누구나 다 안다.

처음엔 열심히 그림을 그리거나 전시를 자주 하는 게 그림쟁이 최고의 미덕이라 여기지만 기대와는 다른 결과들이 잇달아 발생하면 남들이 해본, 또는 남들이 보지 못한 곳을 기웃거리게 된다. 마치 해바라기처럼 최상위로 향해 고개를 높이 들게 된다는 것이다. '그쪽'에 제대로 눈을 뜨면 미술관이나 갤러리, 비평가, 교수, 기자 등 각 개별권력과의 접점을 찾으려 하고 상호간 필요에 의해 다양하고도 긴밀한 호환을 갈구한다. 사실 이때부턴 본격적으로 그림판을 무대로 한 '잔인한, 그러나 별다른 방법이 없는 투쟁'이 시작되었다고 봐도 무방하다.

야릇한 건, 미술계 권력은 크게 보아 앞에 언급한 이들과 작가 간 갑(甲)과 을(乙)의 구분이 대단히 명료하다는 사실이다. 이에 대해 일부 작가들은 나름의 방식으로 저항의 시그널을 드러낸다. 그건 때로 우회적이고 때론 직접적인 양상을 내보인다. 한 예로 지난 2007년 아티스트 장지아는 당시 로댕갤러리(현 플라토)에서 열린 〈사춘기 징후전〉에 출품한 〈작가가 되기 위한 신체적 조건―둘째, 모든 상황을 즐겨라〉라는 제목의 4분 20초짜리 싱글채널 비디오작품을 통해 우리나라에서 작가가 되기 위해 겪어야 하는 일련의 과정을 신체적 폭력에 빗댄 영상을 선보였다. 수없이 많은 계란세례에 얼굴이 일그러지고 봉두난발(蓬頭亂髮)이 되어도 애써 제자리를 찾으려는 몸부림이 인상적이었던 그 영상작품의 내용은 간단히 말해 유무형의 상대로부터 다양한 폭력이 행해지지만 작가가 되기 위해 폭력조차 즐길 줄 아는 내성을 갖춰야 한다는 것이었다.

장지아의 〈작가가 되기 위한 신체적 조건―둘째, 모든 상황을 즐겨라〉가 '작가되기'의 과정을 현 세대 속 고집스럽게 자리 잡고 있는 하나의 포괄적 시스템의 부조리함과 연계해 발언하고 있다면, 작가 하용주는 사회체계 및 시스템, 제도가 지닌 지독한 모순과 위장된 가식적 관계 속에서 유지되는 권력의 부당함과 부조리를 우회적으로 언급한다. 반면 풍자화가로 유명한 작가 이하는 패러디를 통해 현 정치권력을 조롱하고 있으며 이외에도 노순택(사진), 이윤엽(판화) 등의 많은 작가들이 정치권력과 연계된 미술권력,

〈그림 7〉 작가가 되기 위한 신체적 조건 — 둘째, 모든 상황을 즐겨라

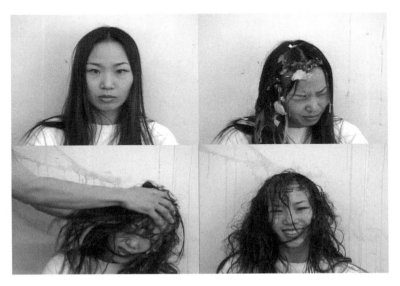

▶ 장지아, 〈작가가 되기 위한 신체적 조건 — 둘째, 모든 상황을 즐겨라〉, 2007

독자적인 미술권력에 대한 비판을 현실주의적 입장 아래 이어가고 있다.

1. 미술질서를 통제하다: 저명 미술관과 메이저 화랑들의 힘

미술계 권력을 형성하는 다양한 부류 중 그 중심엔 미술관이나 저명한 화랑이 들어서 있다. 우리가 익히 들어 잘 알고 있는 각종 공사립 미술관을 비롯하여 청담동, 인사동, 사간동 등지에서 터줏대감 노릇을 하고 있는 메이저급 화랑들, 또는 대기업에서 설립한 화랑들이 바로 그들이다. 이들 본연의 역할은 이익창출을 포함해 작가를 발굴하고 전시를 개최하며 예술적 담론을 형성할 수 있는 베이스를 제공한다는 것에 있다. 학술적 연구도 이들의 몫이다.

하지만 그들을 단순히 그림을 전시하거나 현대미술을 이끄는 담론의 장
치로 바라보는 것은 대단히 순진한 생각이다. 이들은 공신력과 자본력(권력
자원)을 통해 얻은 명망으로 미술계 권력으로 굳건히 자리 잡은 채 어떤
대상에 작품의 지위를 부여하는 한편 사상을 형성하기도 하고 작품뿐 아니
라 관객에게까지 질서를 부여하는 특별한 존재들이다.

이들이 가치중립적인 기구라는 생각은 현재의 관점에서 볼 때 반드시 바
른 것만은 아니다. 수많은 작가, 큐레이터, 평론가, 화상, 언론 사이의 끊임
없는 거래와 공모 속에서 한국 현대미술의 경중을 저울질하는 천칭일 뿐만
아니라 한국 미술권력이 집중, 교차, 교집합 되는 집합소와 같다고 보는 게
맞다. 즉 작가는 물론 관객과 기타 주변 권력들을 끌어들여 그들에게 교육,
통제, 훈련시키는 기능마저 갖고 있다는 것이다.

작가들의 경우 이들 전시장에서 자신의 작품들을 선보이는 것에 대단히
민감할 수밖에 없다. 아니, 차라리 그것을 기원하고 있는지도 모른다. 전시
경력에 어느 갤러리에서 전시를 했느냐의 차이에 따라 작품성마저 조절 당
하는 인식이 존재하기에 유명한 갤러나 미술관하는 전시에 참여한다는 건
표면적으로라도 분명 의미 있는 일이다. 하지만 단지 전시만 하는 차원이라
면 별것이 아닐 수도 있겠으나 그들이 지니고 있는 명망성과 공신력이 자신
의 입신양명에 엄청난 도움이 됨을 익히 알고 있는 입장에서 미술관이나
유명 화랑과의 관계는 중요하지 않을 수 없다.

만약 A라는 작가가 그 유명한 일부 화랑이나 미술관에서 '초대전'을 받게
된다면 상당한 자랑거리이고 미술관 레지던시에 선정, 참여하는 것이나 명
성이 자자한 갤러리의 전속작가로 선정되는 것도 그림값을 상승시켜 출세에
도움이 되는 또 하나의 작은 길이자 실질적으로 한국미술계의 역사가 되고
주류미술계의 중심이 되는 방법 중 하나이다.

특히 미술관이나 화랑들로부터 인정을 받는다는 것은 곧 해외미술계와
연결되는 호기를 잡은 것이기도 하다. 그러나 이런 과정들이 단지 포트폴리
오선에서 결정된다면 매우 긍정적일 것이다. 불행히도 현실은 그러하지 않
다. 화랑주인, 평론가, 언론 등 기타 권력들의 구미에 맞아야 하고 그들이

제시하는 일정한 기준(학연, 지연, 인간관계, 상업성 등 작품성 외 주관적이
거나 객관적인 다양한 기준)에 부합해야 한다. 만약 그러한 것들이 일치하
는 작가라면 그는 '만들어질 수 있는 조건들'을 갖췄다고 볼 수 있다. 필연적
이든 아니든 권력 순응주의의 확대에 동참하는 셈이다.

2. 미술권력의 나팔수: 언론과 자본

저명한 일부 미술관이나 화랑들이 미술계 권력의 핵심으로서 자리한다면
본의든 아니든 기자나 평론가들은 그것을 지탱시키고 움직이는 손과 발의
역할에서 자유롭지 못하다. 미술관이나 화랑들이 명망성과 인지도, 경제적
안정을 담보로 작가들을 움직인다면 기자나 평론가들은 기사와 비평을 통해
이를 확실히 뒷받침해주고 가시화시켜 주는 나팔수로서 제격이다. 원론적으
로 이들은 작가의 작품을 객관적으로 보도하고 평하여 발전지향적인 과제를
안기거나 담론을 형성하며 이를 대중 및 장르에 파급시킴으로써 예술의 대
중화와 다변화를 이끄는 역할을 맡지만 자본에 따른 미술권력에 젖어들수록
그 자체가 권력의 작용이자 동시에 미술관이나 화랑이 제정한 규율과 작용
에 길들여진 수족으로 변질되곤 한다.

이중 전문지식이 그다지 높지 않음에도 불구하고 정보전달의 파급력이
높은 일간지 기자들의 권력은 그 정도가 지나치게 높다. 유용성을 떠나 영
향력이 크다는 이유로 미술관, 고급 화랑들, 일부단체들은 인맥과 자본을
이용해 그 열악한 미술지면을 거의 독점하면서 기자들을 관리하고 의식 없
는 작가들은 그런 행태에 맹목적인 동조를 보낸다. 관리의 방식은 역시 자
본이다. 기자간담회를 통해 다양하게 지급되는 기념품, 식사 등의 접대 따위
가 하나의 관행처럼 굳어지고 기자들도 이를 기본적인 대접으로 받아들인
다. 확실히 줄어들고는 있으나 일부에서는 유무형의 취재협찬도 서슴지 않
으며 이런 것들이 충족되지 않을 경우 "대우가 마뜩해서 비협조적인 기사가
나왔나" 싶을 정도의 심리적 압박감마저 심어준다. 미술권력의 일부가 자본

권력에 의해 잠식되고 공정, 투명, 사실에 기반 해야 할 매체가 되레 자본권력에 종속되는 대표적인 현상이다.

열악성을 면치 못하고 있는 미술전문지도 자본권력 앞에선 무기력하다. 광고가 재정기반의 대부분을 차지하기에 미술관이나 위탁 기획사, 일부 유명화랑들, 미술단체들이 휘두르는 경제적 파워를 무시할 재간이 없다. 결국 잡지 역시 그들이 골라 내세운 작가와 전시를 찬미하는 기사를 작성하고 기자들은 편집권의 독립이 요원한 상태에서 요구나 청탁에 의한 보도로 일관하며 권력의 나팔수임을 자청한다. 특히 일부 미술지의 행태는 안타깝기까지 하다. 작금에 이르러선 최소한의 자존심마저 내팽개친 듯 유명 화랑이나 미술관이 먼저 정보를 주었던 초기와는 달리 지금은 오히려 매체가 이미지의 상승을 고려해 정보를 달라고 애원하는 형국으로 바뀌어 가고 있다.

광고주의 입장에선 광고게재 매체의 범위가 인터넷이나 무가지 등으로 넓어졌다는 것도 굳이 미술지를 고집하지 않아도 되는 이유이지만 독자가 상대적으로 적고 파급력과 인지도가 떨어지며 논조가 나약하거나 사주의 편향적인 입김이 강한 월간지가 예전 같지 않다는 것을 반영하는 결과이기도 하다. 그럼에도 미술지에선 미술관과 같은 곳에서 벌이는 전시의 유명성과 명망성에 기댈 수밖에 없기에 무료나 혹은 반토막짜리 금액에라도 광고를 달라고 졸라야 하는 악순환을 되풀이한다. 기사는 광고(자본)와 다르지만 기사가 실리는 과정은 자본과 밀접하다. 광고주들은 광고를 빌미로 기사가 원하는 방향으로 나올 수 있도록 거래를 트거나 "기사 나온 거 봐서" 광고를 하겠다고 거드름을 피우기도 한다. 얽히고설킨 권력과 제도 속에서 매체를 유지할 수밖에 없는 이런 구조에 날카로운 비평이나 저널리즘 따윈 없다. 그저 권력층이 선별해준 내용을 대신 읽어주는, 전달하는 정도에 지나지 않는 경우가 비일비재하다.

이 모든 것들이 정도(正道)를 걸어야 할 참다운 언론의 기능을 멀어지게 한다. 저널리즘을 확인하기란 불가능한 경우도 많다. 하지만 우리 미술계의 참다운 발언을 약화시키며 끝내는 공동궤멸을 향해 조금씩 함께 걷는 행위이지만 권력에 촉수를 댄 부류들은 유구무언이요, 독자들은 이러한 실정을 잘 모른다. 자본으로 언론을 재단하고 기사를 요리하려는 행태는 정당한 언론를 차단하는 폭력이다.

　그럼에도 기자들의 권력은 상존한다. 대상은 (아직은) 권력화되지 못한 또 다른 다수들이다. 특히 작가들의 경우 온갖 인맥과 적당한 자본을 동원해 매체에 실리려고 노력하고 파급효과의 차이는 있으나 일간지나 월간지에 게재된다는 것, 텔레비전 문화 소식란에 스치듯 얼굴과 작품이 방영된다는 것 자체가 미술 문외한들에게는, 독자들에게는 그 작가의 권위를 새삼 인정해주는 것인 양 위장되기에 기자들의 입김에서 자유스러울 수 없다. 기사한 줄이 얻는 공신력이 크다 보니 어느 면에선 짜고 치는 고스톱과 다르지 않음에도 대중은 액면 그대로 믿는다. 진실 따위엔 관심 없다. 잠시 씹다 버릴 수 있는 '껌'같은 이슈가 필요할 뿐이다.

3. 노쇠한 권력자들의 회한: 칼끝 무뎌진 비평

　예리한 비판의식으로 현상을 직시하며 날카로운 담론을 생산할 것만 같은 평론가들. 한국 미술권력의 주류를 형성하는 집단임엔 분명하나 노쇠한 권력자들이라는 슬픈 초상을 지닌 안타까운 부류이기도 하다. 적당한 인맥과 경제력에 얽매여 눈뜬장님처럼 허우적거리고 있다면 틀린 주장일까. 아닐 것이다. 실망스럽게도 이들도 참다운 비평의 개념은 멀리한 채 '글을 위한 글'을 쓰고 작가의 구미에 맞는, 청탁자를 찬양 또는 미화하는 데 급급한 내용으로 원고지를 채우면서도 그것을 비평이라 호도해 왔음이 사실이다.

　그들은 지금껏 미술관이나 화랑이 선정한 작가들을 적당한 선에서 추켜세우며 부풀려 치하하고 그 명망을 가시적으로 확인시켜주는 소임(?)을 저버리지 않았으며 진정성이 결여된 비평의 부재를 스스로 양산했다. 자신들만의 암호처럼, 미술은 원래 이렇게 격 있고 어렵다는 것을 증명이라도 하듯 난해한 문장으로 독자들을 기만하고 무미건조하거나 칭찬일변도의 오염된 언어를 비평이라며 작성해 왔다. 이 중 가장 문제가 되고 논란으로 이어지

〈그림 8〉 데스－죽음에 관한 고찰로

1990년대 이후 비평의 죽음은 숱하게 회자되고 있다(사진은 2014년 올해의 방송 비평상을 받은 EBS '데스－죽음에 관한 고찰로' 중 한 장면).

는 것이 소위 '서문'이라 불리는 전시평론이다. 많은 평론가들은 전시평론을 통해 자신의 경제 활동을 지속하고 청탁 수에 따라 자신의 지위를 확인한다. 작가의 입장에선 일종의 보증마크이자 공신력의 담보이며 동시에 그 유명성에 기댄 권위이다.

서문비평은 작가가 작품 활동을 하는 데 작가와 관객의 가교가 될 수도 있고, 저널이 모두 반영할 수 없는 비평 공간의 일부를 제공한다는 장점도 있다. 다른 매체보다는 분량이나 형식이 자유로우며 그렇기 때문에 비평가가 자신의 사유를 작품과 밀접히 결합시키면서 작품과 비평, 감상이라는 삼자를 융합시키는 다층적 공간이 될 수도 있다. 하지만 비평의 공간으로 활용된다면 순기능이 부각될 수 있을 것이나 서문비평이 비평으로서 위 기능들을 충족하지 못하는 예가 다반사라는 것이 문제의 핵심이다. 금전적 보상을 떼어 낼 수 없는 현실에선 더욱 그러하다. 결국 여기서도 돈이 문제다. 좌우도, 이념도, 가치관도 모두 통합시키거나 머리 숙이게 할 수 있는 거의 유일한 권력인 '자본' 말이다.

4. 새롭게 떠오른 귀족계급: 교수작가, 정치작가

경기대학교 박영택 교수는 오래전 어느 기고문에서 교수작가, 정치작가
들에 대해 이렇게 말한다. "기자나 비평가들이 자본주의에 맞는 적당한 거
들기를 통해 미술계권력으로 유입되었다면 새로운 귀족계급으로 부상한 교
수작가들과 정치작가들은 이 헤게모니를 둘러싼 치열한 투쟁을 통해 제도로
진입하고 권력을 잡게 된 부류이다. 대한민국에서 교수가 된다는 것은 화가
재벌로서 커나갈 가능성을 우선적·실질적으로 담보하는 것이며 자신의 권
력을 강화시키고 확산시켜 제도의 중심으로 들어갈 수 있는 가장 우선적인
점거이다. 이들은 나름의 작가정신, 학력, 공모전 수상, 경력 만들기를 통해
소위 제도권 미술의 핵심중추가 된다. 한국미술계에서 선호되는 그림을 일
정하게 만들어나가고 이를 내재화하며 그 그림들이 하나의 '권력'이 되도록
만들어 이를 강력히 옹호하고 전시를 거듭하면서 또는 기자나 평론가의 글
을 통해 자신들의 입장을 담론 화하고 대형 화랑이나 미술관에서 요구하는
기준에 맞추어 가면서 미술계의 주류가 되어 나간다."

그의 말처럼 실제 교수작가들은 여러 경로를 거쳐 화단의 실세로 들어선
다. 이들을 받쳐주는 것은 실력보다는 끈질기고 악덕하기까지 한 인맥과 학
연, 지연이다. 공정한 경쟁이나 투명한 임용에 대해 의심의 여지를 갖게 되
지만 그 벽이 워낙 견고해 이의제기란 어렵다. 나이가 많거나 평소 반목하
는 경향이 있거나 심지어 화풍이 달라도 교수임용 적격여부에 치명적일 만
큼 어느 면에선 폐쇄적이나, 교수라는 것이 워낙 '철밥통' 부럽지 않은 자리
인지라 많은 미술인들이 40세가 넘기 전에 최소한 전임자리 하나라도 얻으
려고 고군분투하며 소위 라인에 대해 민감하고도 철저하게 반응한다. 사회
적 명예, 안정적인 수입, 거기다 권력까지 갖추다 보니 열악한 미술가들에겐
여간 매력적인 직업이 아닐 수 없다.

이에 앞서는 사람이 있으면 뒤따르는 사람들이 있듯, 자연스럽게 줄을 서
는 부류가 생기고 기존 세력들은 원하든 원하지 않든 권력을 갖게 된다.
이와 같은 성향은 권력층으로 진입하는 기본적인 맥락에서 정치작가들도 크

〈그림 9〉 마드리드 시의 우의화

▶ 고야
〈마드리드 시의 우의화〉,
1800년대 초

스페인의 화가 고야가 1800년대 초 그린 〈마드리드 시의 우의화〉는 현실세계에 존재하는 예술가의 비신념과 그렇게 만든 비민주적 환경을 대리한다. 고야는 이 그림을 수차례에 걸쳐 지우고 다시 그리기를 반복했는데, 실제로 고야는 나폴레옹이 에스파냐를 점령해 당시 왕이었던 카를로스 4세와 그의 아들 페르난도 7세를 꼬드겨 유배, 폐위시킨 후 자신의 형 조제프 보나파르트(Joseph Bonaparte)를 왕으로 앉혔을 때 이 그림 속 원형에 조제프의 얼굴을 처음 그려 넣었다.

그러나 1812년 조제프가 쫓겨나고 자유주의적인 카디스헌법이 제정되자 이를 기념하기 위해 황제의 얼굴을 지우고 '헌법'이라는 문구를 채워 넣었다. 하지만 같은 해 11월 조제프가 다시 입성함과 동시에 재차 그의 초상화로 바뀌었고, 1813년 웰링턴 공작이 이끄는 영국군이 포르투갈을 프랑스로부터 지켜낸다는 명목으로 진군함과 동시에 조제프가 물러나면서 〈마드리드 시의 우의화〉에는 조제프 대신 스페인 정부를 기리는 문구 '헌법'이 복문(復文)됐다. 여기서 그치지 않고 1814년 카를로스 4세의 아들인 페르난도 7세가 복위하면서 그림 속 원형은 페르난도의 초상화가 들어섰으며, 새로운 군주정이 수립되면서는 정부를 찬양하는 문구(영광스러운 '데스 데 마요')로 바뀌게 되는 등 1872년까지 몇 번의 변신을 거듭하게 된다. 공교롭게도 이는 모두 정권과 권력자가 바뀌는 시점과 궤를 같이 한다. 수십 년 동안 부침을 거듭한 권력에 따라 그림 속 주어가 변신을 거듭했던 셈이다. 그리고 이러한 양태는 지금도 크게 다르지 않다.

게 다르지 않다. 교수작가들이나 정치작가들은 무언가를 이루려 하는 욕망
이 강렬하다는 점에서 유사한 측면이 발견된다. 특히 그들은 학교 및 단체
에서 그 힘이 결코 작지 않다는 공통점도 읽을 수 있다. 다만 정치작가들은
야전사령관처럼 지휘능력이 뛰어나 교수들마냥 한자리에서 서성거리는 게
아니라 끝없는 감투욕에 휩싸여 자신을 불사르면서까지 뛰어다니는 다소간
의 차이를 보인다.

한편 미술관이나 화랑을 비롯해 기자, 비평가, 교수작가, 정치작가 등 우
리 미술계에 존재하는 여러 미술권력이 비교적 오래된 것이라면 작금에 이
르러선 전시기획사(社) 및 큐레이터들이 신진 권력으로 자리를 잡아가고 있
다. 이들은 상업화와 자본화에 종속되어 버린 미술계 현실에서 기존 비평가
들을 대신해 국내외 대형 전시를 이끌어 가거나 성패를 좌우할 정도의 입지
를 다지며 미술계를 넘어 학계, 언론 등으로 발 빠르게 진군 중이다.

어쨌든 한국미술판이(단언컨대) 매우 정치적이라는 관점, 비민주적인 양
태가 다분하다는 시선은 더 이상 흥미로운 게 아니다. 그것은 매우 민주적
인 포장을 하고 있지만 자본과 욕망, 내외적 검열에서부터 자유롭지 못하다
는 것 역시 그리 전혀 새로운 것이거나 간간한 것도 아니다. 그러니 양심이
가리키는 곳이 곧 진보요, 덕과 선의, 건전한 도덕의식 아래 평등의 원칙과
분배의 원칙을 지키려는 신념의 실천적 논증이 바로 정의라는 주장이 보편
적으로 받아들여질 여백 따윈 없다.

중요한 건 스스로를 '선(善)'이라고 믿어 의심치 않는 권력자들은 오늘도
동종세력의 비호를 받으며 그들과의 철저한 공생관계를 통해 끊임없이 생명
력을 이어가고 있다는 점이다. 이들은 왜곡되고 비틀린 사상을 정의로운 것
으로 포장한 채 새로운 질서를 창출, 부여하며 새로운 유무형의 권력을 끊임
없이 재획득해 간다(획득해 왔고, 가는 중이다). 그림의 세계이니 늘 태평성
대요, 아름다운 곳이겠거니 생각할 수 있지만 그건 단지 착시 혹은 착각일
뿐, 캔버스 뒤로는 생존을 위한 '잔인한 투쟁'이 횡행하고 약육강식이 난무
하는 살벌함이 드리워져 있다. 따라서 그들의 전투는 현재도 계속되고 있다
해도 과언이 아니며, 우리사회에서 권력경영의 법칙 또한 여전히 유효한 실

정이다. 특히 권력의 역학관계를 긍정적으로 수용하기엔 그들의 자원은 지나치게 거대하고 일방적이다. 그리곤 그 막대한 영향력으로 구미에 맞는 환경을 조성하고 때론 표현의 자유마저 침해-제약한다. 그러나 예술가들의 자발의지와 자유창작의지를 꺾어서도, 표현의 자유 및 사상과 견해의 자유를 억압하면 안 된다는 것은 민주주의를 표방해온 국가와 국민에겐 불변가치이다. 예를 들어 홍성담 작가가 뭘 그리든, 민주화의 혜택을 받고 사는 우리는, 어떤 식으로든 그 견해를 막아서는 곤란하다는 것이다. 특히 성적·인종적 다름이 차별이 되어서는 안 되듯, 생각의 다름을 차별의 이유로 삼아서도 안 된다. 혹자는 예술과 표현의 자유를 특권으로 착각한 작가의 무책임함을 거론하지만 '표현의 자유'는 예술가의 특권이 아니다. 다시 강조하지만 민주주의 국가에서 삶을 영위하는 국민 모두에게 주어진 보편적 권리일 뿐이다.

제3부

마지막으로

바람직한 리더에 대한 단상

김희민

　드디어 마지막 장까지 왔다. 이 장에서는 민주주의 사회에서 바람직한 리더의 상에 대해 잠시 이야기하고자 한다. 사실 민주주의 사회에서 리더의 바람직한 자질의 리스트를 만들자면 그 리스트 자체가 한이 없을 것이다. 그래서 이 장에서는 바람직한 리더의 덕목 중 가장 기초적인 것 몇 가지만 이야기하려고 한다. 더 어렵고 높은 수준의 덕목은 기초를 세운 후에 언젠가 이야기할 기회가 있기를 바란다.

　우리가 바람직한 리더의 덕목에 대해서 이해하기 위해 먼저 필요한 것은 현대 민주주의 국가에서 사람들이 리더가 되고 싶어 하는 이유를 이해하는 것이다. 유교의 고전에서 애민(愛民) 혹은 친민(親民)을 강조했다는 말을 들은 적이 있다. 그렇다면 현대 민주주의 국가에서도 어떤 이들은 "백성을 사랑해서" 혹은 "백성 편에서 생각해서" 리더가 되고 싶어 하는 것일까? 여기에 대해서 필자의 대답은 간단히 말해 "착각하지 맙시다"이다. 과거 유교의 가르침으로 국가가 다스려지던 시절에는 국가의 최고통치자가 될 사람이 나면서부터 정해져 있는 경우가 많았다. 또 높은 위치의 정치가나 관료의 자리를 차지할 수 있는 자격이 있는 사람은 소수에 지나지 않았다. 이럴 경우, 이미 통치를 할 수 있는 위치를 점하고 있던 사람들에게 "백성을 사랑함"이나 "백성 편에서 생각함"을 가르치는 것이 당연해 보였다. 실제로 이들이 배운 것을 실제로 행했는지는 또 다른 문제다.

그런데 현대 민주주의와 같이 '누가 통치자가 되느냐'가 나면서 정해지지 않은 사회에서는 애민(愛民) 혹은 친민(親民) 자체가 사치일 수 있다. 앞에서 필자는 민주주의는 이기주의에 근거하고 있다고 했는데, 이는 리더에게도 마찬가지이다. 즉, 현대 민주주의에서 정치인들이 리더가 되고 싶어 하는 이유는 이들이 "권력"을 추구하기 때문이다. 누가 권력을 가질지 미리 정해져 있지 않은 사회에서는 권력 그 자체가 리더가 되는 첫 번째 동기가 되는 것이다. 그리고 현대 민주주의 사회에 살고 있는 우리는 리더들의 첫 번째 목표가 권력 그 자체라는 것을 인정해야 한다.

두 번째로, 모든 리더들이 다 그런 것은 아니지만, 리더가 되어 권력을 가지고, 그에 기초하여 자기가 선호하는 정책을 펼쳐보려는 이들도 있다. 예를 들어, 보수 성향을 가진 인사가 리더가 되어 권력을 가진 후, 친 시장적 정책이나 작은 정부를 지향하는 정책을 펼치는 것을 꿈꾸는 것은 충분히 있을 수 있는 일이다. 그렇다면 현대 민주주의 국가에서 리더가 되고 싶어 하는 동기는 주로 권력과 정책에 있다고 해도 큰 무리가 없겠다.

마지막으로(있어서는 안 될 일이지만), 권력과 정책 외에 돈을 추구하는 리더도 있다. 자기 자신의 사적인 이익을 위해서 권력을 사용하는 것을 우리는 지대추구(rent-seeking)라고 부른다. 처음부터 돈을 추구하여 리더가 되는 사람들도 물론 있겠지만, 리더가 된 후, 재물이 따라오는 경우도 많다. 이러한 지대추구가 후진국형 독재사회에서나 벌어지는 일이라 오해하기 쉬우나 사실, 이는 가장 세련된 민주주의를 지향하는 국가에서도 예외 없이 벌어지고 있다.

위에서 현대 민주주의 국가에서 리더들이 추구하는 것을 살펴보았다. 그렇다면 현대 사회에서 민주주의를 제대로 기능하게 만들려면 리더가 추구하는 것들과 시민 전체의 이해가 일치되도록 만드는 것이 중요하다. 이를 위해서 두 가지가 필요한데 첫째는 적절한 제도적 장치이다. 여기서 제도적 장치라 함은 정치체제, 정당제도, 선거법 등 광범위한 정치적 제도를 의미한다. 예를 들어, 우리가 현대 민주주의 사회에서 리더들이 권력을 추구한다는 것을 인정해야 한다면, 그들이 그들에게 본래 주어진 것 이상의 지나친 권력을 추구하는 것을 막는 제도적 장치 역시 필요하다. 리더들이 본인들이 선호하는 정책을 추구하려 한다면, 동시에 시민의 선호와는 동떨어진 극단적인 정책을 추구하는 것을 막을 제도적 장치가 필요하다는 것이다. 물론 돈의 면에 있어서는 리더의 지대추구 자체를 막는 제도적 장치가 필요하지만, 현대 사회를 볼 때, 이 장치는 어느 나라에서건 아주 잘 작동하고 있는 것 같지는 않다.

다음으로, 리더가 추구하는 것들과 시민 전체의 이해가 일치하도록 만들기 위해서는 시민의 의식이 필요하다. 우리는 개인적으로 제도를 바꿀 수 있는 권한이 없다. 리더들은 (주로 법을 개정함으로써) 제도를 바꿀 수 있다. 그러나 우리가 민주주의에 대한 높은 이해와 의식을 가지고 있다면, 리더가 추구하는 권력, 정책, 지대추구에 대한 다수의 여론을 형성할 수 있다. 앞에서 모든 리더들이 추구하는 것이 권력이라고 말했다. 그렇기 때문에 리더들이 제일 무서워하는 것은 바로 그 권력을 잃는 것이다. 우리가 높은 의식 수준으로 리더에게 제도의 변화를 요구할 수 있다면 리더가 추구하는 것들과 시민 전체의 이해가 일치하는 민주 사회를 건설해 가는 데 도움이 된다.

이제 리더들이 추구하는 것에 대한 논의를 마치고, 리더의 바람직한 덕목에 대하여 본격적인 논의를 시작하자. 앞에서 이야기한 것처럼 본 장에서는 현대 민주사회에서 필요한 리더의 가장 기본적인 덕목만을 다루기로 한다. 그러면 가장 기본적인 덕목은 어디서 찾을 수 있는가? 우리가 민주주의 사회에서 필요한 리더의 덕목에 대해서 논의하고 있으므로, 제일 먼저 민주주의 자체가 무엇인가 그 정의를 살펴볼 수 있다. 민주주의의 정의에 대해서도 정치학자들 사이에 수십 가지가 존재한다. 그 중에서 가장 기본적인 절차적 민주주의의 정의를 소개하자면, 정치학자들은 아래의 세 개의 조건을 충족하면 가장 기본적인 민주주의를 충족했다고 본다: 1) 시민들은 기본적

〈그림 1〉 경찰버스에 둘러싸여진 서울광장의 모습

인 자유와 권리를 가진다. 2) 정치 리더들은 자유롭고 공정한 선거를 통해 선출된다. 3) 리더들은 말과 정책에 대한 책임(accountability)을 진다. 이러한 세 가지가 리더의 입장에서는 보장해야 하는 것들이고, 시민의 입장에서는 지켜내야 하는 것들이다.

위의 1)번에 대해서 부연하자면, 시민의 권리는 다음과 같은 것들을 포함한다. 공정한 재판을 받을 권리, 발언, 탄원, 출판, 결사, 집회 등을 추구할 수 있는 권리 등, 이 리스트는 길다. 그리고 이러한 권리를 추구할 때 정부의 방해로부터 보호받을 수 있는 권리 또한 보장받아야 한다. 그러니까 리더가 이러한 시민의 권리들을 비상사태가 아닌 상태에서 침해한다면, 그 리더는 현대 민주주의 국가의 리더가 가져야 하는 중요한 덕목을 가지지 못한 사람이다.

많은 사람들이 〈그림 1〉 장면을 기억할 것이다. 이 장면은 노무현 대통령 서거 직후 시민들의 집회를 막기 위해서 정부가 서울광장을 경찰버스로 둘러싸버린 사건이다. 즉 국민의 기본권 중에 하나인 집회의 자유가 침해된 사건이다.[1] 우리 정치교육연구원은 정치적·이념적 중립을 표방하고, 특정 정부를 지지하거나 배격하지 않는다. 그러나 민주주의의 기본권이 리더에 의해서 침해받은 경우에는, 반드시 그것을 지적해야 한다는 사명의식 또한 가지고 있다. 〈그림 1〉의 사진에 나오는 사건 외에 시민의 기본권이 정부에 의해서 침해된 사건은 훨씬 더 많이 있을 것이다.

민주주의의 정의 중 1)번, 권리와 자유 부분에 대해서 조금만 더 이야기 해 보자. 프리덤하우스(Freedom House)라는 연구기관이 있다. 이 기관에 서는 매년 세계 모든 국가의 자유의 정도를 지표를 만들어 발표하는데, 사회 과학을 하는 사람들 사이에서는 세계에서 가장 권위있는 자유의 정도에 대 한 연구를 담당하는 기구로 알려져 있다. 〈그림 2〉는 프리덤하우스에서 발 표한 2015년도 세계 언론의 자유 지표를 지도로 그린 것이다. 〈그림 2〉가 흑백이라 국가 간 구분이 어렵다. 말로 설명하자면, 언론의 자유가 확실히 있는 국가들은 우리가 쉽게 예상할 수 있는 국가들이다. 일단 북미의 미국

〈그림 2〉 지도로 본 2015년 언론의 자유 지표

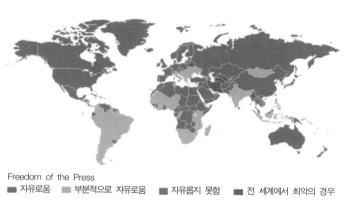

Freedom of the Press
■ 자유로움　■ 부분적으로 자유로움　■ 자유롭지 못함　■ 전 세계에서 최악의 경우

---

1) 필자는 사진으로 보아 위의 사건이 너무나 적나라하고 필자가 말하고자 하는 부분을 잘 보여주는 사건이기 때문에 위의 사건을 예로 들었을 뿐이다.

과 캐나다가 포함이 되어 있고, 남미에 한, 두 나라, 그리고는 서구 유럽을 포함한다. 남쪽으로는 호주와 뉴질랜드를 포함하고 있다. 그리고 아시아 쪽으로 오면 몇 나라가 없다. 그런데 어찌 보면 우리의 자존심을 상하게 하는 것이 일본과 대만은 언론의 자유가 확실히 있는 국가로 분류된 데 비해, 대한민국은 언론의 자유가 부분적으로만 있는 나라로 분류된 것이다.

한국에서 언론의 자유에 어떤 경향이 있나 보기 위해 한국의 데이터만을 따와서 그래프를 그려 보았다(〈그림 3〉). 한국의 언론 자유에 대한 시계열적 그래프를 보면서 독자들이 보는 것은 무엇인가? 그렇다. 언론의 자유에 관한한 움직이고 있는 방향성에 문제가 있어 보인다. 그래프에서 보듯이 프리덤하우스는 언론의 자유 점수가 30점 미만이면 언론이 자유로운 국가로, 30점이 넘으면 언론이 부분적으로만 자유로운 국가로 분류한다. 앞에서 본 인은 한국에서 언론의 자유에 관한한 방향성이 나쁘다고 이야기했다. 독자들 눈에도 다 보이는가?

프리덤하우스에 의하면, 한국은 민주화 이후 김영삼, 김대중, 그리고 노무현 정부 전반까지 언론이 자유로운 국가였다. 노무현 정부 후반부에는 경계선에 머물다가 이명박 정부에 들어와서 한국은 언론이 부분적으로만 자유로

〈그림 3〉 한국의 언론의 자유 척도(1995~2015)

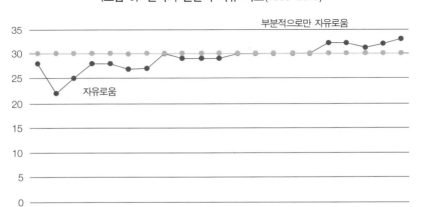

운 국가로 바뀐다. 최근의 데이터를 보면 박근혜 정부에 들어서도 언론의 자유는 더 좋아지지 않았다. 이제 방향성이 나쁘다는 말이 무슨 뜻인지 자명하다. 한국은 1980년대 후반 이후 민주주의를 개선한 대표적인 국가로 꼽힌다. 그러나 언론의 자유에 관해서는 뒷걸음질을 치고 있다. 왜일까? 그리고 누구의 책임일까? 그 어느 언론이건 간에 자진해서 자기의 자유를 속박해 달라는 언론은 없다. 그렇다면 객관적인 언론의 자유 점수가 감소한다는 것은 누군가가 언론을 통제하려 한다는 것이고, 물론 그 주체는 리더들이다. 한국의 정치 리더들은 언론의 자유에 대해서 다시 생각해야 할 필요가 있다.

지금까지 민주주의의 기본적인 정의 중 1)번을 바탕으로 몇 가지 주장을 전개하였다. 이제 위의 정의 전체를 가지고 바람직한 리더의 덕목을 정리해 보자. 먼저 좋은 리더는 민주주의라는 개념 자체를 이해하고 있어야 한다. 그렇다면 가장 기본적으로 좋은 리더는: 1) 시민의 합법적인 자유와 권한을 제한하지 않는다. 2) 공정한 선거의 의미를 잘 이해하고 그 의미대로 선거에 임한다. 3) 자기가 시민들에게 약속한 말, 자기가 입안하고 시행한 정책에 대해서는 일정부분 책임이 있고, 시민들이 책임을 물을 수 있다는 사실을 잘 이해한다. 말과 정책에 대해서 책임을 지는 가장 보편적인 단계는 선거를 통한 것이다.

그런 점에서 한국의 대통령 단선제는 기본적인 민주주의의 원칙과 부합되지 않는다. 공약을 안 지키거나 어리석은 정책을 추구한 대통령의 재선을 저지함으로써 책임을 물을 수 있는 기회가 없기 때문이다. 시민들에게 주어진 차선책은 통치를 잘못한 대통령의 정당을 벌하여, 그 정당의 대통령 후보를 다음번 선거에서 떨어뜨리는 것이다. 그러나 한국의 경우, 대통령 후보가 어떤 정당을 대표한다기보다, 후보의 개인적 특성이 더 강조되는 정치구조이다. 예를 들어 이명박 대통령과 당시 박근혜 의원은 한 당의 당원으로 운명을 같이 하는 리더라기보다는 오히려 라이벌, 혹은 정적으로까지 여겨졌다. 그 말은 이명박 정권이 공약을 어기거나, 어리석은 정책을 펴도, 그로 인해서 선거에서 박근혜 후보가 손해를 볼 건 없다는 말이다. 시민이 리더에게 책임을 묻는 경우, 위의 3)번의 경우는 바람직한 시민에 대한 단상을 적을 기회가 있으면 본인의 생각을 더 피력하도록 하겠다.

지금까지는 현대 민주사회에서 바람직한 리더의 자질을 이끌어 내기 위해서 가장 기본적인 민주주의의 정의를 사용하였다. 그 외에 또 가장 기본적인 개념을 사용해 민주 사회에서 바람직한 리더의 덕목을 이끌어 내는 방법은 무엇일까? 헌법을 살피는 것이다. 학문의 영역에 따라 헌법 자체에 대한 시각이 좀 다를 수 있다. 예를 들어, 법학과 정치학이 보는 헌법에 대한 접근법은 다를 수 있다. 최근 유행하고 있는 신제도주의적 입장에서 바라 본 헌법의 조항들은 "정치체제 내에서 정책의 결정과 각종 권한과 힘의 분산을 결정하는 가장 기본적인 규칙(rule)"이다. 그러니까 헌법이란 이와 관련된 규칙을 모아 놓은 서적(rule book)이라는 것이다.

정확히 말해 어떤 형태의 룰북인가? 우선 헌법은 권한에 대한 룰을 정한다. 즉 헌법은 정치체제 내의 특정한 기관에 다음과 같은 권한을 준다: 정책을 제안할 권한, 이 제안을 개정, 거부, 혹은 받아들일 수 있는 권한, 각종 결정을 내릴 수 있는 권한, 최종 결정을 실행, 감시, 그리고 지키지 않는 시민을 벌할 수 있는 권한 등이다. 위에서 결정을 "실행"하는 것은 주로 관료들의 몫이고, 지키지 않는 시민을 벌하는 권한은 주로 사법부에 있다. 그러니까 헌법이 제대로만 쓰여 있다면, 각자가 헌법에 부여된 자신의 권한을 잘 행사만 하면 민주주의는 저절로 굴러가게 되어 있다.

흔히들 우리나라의 정치체제가 "제왕적 대통령제"라고들 한다. 실제로 그러한가? 필자는 그렇지 않다고 본다. 세상에는 수많은 대통령제 국가들이 있다. 그 대부분의 국가들이 대통령을 정부수반 겸 국가수반으로 정의하고 많은 권한을 부여하고 있다. 미국과 같은 나라는 대통령의 유고 시를 대비해서 평소에는 별 권한이 없는 부통령을 두고 있다. 반면 우리나라는 내각의 위에 국무총리가 있다. 국무총리는 내각제에서 수상의(최근에는 총리란 표기로 일원화함) 형태로 존재하는데, 의원내각제 국가에서는 수상이 정부의 수반으로 실권을 가지고 있다는 것은 잘 알려진 사실이다. 그런데 우리나라는 대통령과 내각 사이에 국무총리가 존재할 뿐만 아니라, 국무총리는 법적으로 각료제청권을 부여받는다. 즉 대통령에게 장관을 추천할 권리가 있다는 것이다. 한 마디로 한국의 대통령제는 "제왕적 대통령제"라고 부를 이유가 별로 없다. 그런데 국무총리가 내각을 주제했다거나, 각료제청권을 행사해 왔다고 믿는 한국 사람들은 별로 없다. 결론은 우리의 "제왕적 대통령제"는 제도의 문제가 아니라 사람이 문제라는 것이다. 즉 한국의 리더들은 헌법이 보장하는 것보다 더 큰 권력을 행사해 왔다는 것이다.

반면에 특정상황에서 대상이 누구냐에 따라서 권력을 더 행사하거나 덜 행사하는 기관도 있다. 예를 들어, 법무부 산하의 검찰이 그러하다. 보통 사람들은 검찰과 검사를 무서워한다. 반면에 권력에 대항하여 수사의지를 보였던 검찰은 여지없이 무너졌다. 그 예를 여기서 다 들지는 않겠다. 하지만 대한민국은 검찰의 독립성을 빨리 부여하여야 한다.

그러면 위에서 이야기한 헌법의 정의에서 도출할 수 있는 리더의 자질은 무엇인가? 좋은 리더는 "정부 안에서 누가 어떤 권력을 가지고 있는지 잘 이해"하고, "자기가 가진 것 이상의 권력을 행사하지 않는다."

앞에서 헌법이 각 기관에 권력을 나누어 준다고 했다. 이와 관련된 사례를 보자. 2014년 4월에 세월호가 침몰했고, 많은 무고한 시민들이 생명을 잃었다. 이게 누구의 책임인가를 놓고 국민은 혼동의 기간을 겪었다. 마침내 대통령이 대국민 담화를 발표하였고, 그중에 눈물을 보였다. 대통령이 제시한 가장 눈에 띄는 변화는 "해경의 해체"였다. 위기 상황에서 해경이 제대로 작동하지 않았음으로 해경을 해체하고 무언가 다른 것을 만들겠다고 했다. 여기서 무엇이 문제인가? 헌법상 대통령은 해경을 해체할 권한이 없다. 해경을 해체하려면 정부조직법을 개정하여야 하고, 정부 조직법의 개정은 대통령이 하는 것이 아니고, 국회가 하는 것이다. 그러니까 대통령은 "국회와 상의하여 해경을 해체하는 것을 논의해 보겠다" 정도로 이야기하는 것이 옳았다.

위의 논의를 정리하자면, 바람직한 리더의 자질에 대한 본 장의 결론은 아주 간단하다. 첫째는 좋은 리더는 "법을 지킨다." 이 너무 당연해 보이는 원칙을 못 지키는 리더가 현실 세상에서는 너무 많다. 둘째로, 좋은 리더는 "정치의 룰과 정책에 대한 이해"가 있다. 이를 위해서는 "정치도 공부가 필요하다는 것을 이해"해야 한다. 기본적으로 리더는 민주주의의 개념에 대한 이해가 필요하다. 절차적 민주주의의 개념은 아주 간단함에도 안 지켜지는 경우가 허다하기 때문이다. 또한 헌법에 대한 이해도 필요하다. 내가 가진 권한에 대한 이해가 부족하기 때문이다. 그리고 위에서 자세히 이야기할 기회는 없었지만 리더들은 정책에 대한 이해가 필요하다. 보좌관이 초치기로 모아주는 지식 말고, 리더가 되기 위해서는 자기가 포함될 수 있는 모든 결정해야 할 정책에 대한 포괄적인 이해가 필요하다.

외국 의회의 정책논의를 TV에서 볼 기회가 있었던 독자들이 있을 것이다. 특히 의원내각제를 채택하는 영국 같은 나라의 의회에서 정책 논의는 뜨겁다. 예를 들어, 수상과 야당의 당수가 논쟁을 벌일 경우, 긴 시간 동안 양측이 다 자료 없이 상대방에 대한 반론을 쏟아내는데, 머릿속에 웬만한 통계는 이미 다 들어 있다. 이들은 정책에 대한 이해, 또 어떤 정책이 채택이 되면 자기 지지층에 가는 효과, 국가 전체적인 효과 등에 대한 이해를 가지고 토론을 벌이고 있을 때가 많다. 얼마 전 한국 정치에 바람을 일으켰던 한 사람이 있었다. 발을 들여놓았던 모든 분야에서 성공을 하고, 좋은 사회 활동도 많이 했던 분이다. 그분이 자기가 "정치를 잘 할 수 있을 것" 같아서 정계에 입문을 하고 대선 출정식을 하였다. 당시 쏟아졌던 여러 가지 정책 질문에 대해서 그 분의 대답은 "2주 후에 말하겠다"였다. 필자가 보기에는 순서가 틀렸다. 먼저 정책 이슈를 파악을 하고, 웬만한 정책에 대한 이해가 확실해진 후에 대권을 꿈꾸는 것이 맞다.

지금까지는 현대 민주사회에서 바람직한 리더의 가장 기초적인 자질을 민주주의의 정의와 헌법의 기능에서 도출해 보았다. 처음에 말한 것처럼 바람직한 리더의 덕목은 리스트를 만들자면 한이 없을 것이다. 이제 필자가 제1장에서 제기했던 문제를 다시 한번 언급하고 이 장을 마치려고 한다. 1장에서 필자는 〈그림 4〉와 같이 시민들이 분포되어 있는 사회가 바람직한 사회라고 말한 바 있다. 그리고 우리사회가 〈그림 4〉가 아닌 〈그림 5〉의 형태로, 즉 두 개의 하위문화를 가진 사회로 움직여 가고 있는 것을 염려한 바 있다. 여기서 가로축은 반드시 이념일 필요가 없다. 앞에서도 말한 바 있듯이 우리 시민들은 기본적으로 이념을 잘못 이해하고 있는 경우가 많다. 〈그림 5〉의 가로축은 이념, 지역성, 세대의 차이, 대북 관계 등이 어우러져 우리사회를 나누는 이슈 전체라고 보면 된다.

아무튼 우리 시민들이 분포되어 있는 형태가 두 개의 봉우리가 있는 형태로 분화되고 있다는 것이 필자가 보는 현재 한국사회다. 한국은 아직 이런 현상을 정교하게 들여다 본 연구가 없다. 사회의 모든 갈등적 이슈들이 이

〈그림 4〉 시민들이 이념선상에 정상분포되어 있는 경우

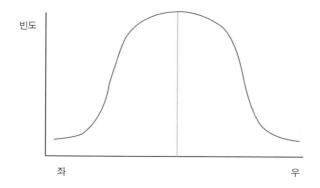

〈그림 5〉 한 사회 내에 두 개의 하위문화가 존재하는 경우

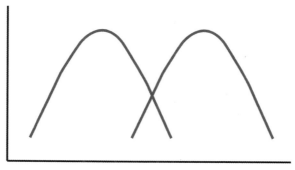

념의 문제로 비교적 쉽게 요약될 수 있는 서구사회에서는 이런 문제를 연구하기가 더 쉬울 수 있다.

〈그림 6〉은 미국의 시민들의 이념분포를 보여준다. 정확히 말해서 민주당의 지지자와 공화당의 지지자들을 이념의 차원에 겹쳐서 그린 그림이다. 1994년의 분포를 보면 민주당, 공화당 양당의 지지자를 합쳐 놓았을 경우, 미국민 전체로는 상당히 〈그림 4〉에서 보았던 정상 분포에 가까운 것을 볼 수 있다. 2004년의 분포도 크게 다르지 않다. 그러나 2014년을 보면 상황은 달라져 미국민의 분포가 〈그림 4〉의 정상분포보다는 〈그림 5〉의 양봉분포 (bimodal distribution)에 더 가까운 것을 볼 수 있다.

이는 미국에 양극화가 시작되어 두 개의 하위문화가 형성이 되고 있음을 보여준다. 필자의 판단으로는 좌쪽으로의 이동보다는 우익 기독교 정파와 특히 티파티(tea party)라고 불리는 공화당 내의 극우파가 힘을 얻으면서, 지지자들을 우측으로 끌고간 측면이 강하다. 즉, 실제 사회에서 시민들이 두 개 이상의 하위그룹으로 쪼개지는 실례가 우리 주변에 있다는 것이다. 필자는 한국에서 태어나서 성인이 될 때까지 한국에서 살다가 미국에서 30

〈그림 6〉 미국 시민들의 이념분포 현황

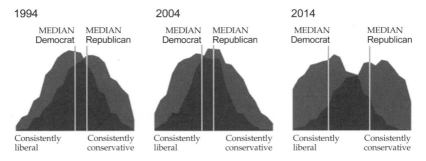

Democrats and Republicans More Ideologically Divided than in the Past
Distribution of Democrats and Republicans on a 10-item scale of political values

Source: 2014 Political Polarization in the American Public
PEW RESEARCH CENTER

년을 살고, 다시 서울에 와서 4년을 살았다. 뭐랄까 미국과 한국을 비교할 수 있는, 또 한국의 과거와 현재를 비교할 수 있는 괜찮은 위치에 있다고 생각한다. 지난 4년간 필자가 느낀 한국의 사회감정은 이미 미국을 능가하는 정도로 찢어진 하위 그룹의 문화를 형성하였다고 몸으로 느낀다. 정말 사회의 다급한 이슈가 무시되고 있는지도 모른다. 우리사회 내의 조화를 이루는 자체가 추상적인 정치 구호인 "통일대박" "국가개조" "창조경제" 등보다 훨씬 더 다급한 문제다.

이제 이 양극화 혹은 하위문화의 문제를 리더십과 연결시켜 보자. 최악의 시나리오는 사회 자체의 정치문화가 그리 갈라져 있지 않은 합의적(consensual)이라고 하더라도 카리스마가 있는 극한 정당이 사회 내의 편견을 가진 사람들의 불안감을 자극하여 그들의 지지를 얻어 내는 경우이다. 예를 들어, 서구 유럽의 반이민 극우 정당들은 선거 전 사회의 모든 문제들이 이민자들 때문이라고 주장하여 상당한 득표를 하고 있다. 정도는 물론 훨씬 덜 하지만, 요즘 우리나라의 지역성도 정치적으로 이용되는 경우가 있다.

실제로 지역성이 존재하는 것이 사실이지만, 이상하게 선거 때만 되면 지역성의 문제가 언론과 시민들의 담론을 장악해 버린다. 리더들과 정당들도 자기의 텃밭을 지키기 위하여 오히려 지역성을 부추기기도 한다. 의외로 김영삼, 김대중 대통령도 지역성의 상당한 수혜자였다. 그들은 철저한 지역성을 가진 정당을 기반으로 지역성의 계산에 의한 선거전략으로 대통령이 되었다. 또 "우리가 남이가"의 초원 복국집 사건도 우리사회를 쪼개는 최악의 정치적 전술이었다. 그렇다면 포스트 '양 김 씨' 시대의 바람직한 리더의 자질 중 하나는 "정치에서 극단적인 사람이나 집단을 제어"할 수 있어야 한다.

지금까지 현대 사회에서 바람직한 민주적 리더의 상을 찾으려는 노력의 일환으로 우리는 민주주의의 정의, 헌법의 의미, 그리고 바람직한 정치문화 등을 둘러보았다. 그리고 결국은 우리가 마지막으로 다시 돌아오는 곳은 이곳이다: 1) 지도자들이여, 공부 좀 하자! 2) 지도자들이여, 법 좀 지키자! 이 두 가지 포인트는 민주주의의 정의, 헌법의 의미, 정치문화의 대한 이해에 대한 노력에서 도래된, 가장 근본적이고 기초적인 현대 민주사회의 리더의 자질들이지만, 문제는 이 기초적인 덕목을 가진, 혹은 지키는, 지도자를 찾아보기 어렵다는 점이다. 그러니, 어려운 것을 이야기하기 전에, 이 두 가지 점만이라도 리더들에게 요구하는 것이 좋은 출발점이라고 할 것이다.

독자들은 필자가 정치교육연구원 창립식 기조연설에서 사용한 〈그림 7〉을 기억할 것이다. 이 그래프들은 법을 지키고 살 때와 소위 관행대로 살 때의 효용의 차이를 보여준다. 왼편에 두 그래프 사이의 효용의 차이가 별로 안 나는 부분은 예를 들자면, 내가 빨간 불에 길을 건너는 것과 같다. 법을 안 지킴으로써, 나는 아주 작은 효용의 증대를 얻었다. 오른편으로 갈수록 문제는 심각해진다. 누군가가 법을 어김으로써, 법을 지키고 사는 것보다 엄청난 이득을 얻었다면 결과는 어떠한가? 세월호 같은 사건이 일어나고 죄 없는 사람들이 죽는다. 사실 세월호의 끝은 어디인가? 현재 우리는 유병언 씨가 죽었고, 선장이 재판을 받는다는 것 외에는 아는 것이 없다.

우리사회가 법치국가, 진정한 선진국으로 가는 길은 위의 두 그래프, 즉 법대로 사는 효용과 관행대로 사는 그래프가 보이는 효용이 변해야 한다. 즉 법을 안 지키는 사람의 효용을 낮추는(혹은 법을 잘 지키는 사람의 효용을 높이는) 제도적 장치와 시민의식의 변화가 필요하다. 다시 말하지만, "민

〈그림 7〉 우리사회에서 법대로 사는 것과 관행대로 사는 것의 효용의 차이

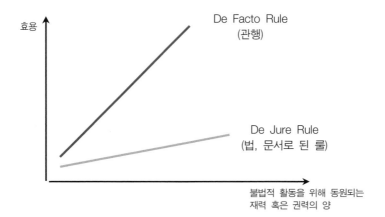

주주의와 리더십" 시리즈, "정치교육연구원" 그리고 궁극적으로 우리사회의
목표가, 제도와 인식에 있어서 De Factor Rule과 De Jure Rule이 점점 비
슷해져서, 둘 사이의 차이가 의미가 없어지는 사회를 구현하는 것이다. 결국
이 장의, 그리고 이 책의 키워드는 "공부, 법, 제도와 의식의 변화"라고 정리
할 수 있겠다.

이제 말을 맺기로 하자. 독자들은 〈그림 8〉을 기억할 것이다. 이 그림은
정동철 선생님의 챕터(제6장)에서 소개된 "문화적 진화"에 대한 그림이다.
정치학자로 생물학엔 지식이 없어서 얼마나 알아들었는지는 확실하지 않으
나 이 그림이 주는 메시지는 감동적이었다. 유전자(gene)의 경우, 부모의
가진 장점들이 최대한도로 퍼지는 것이 그 자손을 넘어서지 못한다. 그 반
면에 밈(meme)의 경우, 어떤 사람이 민주적 사고(아이디어를 이렇게 바꾸
었다)나 리더십을 가지고 있다고 한다면, "그 사람" 근처에 있다는 이유만으
로 그 장점들을 얻어 가질 수 있다는 것이다. 즉, 밈의 경우 피가 섞이지
않아도 전염 효과가 있다는 것이다.

필자는 독자들이 이 책을 여기까지 읽어오면서 남에게 전염시킬 "민주적
사고"와 "리더십"을 가진 "그 사람"으로 성장했기를 바란다. 물론 기본서의

〈그림 8〉 문화적 진화(The Evolution of Culture)

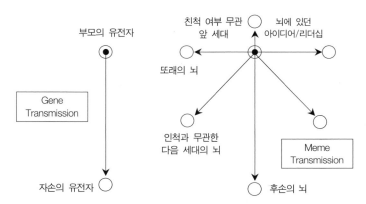

자료: Copyright: 정동철(2014)

1독으로 그 단계까지 가기 힘들 수 있다. 그러면 이 책을 한 번 더 읽어도 좋고, 우리 강연 시리즈에 부담 안 가지고 참여하셔도 좋다.[2)]

독자들은 〈그림 9〉를 기억할 것이다. 필자는 이 그림을 기조연설에서 사용한 바 있다. 이미 밝힌 듯이 미국의 정치학자 로버트 엑셀로드(Robert Axelrod)가 이미 30여 년 전에 보인 그림이다. 다시 한번 간단히 설명하면, 전체 동그라미는 우리사회를 뜻하며, 검은 점들은 현재 우리사회의 구성원들로 법을 지키기보다는 관행에 따라, 서로 협조하기보다는 비협조에서 오는 이익을 챙기는 사람들이다. 우리사회의 구성원 전원이 검은 점이라고 하자. 여기에 엑셀로드는 협조를 잘하는 단 한 사람(윗부분의 하얀 점 하나)을 집어넣어 보았다. 결과는 이 한 사람은 사회의 모든 사람들에게 이용을 당하고, 결국 비협조로 사는 것이 사는 길이라고 결론 내리고 본인도 비협조적인 인간, 관행대로 사는 사람으로 변한다.

그 다음에 엑셀로드는 이 사회에 법을 잘 지키고 협조를 잘 하는 사람을 그룹으로(즉 여러 명을 한꺼번에) 집어넣어 보았다. 이 사람들은 상호간에

〈그림 9〉 서로 협조하고 신뢰하는 사회로 가는 시나리오

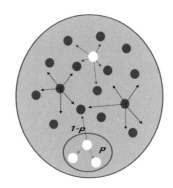

는 협조를 하지만, 자기한테 협조를 안 하는 사람들(현재는 사회 구성원의 대부분)과는 협조를 하지 않는다. 이 새로운 그룹이 충분히 클 경우, 엑셀로 드가 발견한 것은 놀라왔다. 법을 안 지키는 기존의 사회 구성원들이 새로 들어와서 자기들끼리 협조하는 구성원들의 삶을 보고, 새로 들어온 사람들 이 더 행복하다(효용이 높다)는 것을 발견하게 된다. 그리고 그들도 하나씩 새로이 들어온 그룹의 일부가 되어 법을 지키고 협조를 하며 한 사람 한 사람이 전보다 더 효용을 높은 삶을 사는 사회로 변해간다.

위의 실험이 우리에게 주는 교훈은, 우리사회를 변화시키기 위해서는, 한 사람이 광야에서 부르짖는 것으로는 부족하다는 것이다. 사회 변화를 위해 서는 비슷한 생각을 가진 여러 사람이 필요하다. 그러니까 본래부터 비슷한 생각을 가졌던 사람, 이 책을 읽은 사람, 우리 연구원의 강의를 들은 사람, 또 우리 연구원뿐만 아니라 비슷한 강의를 하는 아마도 수많은 분들의 강의 를 들은 사람들이 한꺼번에 여기서 얻은 교훈을 실행해야 하고, 설파해야 한다. 즉 사회를 전염시켜야 한다.

앞에서도 말한 바와 같이 본인은 한순간의 "국가 개조"를 믿지 않는다. 현재 우리사회의 무언가가 크게 잘못 되어있다고 동의한다면, 그것은 최근 몇 사람이 만들어 놓은 것이 아니고, 수십 년 혹은 아마도 수백 년 동안의 사고와 생활의 반복이 만들어 놓은 문화이다. 이를 되돌리는 데, 수십 년 혹은 수백 년이 걸리는 것이 당연한 일일 수도 있다. 결론적으로 시민과 지도자가 다같이 법을 지키고, 공부를 하여, 제도를 개선하고, 인식을 바꾸 어 나가는 작업을 반복하면서 살다가 보면, 우리도 모르는 사이에 언젠가 더 많은 사람이 행복하고, "세월호"가 없는 사회가 자연스레 도래할 것이다. 우리가 우리 세대뿐만 아니라, 우리 다음 세대를 위해서도 꾸준히 추구하여 야 할 일이다.

▪ 참고문헌 ▪

구교태. 2008. "한국 방송의 선거보도 특성에 관한 연구."『언론과학연구』8(1), 5-38.

국방부 군사편찬연구소 편. 2001.『소련 군사고문단장 라주바예프의 6.25 전쟁 보고서』. 북한군사관계자료총서 1. 서울: 국방부 군사편찬연구소.

권영달 외. 1993.『한국정치론』. 서울: 지구문화사.

김구섭·차두현. 2004.『북한 권력구조와 권력엘리트』. 서울: KIDA Press.

남상호. 2015. "우리나라 가계소득 및 자산분포의 특징."『보건·복지 Issue & Focus』. 서울: 한국 보건사회연구원.

삶의 질 향상 기획단. 1999.『새천년을 향한 생산적 복지의 길: 국민의 정부 사회정책 청사진』. 서울: 퇴설당.

서대숙 저, 서주석 옮김. 1989.『북한의 지도자 김일성』. 서울: 청계연구소.

송지영 역해. 1975.『莊子』. 서울: 동서문화사.

송지혜·이백용 공저. 2006.『남편 성격만 알아도 행복해진다』. 비전과리더십.

_____. 2010.『아이 성격만 알아도 행복해진다』. 비전과리더십.

스칼라피노·이정식 공저, 한홍구 옮김. 1986.『한국공산주의운동사』. 서울: 돌베개.

승현준 저, 신상규 역. 2014.『커넥톰, 뇌의 지도』. 서울: 김영사.

신완선. 1999.『CEO 27인의 리더십을 배우자』. 경기도 안양: 도서출판 풀무래.

안동림 역주. 1978.『碧巖錄』. 서울: 현암사.

오명호. 1999.『한국현대정치사의 이해』. 서울: 도서출판 오름.

요코야마 코이츠 저, 김영우 역. 2013.『마음의 비밀』. 서울: 민족사.

이태진 외. 2014.『한국복지패널 기초분석 보고서』. 서울: 한국 보건사회 연구원.

임동권 편저. 1972. "거울을 모르는 사람들."『한국민담』. 서울: 서문당.

전현준 외. 1992.『북한의 권력엘리트 연구』. 민족통일연구원 연구보고서 92-15.

정동철. 1979. "임종환자의 치료." 『精神醫學報』 2:12.

정동철·정수경. 1985. "정신과의사의 임상과 생활태도 (I)." 『서울의대 정신의학』 10:7-23.

조선로동당출판사 편. 1994. 『김일성전집 10』. 평양: 조선로동당출판사.

지병문 외. 1997. 『한국현대정치의 전개와 동학』. 박영사.

진덕규. 2000. 『한국 현대정치사 서설』. 서울: 지식산업사.

최상수. 1958. 『한국민간전설집』. 서울: 통문관.

최필선·민인식. 2015. "한국의 세대 간 사회계층 이동성에 관한 연구." 제10회 한국 교육고용패널 학술회 발표문, 한국직업능력개발원.

토플러, 앨빈 저, 이규행 역. 2009. 『권력이동』. 서울: 한국경제신문.

Axelrod, Robert. 1981. "The Emergence of Cooperation among Egoists." *American Political Science Review*.

Aya, Furuta. "One Thing Is Certain: Heisenberg's Uncertainty Principle Is Not Dead." *Scientific American*. 2012.

Cox, B., & J. Forshaw 저, 박병철 역. 2014. 『퀀텀 유니버스』. 서울: 승산.

Crilly, T. 저, 김성훈 역. 2011. 『반드시 알아야 할 위대한 수학』. 서울: 지식 갤러리.

Dawkins, R. 1989. "11. Memes: the new replicators." *The Selfish Gene* (2nd ed., new ed.). Oxford: Oxford University Press.

Dawkins, R. 저, 홍영남·이상임 역. 2010. 『이기적 유전자』. 서울: 을유문화사.

Downs, Anthony. 1957. *The Economic Theory of Democracy*.

Feyhnman, R. 저, 박병철 역. 2003. 『파인만의 여섯 가지 물리이야기』. 서울: 승산.

Furuta, Aya. 2012. "One Thing Is Certain: Heisenberg's Uncertainty Principle Is Not Dead." *Scientific American*.

Gazzaniga, M. 저, 박인균 역. 2009. 『왜 인간인가?(*Human*)』. 서울: 추수밭.

Heylighen, Francis. 2012. *The World Economic Forum*. Retrieved Nov. 16.

Iyengar, Shanto, and Hahn, Kyu S. 2009. "Red Media, Blue Media: Evidence of Ideological Polarization in Media Use." *Journal of Communication*, 59:19-29.

Kandel, E. R. et al. 2013. *Principles of Neural Science* 5th ed. New York: McGraw-Hill.

Kaufman, Scott Barry. 2013. "The Real Link Between Creativity and Mental Illness." October 3, 2013, http://blogs.scientificamerican.com/beautiful-

minds/2013/10/03/the-real-link-between-creativity-and-mental-illness/
Lemming Suicide Myth Disney Film Faked Bogus Behavior.

OECD. 2014. "Policy Challenges for the Next 50 Years." OECD.

Patterson, T. E. 1993. *Out of Order.* New York: Knopf.

_____. 2000. Doing Well and Doing Good. Faculty Research Working Paper Series, RWP01-001(December). Cambridge, MA: John E Kennedy School of Government, Harvard University.

Powell, G. Bingham, Jr. Russel Dalton, and Karre Strom. 2012. *Comparative Politics Today — A World View.*

Rifkin, Jeremy 저, 이창희 역. 2015. 『엔트로피』. 서울: 세종연구원.

Rizzolatti, Giacomo, Laila Craighero. 2004. "The mirror-neuron system." *Annual Review of Neuroscience* 27:169-192. doi: 10.1146/annurev.neuro.27.07 0203.144230.PMID15217330

Sadock, B. J. et al. 2014. *Kaplan's & Sadock's Synopsis of Psychiatry.* Philadelphia: Wolters Kluwer.

Soroka, Stuart. 2012. "The Gatekeeping Function: Distributions of Information in Media and the Real World." *The Journal of Politics*, 74(2); 514-528.

The Real Link Between Creativity and Mental Illness, By Scott Barry Kaufman. October 3, 2013(http://blogs.scientificamerican.com/beautiful-minds/20 13/10/03/the-real-link-between-creativity-and-mental-illness/).

World Health Organization. *Comprehensive Mental Health Action Plan 2013~ 2020* (Geneva, 2013). the 66th World Health Assembly.

http://en.wikipedia.org/wiki/Stress_(biology).

http://politicaleducation.institute

http://www.index.go.kr/potal/main/EachDtlPageDetail.do?idx_cd=1407

http://www.newsis.com/ar_detail/view.html?ar_id=NISX20150325_0013558280 &cID=10401&pID=10400

http://www.nocutnews.co.kr/news/4338005

http://www.referenceforbusiness.com/encyclopedia/Inc-Int/Industrial-Organizat Ional-Psychology.html

『뉴시스』, 2015/03/25.

『매일경제』 인터넷 판, 2014/10/21.
『연합뉴스』, 2013/08/21.
_____, 2014/02/10.
_____, 2015/02/26.
『한국일보』, 2014.

필자 소개(원고 게재순)

❖ 김희민

1958년 서울 생. 중, 고등학교 시절부터 정치학을 평생의 업으로 정함. 1981년 도미, 1983년 미네소타대학에서 정치학 학사, 1990년에 워싱턴대학교에서 정치학 박사학위를 받았다. 석사과정은 건너뛰었다. 워싱턴대학교에서는 세계적인 정치학자인 랜디 칼버트, 케니스 쉡슬리, 제임스 알트(Randy Calvert, Kenneth Shepsle, James Alt)와 노벨 경제학상을 받은 경제학자 더글라스 노스(Douglas North) 밑에서 수학하였다. 아직 박사학위가 끝나기 전인 1989년에 플로리다 주립대학에 조교수로 임용되었다. 같은 대학에서 종신보장을 받고 정교수 승진을 하며 22년을 재직하였다. 2011년 돌연히 귀국, 서울대학교 사회교육학과에서 정치교육을 가르치고 있다. 플로리다 주립대학에서는 명예교수직을 수여받으면서 계속 연을 이어가고 있다. 2015년에는 중국 길림대학교에 객좌교수로도 추대를 받아 방학 동안에는 중국에서도 강의 및 연구를 하고 있다. 세 권의 영문 저서와 두 권의 한글 저서가 있으며, 약 40편의 해외학술지 논문이 있다. 동양인 중 세계적으로 가장 인용이 많이 되는 몇 명의 정치학자 중의 하나로 알려져 있으며, 특히 민주주의 성취도 연구 부분에서는 국제적 첨단연구를 이끌고 있다. 2000년대 초반에는 북미한국정치연구회의 최연소 회장을 지냈으며, 국위선양으로 김대중 대통령으로부터 대통령 훈포장을 받았다. 귀국해서는 바로 민주주의 성취도 연구원을 설립하였으며, 우리사회의 인식전환운동의 필요를 절감하여 뜻이 맞는 사람들과 정치교육연구원을 설립, 그 원장직을 맡고 있다.

❖ 강우진

1970년생. 고려대학교에서 정치학으로 학사와 석사를 마친 후에 미국으로 유학하여 플로리다 주립대학(Florida State University)에서 비교정치 전공으로 석사와 박사를 받았다. 김희민 교수 밑에서 사사했다. 미국에서 켄트 주립대학, 요크대학, 앤젤로 주립대학 등에서 학생들을 가르친 후 2014년 9월부터 경북대학에서 일하고 있다. 주요 연구 분야는 투표행태, 정당, 민주주의이다. *International Political Science Review*,『한국정치학회보』,『한국정당학회보』,『한국과 국제정치』등 주요 저널에 논문이 게재되었고, 한국 연구재단, 한국학 중앙연구원, 하와이대학 동서문화센터, 고려대학교 아세아문제연구소, 동그라미재단 등에서 지원을 받았다. 또한 하와이대학 동서문화센터 객원연구원, 한국학 중앙연구원 펠로우, 고려대학교 국제한국학센터 연구원 등을 역임하였다.

❖ 한규섭

현재 서울대학교 언론정보학과 부교수로 재직 중이다. 美 스탠포드대학에서 언론학 박사학위를 취득했고 UCLA에서 4년간 조교수로 재직한 바 있다. 서베이, 현장실험, 연결망 분석, 빅데이터 분석 등을 통해 다양한 정치과정에서 미디어가 미치는 영향을 연구하고 있다. 서울대학교 사회과학연구원 내에 정치학·사회학과 교수들과 공동으로 '정치커뮤니케이션 센터'를 운영 중이며 '서울대학교 빅데이터 연구원' 인문사회 응용부 부부장을 맡고 있기도 하다. 관훈클럽 편집위원, 문화일보 객원논설위원 등을 역임했다.

❖ **차두현**

1962년 12월 24일 경상남도진해시(현재의 창원시 진해구)에서 태어났다. 연세대학교에서 정치외교학 학사학위를, 연세대학교 대학원에서 정치학 석사 및 박사학위를 취득하였으며, 1989년~2007년까지 국책연구기관인 한국국방연구원에서 다양한 직위(북한연구실장, 군비통제연구실장, 국방현안팀장)를 거쳤다. 2008년 이명박 정부가 출범할 당시에는 국가위기상황팀장(후의 국가위기상황비서관에 해당)으로 잠시 합류하기도 했다. 6개월간의 청와대 생활 이후 다시 국방연구원에 복귀하였다가, 2010년 한국의 대표 공공외교기관인 한국국제교류재단(Korea Foundation)으로 자리를 옮겨 교류협력이사를 지냈다. 1990년대 이후 한국사회의 민주화 과정에서 수면 위로 떠오른 이른바 '남남갈등(南南葛藤)'을 몸소 체감하였다. 각종 학술회의는 물론이고 세미나, 그리고 학자들 간 친소(親疏) 관계의 네트워크까지도 철저히 진영화되어 있고, 좌우를 막론하고 '그들만의 시장'에 집착하는 경향이 있다는 점을 깨닫게 되었던 것이다. 정치현실에 잠시 참여하는 과정에서 분단체제를 극복할 수 있는 리더십을 만든다는 것이 얼마나 힘든 과제인지도 쓰라리게 깨달았다. 2014년부터 시작된 한국정치교육원의 "민주주의와 리더십" 강좌 시리즈는 이런 그의 고민을 다른 이들과 함께 나눌 수 있는 계기가 되었다. 차두현은 지금까지 다수의 저술에 대한 공동저자로 참가하였다. 『북한 권력구조와 권력엘리트』(서울: KIDA Press, 2004), 『2025년 미래 대예측』(서울: 김&정, 2005), 『미중관계 2025』(서울: EAI, 2012, 공편), 『한국외교 2020, 어디로 가야 하나?』(서울: 늘품, 2013) 등이 그 대표적 공저들이다. 현재에는 경기도 외교정책특별자문관과 통일연구원 초청연구위원을 겸임하고 있다.

❖ 손봉호

1938년 경북 포항에서 태어나서 경주 중, 고등학교, 서울대 문리대 영문과, 미국 웨스트민스터 신학교, 네덜란드 자유대학교 철학부에서 공부하고 자유대학교에서 철학박사학위를 받았다. 한국외국어대학교, 서울대학교 사범대학교에서 교수를 하다 2003년에 정년은퇴를 하였다. 한성대 이사장, 동덕여대 총장, 서울문화회관 이사장, 경제정의실천시민연합 대표, 공명선거실천시민협의회 공동대표, 복지법인 밀알 이사장을 역임했다. 현재는 서울대 명예교수, 고신대 석좌교수, 나눔국민운동본부, 샘물호스피스, 푸른아세아, 기아대책기구, 기독교세계관학술동역회, 일가재단, 장기려 기념사업회 등의 이사장을 맡아 활동하고 있다. 저서로는 *Science and Person*, 『나는 누구인가?』, 『고통받는 인간』, 『약자중심의 윤리』 등 10여 권이 있고, 칸트에 있어 형이상학, 합리적 인간관, 훗설에 있어서 태도의 문제, 피해자 중심의 윤리 등 논문 100여 편을 발표했다. 제1회 도산인 상, 국민훈장 모란장, 수필 문우회 수필상 등을 수상했다.

❖ 정동철

1935년생, 서울이 고향이다. 이화장(이승만 별장)을 내려다보며, 축대 위 제법 커다란 기와집에서 어리바리 공부라면 질색, 국민학교 3학년이 되자 해방, 6년 후 전쟁으로 그 지겹던 공부로부터 해방, 환도전 부산피난시절에 삶이 바뀌어 1954년 서울의대 입학, 다시 도진 공부싫음병, 의사되기 싫다며 타이프학원 등 외도, 의대졸업(1960) 전 정신과에 꽂혀 정신과전문의(1967), 의학박사(정신분열증 빙의현상에 대한 정신의학적 연구, 서울대, 1972), 서울의대, 경희의대, 한양의대, 이화의대 외래교수, 서울여자대학 객원교수 등, 다시 태어나도 정신과의사를 소신으로 현재에 이름. 1970년대 『정신의학보』 자비창간 전국 정신과의사에게 무료 배포(서울의대 정신과교실, 1977), '한국임상성의학회' 창립(1987년, 창립회장), 태화기독교회관, YMCA, 여성의 전화, 한국성폭력상담소 등 봉사활동, 방송진행/고정출연(남산 KBS에서 시작 여의도 모든 지상파방송), 전국 순회(지역사회, 대기업 등) 강연, 『정동철의 사람보기』 등 다수의 저서를 남기고 현재 지성병원 대표원장 및 부설 해암뇌의학연구소 소장으로, 평생을 주연(主演)같은 조역(助役)을 업(業)으로 '뇌 의학'에 대한 연구와 임상을 지속하고 있다.

❖ 송지혜

1959년생. 예원, 서울예고, 연세대학교 음대 기악과를 졸업하고, 미국 UCLA 대학원에서 석사학위를, AMC대학원에서 피아노교수법 박사학위를 받았다. 한세대 페다고지 대학원 겸임교수와 숙명-KIPP 피아노 페다고지 연구과정 및 대학원 주임교수를 역임하였다. 현재는 한국 피아노교수법 연구소장을 맡고 있다. 피아노 교수로서는 독특하게 다양한 심리 교육과정과 리더십 과정을 이수, 2006년, 기질의 다양성을 체험 실례로 풀은 『남편 성격만 알아도 행복해진다』, 『아이 성격만 알아도 행복해진다』(비전과 리더십)는 출간하자마자 언론의 주목을 받으며 베스트셀러가 되며 KBS 아침마당을 비롯 각종 언론 매체에 강의 및 고정 패널로 활동했고, 주요 기업체 및 대학 특강, 교회, 부부 학교 등의 인기 강사로 연 70회 이상의 강연을 하고 있다. 그 외에도 심리학 저서로 『결혼 후 나는 더 외로워졌다』가 있다.

❖ **홍경한**

1970년생. 칼럼니스트이자 미술평론가. 월간 『미술세계』 편집장(2002~2005)
과 월간 『퍼블릭아트』 편집장(2006~2011)을 거쳐 현재는 시각예술저널 『경향
아티클(article)』 편집장을 맡고 있다. 국립현대미술관 발전정책자문위원을 포
함해 수많은 프로젝트의 심사위원, 예술축전의 운영위원, 정부 기관과 미술관의
자문위원, 비엔날레와 전시의 평가위원, 비평집 발간 편집위원 등을 역임했다.
단국대, 성신여대, 한남대, 서울시립대, 중앙대, 한예종, 대구대 등에서 현대미
술에 대해 강의하였다. 현재는 대림그룹 대림문화재단(대림미술관) 사외이사
(2015~현재)로 있으며, 서울시립미술관 기획 〈SeMA shot 2015〉 예술감독, 2015
부산비엔날레 집행위원, KT&G 상상마당 인문학아카데미 강사, 서울특별시 미
술관등록 심의위원, 인천문화재단 인천아트플랫폼 운영자문위원, 양구 군립 박
수근미술관 자문위원, 『주간경향』 고정 칼럼니스트, 격월간 『YTN』 고정칼럼
니스트, (사)한국미술협회 평론·학술분과 위원, 2015 코리안아티스트프로젝트
운영위원으로 있다. 주요 저서로는 원석연 화백 작고 10주기 기념 화집 『원석
연』(열화당, 공저, 갤러리 아트사이드, 2013), 『뱅크시 ― 선물가게를 지나야 출
구』(공저, 씨네21북스, 2012), 한국미술작가론 『바람 소리 ― 이계송』(홍경한
저, 디자인 봄 발간, 2011), 문화예술 비평집 『고함』(공저, 도서출판 숨비소리:
풀로 엮은 집 발간, 2008), 미술평론집 『기전미술』(공저, 경기문화재단 발간,
2004) 등이 있으며, 지금은 2016년 6월경 발간 예정인 『길섶의 예술』(재승출
판)을 집필 중이다. 주요 논문으로는 독일현대미술 속 "뉴 라이프치히 화파
(2012)," "당대 건축의 비극 모델화와 복제화(A tragedy of architecture in the
present age: imitation and reproduction)(2010)" 등이 있다.